디자인 코리아

50가지 키워드로 본 한국 디자인 진흥 50년

DESIGN KOREA

디자인 코리아

50가지 키워드로 본 한국 디자인 진흥 50년

kidp 한국디자인진흥원

CONTENTS

발간사

디자인, 포장에서 포용으로

윤주현 · 한국디자인진흥원 원장

2020년은 한국디자인진흥원(이하 KIDP)의 전신인 한국디자인포장센터를 설립하고 법안을 마련하는 등 정부가 디자인산업을 육성하기 위한 정책을 추진한 지 50년이 되는 해입니다. 지역사회 개발을 위한 범국민적 캠페인 '새마을운동'이 전개되었던 1970년, 1인당 국민소득은 250달러에 불과했지만 50년이 흐른 지금 GDP 세계 10위를 기록하며 세계 최초로 원조를 받던 나라에서 원조하는 나라가 되었습니다.

디자인 역시 이러한 흐름과 함께 성장해왔습니다. 1999년 제1호 공인 산업디자인전문회사 등록, 2010년 첫 디자인전문기업 100만 불 수출의 탑 달성, 2020년 디자인전문회사 약 8600개 등록 등 반세기 동안 제품·포장, 심미성이 중심이었던 디자인은 이제 기술과 결합하여 신산업을 창출하고, 사회문제를 해결하는 등 국가 산업의 성장동력으로 혁신을 주도하게 되었습니다.

이렇게 디자인의 역할이 변화하고 확장되듯 한국 디자인 발전의 중추 역할을 해온 KIDP 역시 1970년 '한국디자인포장센터'로 출범한 뒤 1991년 '산업디자인포장개발원', 1997년 '한국산업디자인진흥원', 2001년, 현재의 '한국디자인진흥원'까지 네 번의 사명변경을 통해 기관의 특성을 발전시켜 왔습니다. 창립 50주년을 맞이한 2020년, 디자인을 통해 4차산업 혁명을 주도하고 미래 비전을 제시하며, 우리 디자인의 가치를 세계에 알리기 위해 국가를 디자인하는 한국디자인원으로 새로운 국면을 맞이해야 한다고 생각합니다.

KIDP는 산업에서 문화, 교육, 사회 전반으로 디자인의 영역을 더욱 확장시키기 위해 반세기 동안 다양한 사업을 추진해왔습니다. 1970년대는 디자이너

등록제, 포장기사제도 시행, 디자인포장진흥법 공포 등 포장과 디자인산업 육성을 위한 제도적 기반을 통해 디자인산업 생태계를 만들고자 주력하였습니다. 1980년대는 시각, 산업디자인 영역이 자리 잡기 시작함에 따라 디자인 전문 인력양성을 위해 전략적인 교육연수를 추진하고, 디자이너등록제를 재정비하였으며, 우수디자인상품 선정제를 도입해 이를 진흥하고 육성하기 위한 역할을 하였습니다. 1990년대는 산업디자인전문회사 제도를 운영하고 디자인발전 5개년 계획을 수립하는 등 보다 체계를 갖추어 디자인산업의 역량을 강화하고 국민적 인식을 높이기 위해 노력했으며, 2000년대는 세계그래픽디자인대회, 산업디자인대회 등 우리 디자인이 세계적인 주목을 받게 되는 많은 계기를 마련하였습니다. 또한 국내에서도 광주, 부산, 대구경북에 지역디자인센터가 개소되는 등 세계화와 동시에 지역화 동향이 나타나고, 인터넷이 확산됨에 따라 웹, 사용자경험, 콘텐츠 등 디지털디자인 영역을 확장하기 위한 다양한 사업을 추진하였습니다. 2010년 이후에는 제조서비스화와 서비스산업 확대 등 산업구조적 변화에 대응해 다양한 정책을 통해 서비스디자인 분야가 생겨날 수 있도록 해 신수요시장을 개척했고, 스타일테크산업 등 상대적으로 정책적 지원을 하지 못했던 다양한 디자인융합분야로도 지원영역을 확대하였습니다. 또한 베트남, 중국 등 해외 진출을 돕는 거점을 마련하여 한국디자인 세계화를 위한 노력을 이어오고 있습니다. 2020년에는 〈한국디자인진흥원사〉, 〈디자인코리아〉를 편찬하고, 디자인코리아뮤지엄을 개관하였고 디자인코리아 아카이브전을 개최해 한국디자인의 가치를 새롭게 조명하였습니다.

1970년부터 지금까지 50년 동안 KIDP의 발전과 더불어 디자인 역시 제품을 안전하게 싸서 아름답게 묶는 '포장'에서 소외됨 없이 모두를 감싸 안는 '포용'으로까지 의미와 역할이 확장되었습니다. 과거, 생산성과 효율성을 높일 수 있는 '평균'을 위한 디자인이 추구되었다면 이제는 AI, 빅데이터 등 첨단기술과 융합하여 신체, 정신, 문화, 성별 등에 차별됨 없이 '보다 많은 사용자'를 위한 포용디자인(Inclusive Design)을 향하고 있습니다.

디자인은 포용국가를 실현하기 위한 가장 현실적인 전략입니다. 최근 정부에서도 모두가 다 함께 잘살자는 '혁신적 포용국가'를 비전으로 제시하며, 규모와 성장만을 추구하던 것에서 벗어나 속도를 늦춰 빛이 들지 않던 구석구석까지 돌아보겠다는 국정 운영 방침을 세웠습니다. 그렇기에 앞으로 디자이너는 산업적 가치를 만드는 것을 넘어 사회가치를 실현하고 포용국가를 만드는 핵심 역할을 하게 될 것입니다. KIDP는 이러한 디자인의 변화에 맞춰 '발전을 위한 혁신'에서 한발 더 나아가 포용디자인을 통해 국민 삶의 질 향상과 함께 한 사람도 소외시키지 않는 '모든 사람을 위한 디자인(Design for all)'을 실현하고자 합니다.

2020년, 우리 디자인의 가치를 새롭게 조명하기 위해 고왕지래(古往知來, 과거를 통해 미래를 알다)의 자세가 필요합니다. 이에 한국 디자인계를 이끌어 온 선배 디자이너들의 수고와 디자인의 역할이 변화한 50년의 흔적을 〈디자인 코리아〉를 통해 기록하였습니다. 부디 이 책이 우리 디자인이 걸어온 과거를 통해 한국 디자인의 가치를 제고하고, 사료의 가치를 넘어 미래 디자인 주역들을 위한 이정표가 되길 바랍니다.

한국디자인포장센터
설립까지의 前史

오근재 · 전 홍익대학교 조형대학장, 한국디자인학회장 한국디자인포장센터(Korea Design & Packaging Center)[1]의 탄생은 '한국의 근현대 디자인사'라는 시간의 띠 위에서, 시대의 부름에 응답했던 필연적인 사건이라는 관점으로 이 글을 작성했다. 말하자면 디자인포장센터는 우연한 기회에 우연한 인연으로 탄생된 기관이 아니라, 시대라는 어미 몸이 산고를 거쳐 탄생시킨 적자(嫡子)라는 관점을 가지고 이 글을 썼다는 것이다.

먼저 이 글을 쓰기 전에 결심해야 할 사항이 있었다. 그것은 '한국 근현대디자인사의 출발점을 언제로 볼 것인가'를 결정하는 문제였다. 기점을 설정하지 않으면 진정한 출발이 불가능하기 때문이다. 이는 기록자가 어떤 발판에서 역사를 바라보려 하는가에 대한 문제이기 때문에 관점에 따른 다툼의 여지가 있다. 그럼에도 필자는 1945년 광복 시점을 선택하였다. 여기에 일부 의견이지만, 대한제국 시대에도, 또 일제강점기에도 이 땅에서 우리 국민이 살고 있었고 그 삶의 방식으로서의 문화가 있었기에, 비록 시대적 어두움과 격랑의 시대를 겪었을지라도 그 시대의 소비자를 위한 포장디자인은 있었다는 주장을 일부 수용하기로 했다. 그래서 그 항목을 아래에 삽입하였음을 밝힌다.

일제 치하의 포장디자인의 흔적

우리나라는 대한제국 융희 4년인 1910년 8월 22일, 일본에 의해 강제적으로 두 나라 간의 합병조약이 이루어짐에 따라 국권을 잃게 됐다. 이 일로 우리나라는 1945년까지 36년 동안, 일본의 식민지로서 주권을 잃었을 뿐만 아니라, 각종 자원과 인적 노동력을 일본에 수탈당하는 수모를 겪었다.

미쓰코시 백화점 식품부에서 사용되었을 것으로 추정되는 달걀포장지.
'타마고'라고 읽히는 <玉子>는 한국어로 달걀이라는 뜻이다.(홍익대 최광 교수 소장)

이러는 가운데 일본문화와 한국문화의 불편한 동거 관계는 새로운 국면을 맞이하게 되었다. 일제강점기에 우리나라에는 일본인 소유의 대형 유통점으로서의 백화점이 네 개 들어와 있었는데, 조시야(丁子屋ちょうしや), 히라타(平田ひらた), 미나카이(三中井みなかい), 미쓰코시(三越みつこし) 백화점 등이 그것이다.[2]

한편 북촌에는 종로를 중심으로 한국인이 세운 백화점이 있었다. 하나는 동아백화점이고 또 하나는 화신백화점이다. 그러나 인접한 위치, 동일한 한국인 소비자층, 다르지 않은 경영 방침 때문에 두 백화점은 태생적으로 경쟁이 치열할 수밖에 없었다.[3] 1932년 7월, 동아백화점은 결국 경영난을 피하지 못하고 화신백화점에 의해 흡수·통합되고 말았다. 불행하게도 그 백화점에 관련된 디자인 자료는 남아 있지 않다. 어떤 패키지 디자인이 한국인이 운영하는 백화점에서 사용되었는지 자료가 없기 때문에 일본인의 그것들과 비교해서 논할 수 없어 안타깝다.

일제강점기 '혼마치(本町)'라 불린 지금의 충무로와 '메이지쵸(明治町)'라 불렸던 명동은 일본 거류민들이 자리 잡은, 이른바 조선 속의 '작은 일본촌'이었다. 말하자면 우리나라보다 먼저 서양의 문물을 받아들여 개화기를 열었던 일본의 자긍심과 우월성을 드러내는 전시장(展示場) 역할을 했다. 이 지역 1번지에 미쓰코시 백화점이 건물 전체를 대리석으로 치장하고 문을 열었을 때 우리나라 사람들이 받았을 문화적 충격을 짐작하기란 어렵지 않다. 더 충격적인 것은 보자기나 볏짚을 이용하여 농수산물을 싸고 담는 일에 익숙해 있었던 우리나라 사람들에게, 백화점 상품 포장의 정교함과 아름다움, 그리고 고급스러움은 문화적 충격으로 다가왔을 것으로 짐작된다. 좋게 말해 자연스러웠고 진솔했으며 순박했던 것이 우리의 포장이었다면, 일본의 그것은 인위적이었지만 너무나 영악스러운 미혹을 간직하고 있었다.

경성(오늘의 서울)에 세워진 미쓰코시 백화점이 우리에게 준 충격은 너무나 컸다. 오늘날의 마케팅 용어를 빌려 말하면, 물건을 포장함으로써 전혀 새로운 가치를 만들어내어 고급화된 상품으로 변화시킬 수 있다는 사실을 그때까지 우리는 거의 상상도 하지 못했다. 당시 미쓰코시 백화점에서 달걀 포장에 쓰인 것으로 추정되는 디자인을 살펴보면, 제작연도를 정확하게 알 수 없지만, 적어도 1930년대나 1940년대 초에 사용되었을 것이라고 추론해볼 수 있다. 정월 신춘을 맞아 고객에게 건네는 축복의 인사말이 보인다.

이 밖에도 당시 백화점에서 사용되었던 포장디자인 자료가 다수 발견되고 있지만, 정확한 유통 주체의 확인이 쉽지 않고 사용 시기를 확정하기 어려운 것들이 대부분이다. 주로 데비키 기법(手引き: 일종의 손으로 수행된 석판인쇄기법)이나 볼록판 기법으로 제작된 것들이 대부분인데 상당히 세련된 미를 구사하고 있다.

일제강점기의 포장디자인 흔적이 남긴 것들

일제강점기에 일본인들에 의해 경영되었던 대형유통회사인 백화점의 한국 내 영업 활동이 우리에게 끼친 영향은 결코 적다고 폄하할 수 없다. 당시 일본의 백화점에서 판매되고 있었던 모든 상품들은 잠재 고객인 우리나라 사람들에게도 직간접적으로 영향을 끼쳤음이 분명하다. 제품이 부가가치를 덧입고 어떻게 상품이 되어가는지를 볼 수 있었고, 디자인의 감각적 안목을 높일 수 있었으며, 디자인의 절차와 과정에 투입되었던 일부 기능 종사원들은 그에 관련된 기법을 몸으로 익힐 기회를 얻을 수 있었다. 그러나 우리는 광복 후, 일본인들이 남긴 패키지디자인의 수준을 우리 것의 출발점으로 설정하는 데 실패했다. 가장 큰 원인은 디자인이 이루어지는 초기의 발상법과 디자인 소스의 개발법 등을 익히지 못한 상태에서 급작스레 광복을 맞이했고, 또 다른 이유는 디자인의 필요성을 제공했던 시장과 소재가 일본인들의 철수와 더불어 사라져버렸다는 것이다. 디자인의 필요성과 소재 공급의 필요성 소멸은 결국 자본의 부재를 의미했다. 광복과 더불어 우리에게는 일제 수탈의 후폭풍으로 가난이 남았고, 이념적인 혼란이 있었으며, 곧 발발한 6·25전쟁으로 그나마 남아 있던 산업 인프라마저도 사라져버렸다. 오직 남은 것은 일제가 남기고 간 상품패키지 디자인의 아련한 기억 속 흔적이 전부였다. 우리는 광복과 더불어, 우리의 것은 우리의 손으로 다시 시작할 수밖에 없다는 냉엄한 현실을 직시해야만 했다.

당시 사용되었던 계란 꾸러미와 가마니

광복 이후 4·19 혁명의 해까지

대한민국의 광복은 타자의 힘으로 아무도 예기치 못한 시점에서 찾아왔다. 이 와중에 국토는 두 동강이 났다. 초대 대통령 이승만은 1948년 5월 10일에 총선을 통하여 남한만의 단독정부를 세우고 그해 8월 15일 광복절 기념일을 기해 대한민국 정부 수립을 선포했다. 이렇게 해서 분단국가의 서막이 시작되었다.[4]

이승만 정권에 의해 수립되었던 남한만의 정부는 38선 이북의 북한과는 달리 자유시장 경제체계와 민주주의 정치체제를 채택하였다. 그러나 이 제도는 조선과 대한제국까지의 군주체계와는 너무나 다른, 낯설고 새로운 체제였다. 그러한 체계적 제복이 몸에 맞기도 전인 1950년에 6·25전쟁이 발발했다. 이 전쟁은 우리 민족에게 큰 상처를 남겼다. 1953년에 전쟁은 끝났지만, 38선 이남에 세워진 대한민국은 북한에 비해 경제적으로 뒤처졌다. 따라서 1950년 전쟁 발발부터 1960년대까지는 전쟁이 남긴 상처를 치유하고 파괴된 산업시설을 복구하며 민생고에서 벗어나기 위해 국가적 차원에서 분투하였던 시기라고 말할 수 있다. 일제가 이 땅에 남기고 떠난 생산시설들도 전쟁의 참화로 대부분 파괴되어 실질적으로 농·어업이 중심이 된 1차산업의 산출물에 생존을 의존할 수밖에 없는 비참한 생활의 연속이었다. 이렇듯 1950년대의 한국은 경제·사회적으로 가장 어려운 시기였다. 해외 수출과 경제 입국을 말하기에 앞서 국민 각자가 어떻게 기아 상태에서 벗어날 수 있을까에 더 많은 관심을 기울일 수밖에 없었다.

무엇보다도 이 시기에는 디자인을 요구할 만한 시장이 형성될 여력이 없었다. 앞에서 전술한 바와 같이 일제강점기에 일본인에 의해 이루어졌던 패키지

디자인은 그들이 떠나면서 자본도 시설도, 수요를 창출할 시장까지도 철수해버렸기 때문에 유지될 수 없었고, 우리는 모든 것들을 거의 아무것도 없는 상태에서 새로 시작할 수밖에 없었다. 일본인 자본주들과 일본인에 의해 운영되었던 크고 작은 기업들이 철수하게 됨에 따라, 시장 형성의 기본적인 조건 자체가 무너져버렸다. 겨우 일부 제약회사와 화장품회사, 전매국에 의해 최소한의 생필품이 시장 속에서 유통되었지만, 그것은 충분조건은 물론이고 필요조건조차도 충족시킬 수 없는 열악한 수준이었다. 또 그 제품의 포장조차도 어느 특정 지점에서 또 다른 지점까지 운반을 위한 패킹(packing)의 수준을 벗어나지 못하였다. 싼(wrapping) 물건을 잘 팔릴 수 있는 상품으로 만들어내는 것이 패키징(packaging)이라고 말할 수 있다면, 당시의 우리나라 포장 수준은 단순히 물건을 운반하기 위해 싼다는 개념(packing)에서 벗어나지 못했다는 점을 지적하는 것이다.

거듭되는 말이지만 1950년대 전반부는 6·25전쟁의 상흔을 치유하는 데 여념이 없었던 시절이었다. 그러나 휴전 후 3년이 지난 1956년에 이르면 여러 분야의 제품들이 출시되기 시작했다. 부족하기만 했던 생활필수품들이 조금씩 선보이기 시작했고, 국민 보건과 건강을 위한 여러 가지 약품들과 식품보조제, 세제와 화장품, 어린이용 먹거리, 식음료 등의 제품들도 시장의 수요에 의해 고개를 들기 시작했다.

그러나 그것은 제약 부문에 거의 한정되어 있었다고 말할 수 있다. 이러한 현상은 전쟁이 남긴 후유증 때문일 것이다. 질병의 치료와 건강증진을 통한 생존의 문제가 이 시기 국민에게 가장 절실했다. 생활필수품 부문에서는 화장품과 의류가 조금씩 발돋움을 시작했다. 에이브러햄 매슬로(Abraham H. Maslow)가 주장한 '욕구단계설(Hierarchy of Needs)' 이론에 따라 이 현상을 설명하자면, 생리적(physiological) 욕구와 그다음 단계인 안전(safety)에 대한 욕구 사이에 당시 우리나라 사람들 대부분의 욕구가 걸려있었지 않나 짐작된다. 그러나 제약 부문 역시 대부분 자체 개발하여 생산하는 것이 아닌, 외국의 유명 회사 제품을 수입하여 판매를 대행하거나 제휴해서 생산 판매하는 형식을 취하고 있어서, 이에 따른 패키지디자인 역시 독자성과는 상관없이 외국의 그것들을 상당 부분 복제하거나 표절하는 수준을 크게 벗어나지 못했다. 앞에서도 언급했지만, 이 시기에 출시된 어떤 제품이든지 패키징이라기보다 아직은 패킹하는 수준에서 크게 벗어나지 못한 상태였다.

1961년 군사정변의 해부터 1970년까지

수출 포장디자인의 중요성 대두

1950년대는 6·25전쟁으로 인하여 이른바 먹고 사는 문제가 가장 첨예한 문제로 대두되었던 시기였다. 다소 거칠게 표현하자면, 1950년대의 대한민국은 거대한 난민촌이었던 셈이다. 1960년대 들어서자 전쟁의 참화가 채 가시기 전에 두 개의 격변이 일어났다. 하나는 4·19혁명이었고 또 하나는 1961년의 군사정변이었다. 군사정변을 일으켜 정권을 거머쥐게 된 박정희는 1963년 10월에 실시된 대통령 선거에서 민간인 자격으로 출마하여 제5대 대통령에 당선되었다.[5] 이렇게 해서 5·16군사정변이 시작된 지 1년 7개월 만에 대한민국 제3공화국이 탄생되었다. 실로 격변의 시기였다. 1960년부터 불과 3년 안에 세 개의 공화국이 부침을 거듭한 것이다.

이 시기에 우리의 관심을 끄는 것은, 윤보선과 장면 정권이 야심작으로 내어놓았던 이른바 '경제개발5개년 계획'을 강력하게 추진하여 국민의 삶의 질을 개선하였다는 것이다. 제3공화국은 좁은 국토와 지하자원 빈국의 상황에서 농업 국가만을 고집해서는 경제적 어려움에서 벗어날 길이 없다고 판단하였다. 그래서 국가적 총력을 수출입국에 두고 경제개발계획을 강력하게 추진해나갔다.

한국의 산업화는 1962년부터 시작된 경제개발5개년 계획이 본격화되면서 진행되었다고 할 수 있다. 당시 우리나라 경제의 기초 체력은 매우 허약한 상태였다. 실제로 1960년 우리나라 총수출액은 0.32억 달러에 불과했다. 우리나라가 처음으로 수출 1억 달러를 달성한 날은 그로부터 4년 후인 1964년 11월 30일

1963년에 출시된 삼양라면
(왼쪽) 정부 대전청사 내 발명인의 전당 제공
(오른쪽)삼양식품 홈페이지.

이었다.[6] 그래서 정부는 이 날을 '수출의 날'로 지정해서 매년 기념했다(2012년에 12월 5일로 날짜를 변경하고 이름도 '무역의 날'로 변경했다). 이러한 사실로 미루어보면 당시 수출 1억 달러 달성이 얼마나 가슴 벅차고 기념할 만한 사건이었는지를 짐작해볼 수 있다. 필리핀은 7억 달러, 대만이 4억 달러 정도의 수출고를 자랑하던 해였다. 1년 뒤인 1965년에는 1억 7,000만 달러 수출 실적을 보였다. 엄청난 증가 추이를 보인 것이다. 이러한 수출 실적은 이때부터 대통령이 직접 '수출진흥확대회의'를 매월 주재하게 된 계기가 되었다.

　　제2차 경제개발5개년 계획의 완성연도인 1971년도 우리나라 수출 목표액은 10억 달러였다. 1967년부터 수출 품목의 다변화를 위해 구로 수출공업단지를 조성하여 경공업 수출에 힘쓰게 되었다. 이렇게 노력한 결과, 1969년에는 수출 6.23억 달러에 이르게 되었다. 경제 규모는 급속도로 커졌고, 수출도 비약적으로 늘어났다. 2차 경제개발 계획을 추진하는 동안 연평균 10%가 넘는 경이로운 성장률을 보였다.[7] 국민 총생산에서 농수산물이 차지하는 비중은 상대적으로 줄어들었고, 경공업의 비중이 크게 늘었다. 수출 품목들도 다양성을 띠기 시작했다. 그리고 무엇보다도 이 기간에 '우리도 할 수 있다'라는 자신감을 불러일으켰던 두 개의 사건이 발생했다. 그것은 1964년 말에 수출 1억 달러를 달성한 성과와 더불어, 제2차 경제개발5개년 계획의 마지막 연도인 1971년에 대망의 수출 목표액 10억 달러를 초과하여 11억 3,200만 달러를 달성했다는 사실이다.[8] 결과적으로 말해 이 시기는 6·25전쟁으로 인해 피폐해진 민생을 경제개발이라는 새로운 동력으로 새롭게 일으켜 세우려는 열망으로 가득한 시기였다. 그러나 수출품의 포장은 열악하여 현지에 도착하기도 전에 망가지기 일쑤였고 수출상품의 디자인 또한 열악하여 외국의 유명 제품을 카피하는 수준에서 크게 벗어나지 못하였다. 정부는 이러한 사실을 직시하고 수출을 위해서는 우리의 독자적이고 창의적인 수출포장디자인이 무엇보다 시급하다는 데 뜻을 모았다. 이러한 의지가 1960년대 후반에 디자인진흥기관들을 탄생시킨 배경이 되었다.

세 개의 디자인 진흥기관 설립

강력한 수출 드라이브 정책을 펼친 결과, 기대 이상의 경제성장을 이룩한 정부는 보다 강력한 수출 정책을 펴기 위해 수출 상품의 포장과 패키지디자인의 중요성에 눈을 돌리게 되었다. 아무리 상품의 질이 우수하다고 할지라도 운송용 포장에 문제가 발생하면 배상 청구를 해야만 했기 때문이다. 또 상품의 패키지디자인이 소비자의 눈길을 끌지 못하면 시장에서의 실질적인 수요를 기대할 수 없었다. 이러한 까닭으로 제1차 경제개발5개년 계획의 후반부부터 수출품 포장과 패키지디자인 등에 대한 중요성이 대두되었다. 이와 같은 시대적 과제를 해결하기 위해 정부에서는 관련 기관들을 만들어 이 문제를 해결하려고 분투했다.

첫째는 사단법인 한국포장기술협회이다. 본 협회는 포장기술의 개선과 규격의 통일 및 표준화를 촉진하여 안전하고 신속한 유통을 도모함으로써 생산, 유통, 소비의 합리화를 기하고 유통 비용의 절감과 상품 가치의 향상을 꾀하여 수출 증진에 기여하고자 1965년 10월 29일에 설립된 민간기구다(주무부처인 상공부로부터 설립 인가를 받은 해는 이듬해인 1966년이다). 여기에 참여한 기

1966년 경복궁 국립미술관에서 개최된 제1회 《대한민국상공미술전람회》 개막 기념사진.
앞줄 중앙은 개관 테이프를 끊은 박정희 대통령, 그 오른쪽은 당시 상공부 장관이자 전람회장이었던 박충훈
(제1회 《상공미전》 도록 참조).

업은 대한통운주식회사, 농어촌개발공사, 대한 무역진흥공사, 대원제지주식회사, 동신화학공업 주식회사, 금풍실업(주), 대한펄프공업(주), 삼화제관주식회사, 락희화학공업 주식회사, 신흥제지공업주식회사, 태평방직주식회사, 인화실업주식회사, 대한통운포장주식회사, 한국 수출포장공업, 제일모직, 한국유리 등으로, 16개 민간업체들의 대표로 구성되었다.[9] 초대회장은 대한통운의 조성근이 담당하였다. 그러나 설립된 후 4년 만인 1970년에 디자인 관련 세 기관이 새로운 시대적 사명을 띠고 통합하게 됨에 따라 기록할만한 큰 성과를 거두지 못하고 해산하게 되었다.

두 번째 기구인 사단법인 한국수출디자인센터는 1965년 9월에 개최된 청와대 수출확대회의에서 정부의 수출 증진을 효과적으로 달성하기 위해 산학 협동을 적극적으로 지원하고 합리적이면서 디자인이 우수한 제품을 생산하기 위한 기구설치를 의결함으로써 '한국공예디자인연구소'라는 이름으로 발족되었다. '한국포장기술협회'가 주로 업계의 인사가 주축이 되어 발족, 운영 역시 업계 회원의 회비 중심으로 이루어졌음에 비해, 한국공예디자인연구소는 주로 서울대학교 미술대학교를 중심으로 한 학계 인사에 의하여 설립되었고 그 운영도 전적으로 국고보조에 의존하였다. 처음 기구가 발족된 시점인 1966년은 순수한 연구 목적을 띠고 설립되었으나 일반 산업계와의 원만한 소통이 이루어지지 않은 폐쇄적인 운영 때문에 말썽이 나자, 정부는 1969년 2월에 '사단법인 한국수출디자인센터'로 명칭을 바꾸고, 설립 목적도 "본 센터가 예술적인 아카데믹한 디자인을 연구 개발하는 것이 아니고 수출상품 위주의 디자인을 연구 개발하기 위한 기구"임을 분명히 적시하고 이사진도 학계와 산업계를 동수로 개정했다.[10] 이 기구 역시 짧은 기간 동안 수차례 이사장과 소장이 바뀌고 명칭이 바뀌는 등, 우여곡절을 겪은 후에 1970년 해산하고 세 기관 통합에 참여하게 되었다. 그러나 이 기관은 주목할만한 실적을 남겼다. 그것은 설립 첫해에 '대한민국 상공미술전람회'를 탄생시킨 일이다.

제1회 '대한민국 상공미술전람회'(현재의 '대한민국디자인전람회', 이하 '상공미전')가 열린 1966년에는 제1차 경제개발5개년 계획의 완성연도이자 1967년부터 시작되는 제2차 경제개발5개년 계획의 준비 기간에 해당되는 의미 있는 해였다. 같은 해에 '(사)한국포장기술협회'와 '한국공예디자인연구소'가 같은 시기에 발족된 것도 우연한 일치는 아닐 것이다. 그만큼 정부의 포장디자인에 대한 관심과 의지가 강했다는 점을 시사하는 중요한 지표라고 말할 수 있다. '상공미전'이 만들어진 계기는 1965년 11월, 상공부 주최로 24명의 공예인들을 초청하여 수출품 포장디자인에 관해 열렸던 간담회였다.[11] 이렇게 본다면, 당시 서울대학교의 미술대학 교수들이 주축이 되어 설립되었던 한국공예디자인연구소[12]가 '상공미전'을 태동시킨 모태가 되었다고도 말할 수 있을 것이다. 실제로 공예디자인연구소 초대 소장으로 있었던 이순석은 한홍택, 박대순, 민철홍, 권길중 등과 더불어 '상공미전' 5회까지 심사위원(장)으로 활동하였다. 제1회 '상공미전'은 1966년 8월 3일부터 22일까지 상공부 주최, 대한상공회의소 주관으로 국립미술관(경복궁 후원)에서 개최되었다.

이 전시는 박정희 대통령이 거의 매회 개막식에 참석하였으며, 당시 상공부

1

2

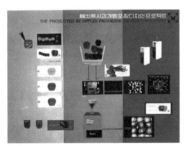

3

4

1　제4회 《대한민국상공미술전람회》 국회의장상 최아영 <수출용 인삼차 포장디자인>
2　제4회 《대한민국 상공미술전람회》 특선 신언모 <해외 수출용 조화 종합 디자인 시안>
3　제4회 《대한민국 상공미술전람회》 특선 최영숙, 김순희, 조경숙 공동작 <수출용 사과포장 프로젝트>
4　제4회 《대한민국상공미술전람회》 특선 한필동 <인삼주 포장> 제4회 《상공미전》 도록 참조

장관이었던 박충훈이 전람회장을 겸하였다. 이는 이 전람회가 당시에 얼마나 국가적인 관심의 대상이었으며 이 전람회의 성과가 얼마나 수출품의 부가가치 창출에 도움이 되기를 기대하였는가를 말해주는 징표라고 해도 과언이 아닐 것이다.

전람회는 크게 상업미술, 공예미술, 공업미술의 세 부문으로 구성되어 있었는데, 정부에서 일차적인 관심을 가졌던 부문은 상업미술 부문이었다. 왜냐하면 가장 시급한 문제는 디자이너에 의한 수출품의 개발보다는 수출품의 포장개선이 시급한 시대적 과제였기 때문이었다. 그러나 출품작가가 산업 일선의 디자이너가 아니라, 학계에 몸담은 디자이너나 대학생들이 대부분이었기 때문에 실제 기업 일선에서 시급히 해결해야 할 과제와는 거리가 있는 작품들이 다수 출품되었고, 그러한 성향의 작품 중에서 입선 이상의 시상이 이루어지고 있었다는 점에 문제가 있었다. 실제로 수출포장디자인 위주의 작품이라기보다는 포스터, 달력 디자인, 일품공예의 성격에서 크게 벗어나지 못하고 있는 공예작품 등이 다수 출품되었다. 그러나 제2회 전시회 이후에는 그 성격에 맞춰 포장디자인 작품이 눈에 띄게 늘었다. 그러다 제4회 전시회에서는 패키지디자인이 대통령상 다음의 상에 해당하는 국회의장상을 수상하는 쾌거를 이루기도 했다. 이후의 전람회에는 상업미술 부문의 출품작의 상당수가 패키지디자인이었으며 전람회 초기부터 선보이기 시작한 관광포스터, 달력 디자인은 패키지디자인과 더불어 꾸준히 지속된 주제였다. 도판으로 실린 사진은 당시 출품작들의 경향을 짐작하는 데 도움이 될만한 주요 수상작들 일부를 발췌한 것이다.[13]

그러나 상공미전 입상작들은 기업에 의해 현실적인 제품으로 거듭 태어나지 못했다. 전람회의 성과가 기업과 수출에 연계되지 못하고 각기 다른 길을 걸었다는 점은 상공미전이 가진 태생적인 한계였다. 왜냐하면 이 전람회가 학계의 발의로 시작되었고 심사 역시 학계가 주도해나갔기 때문이다. 예컨대 이순석, 한홍택, 민철홍, 김교만 등이 포함된 제1회 심사위원의 명단은 이 전시가 초기부터 얼마나 학계 중심이었는지를 선명하게 보여주는 징표라고 말할 수 있다.

이렇게 상공미전은 패키징이라는 측면에서 보면 크게 성과를 거두지 못했다. 그것은 전술한 바와 같이, 지나치게 설립 초기부터 현장 중심의 전람회의 성격을 확립하지 못하고 학계를 중심으로 운영되었다는 태생적 한계 때문이었을 것으로 생각된다. 다만 이 전시회를 통하여 인정할만한 디자인 능력의 소유자들, 즉 '추천 작가'를 공식적으로 확보할 수 있는 간접효과를 거두었다.

종합적으로 정리해 말하자면, 1960년대는 포장과 디자인의 문제, 즉 패킹과 패키징 문제를 해결하여 수출 증대의 효과를 단시일 내에 배가하려는 시도로 점철된 시기라고 말해도 틀리지 않을 것이다. 경제 사정도 차츰 좋아져서 다양한 부문에서 새로운 제품들이 출시되기 시작했다. 그러나 크게 보아 아직도 시장에서는 패키징보다는 패킹의 문제에 더 직접적으로 관여되었던 시기였다고 말할 수 있다.

마지막으로 세 번째 기구인 한국수출품포장센터는 제2차 경제개발5개년 계획이 한참 진행되고 있었던 1969년 3월 6일에 설립되었다. 설립 목적은 당시 수출포장의 주종을 이루고 있었던 골판지 상자의 획기적인 개선을 위해 이를 제작하는 공장을 설립하여 직접 수출업체에 공급하는 것이었다. 말하자면, 수출입

국이라는 지상 과제를 효과적으로 추진하기 위해 시급한 과제로 부상하였던 포
장 개선 문제를 이 기관을 통하여 해소하고자 했다. 여기서 말하는 수출품 포장
개선 문제란, 질 높은 포장 제품을 해외에 진출시켜 시장을 개척하는 한편, 잘못
된 포장으로 인한 클레임을 방지하는 것이었다. 실제로 당시 수출포장에 사용하
였던 골판지 상자는 대부분 낡은 재활용 용지로 만들었기 때문에 강도도 낮고 습
기에 취약하여 수출품이 일본으로만 가도 상자가 망가져 포대처럼 되고 밴드도
없어질 정도였다. 이러한 문제를 해결하기 위해 '한국수출품포장센터' 설립안
이 청와대 수출확대 회의에 상정되었는데, 참석자 모두 이에 대한 이의가 없었
을 정도로 포장 문제는 당시 시급히 해결되어야 할 문제였다. 우선 구체적인 사
업 계획은 무역협회 주관으로 추후 작성하기로 하고 업무 한계만 규정한 상태로
무역협회 상근부회장이었던 박종식을 이사장, 과기처 기획관리실장이었던 송
효정을 전무이사로 선임하여 출범하였다.[14] 앞서 이야기한 두 기관이 포장기술
과 포장디자인에 대한 연구 개발에 각각 주안점을 두었다면, 여기에서는 연구
개발보다는 포장재(구체적으로는 골판지)의 생산 공급을 통하여 수출 포장에 직
접적으로 이바지하고자 했다. 설립연도에 세 개의 공장을 확보할 수 있었을 정
도로 사업은 활발하게 진행되었으며, 내부의 기계설비도 동년에 완비할 수 있었
다. 그해 9월에 센터가 100% 출자한 '한국수출품포장 시험검사소'까지 발족되
어, 구로 수출 2단지에 있는 시범공장의 2층에 입주하여 제작과 검수 업무를 원
스톱으로 신속하게 처리할 수 있었다. 이렇게 보면 포장센터는 수출업체들이 모
여서 자신들의 포장문제를 해결하려 했던 포장재 생산 업체라고 봐도 크게 틀리

지 않다. 주요 생산 품목은 골판지 및 골판지 상자, 나무 상자, 폴리프로필렌(pp) 필름, 스티로폼 등이었다. 포장센터가 민간 기구라는 점에서는 '(사)한국포장기술협회'와 성격이 같았지만, 이처럼 완전히 수출업체 중심이었다는 점이 다르다고 말할 수 있다.

디자인 세 기관의 통합과 새 기구의 설립

제2차 경제개발5개년 계획이 추진되고 수출액이 원래의 목표를 상회하며 급신장하자, 정부와 기업들은 더욱 포장디자인의 중요성에 눈을 뜨기 시작했다. 1967년에 약 3.6억 원, 1968년에 약 5억 원, 1969년에 약 7억 원의 수출고를 달성한 정부는 1971년도 수출 목표 10억 달러 달성이 단지 꿈만이 아니라 현실이 될 수 있음을 확신하였다. 그러나 1968년에 외국 시장으로부터 수출품에 대한 클레임이 13% 정도에 달하고 그중 중요한 요인이 포장에 기인한다는 분석 결과가 나오자, 포장에 대한 문제는 결코 소홀히 할 수 없는 가장 시급한 현안으로 대두되었다.

많은 논의 끝에 1970년 4월 20일에 개최된 제4차 청와대 수출진흥확대회의에서 이상의 세 기관을 통합하기로 결정하였다. 이렇게 해서 1970년 5월 19일, '재단법인 한국디자인포장센터'를 설립하게 되었다.[15] 초대 이사장에는 당시의 상공부 장관이었던 이낙선이 장관직을 겸직, 취임하였다. 이 기구가 현재 경기도 성남시에 위치한 '한국디자인진흥원'의 전신이다. 세 기관을 그만큼 이른 시일 안에 전격적으로 통합할 수 있었던 것은 당시 대통령이었던 박정희의 수출품디자인에 대한 지대한 관심 때문이었다고 보아야 할 것이다. 어쨌든 1960년대 포장디자인은 가장 시급하고 가장 중요한 국가 아젠다로 떠오르게 된 시기였다고 말할 수 있다.

(재)한국디자인포장센터는 우연히 발족된 기관이 아니라 시대의 요구와 부름에 부응해서 필연적으로 탄생한 기관이라 말해야 마땅하다. 그것은 해방 이후, 우리 민족이 겪어왔던 격변과 질곡과 가난의 체험장과 같았던 시대를 온몸으로 견디어내면서 국가적 결핍을 극복하기 위해 시대가 우리에게 부가한 부채에 대한 최적의 응답에 해당한다고 말할 수 있을 것이기 때문이다. 1960년대 이후 '수출입국'의 기치 아래 부국에 대한 꿈을 실현시키는 과정에서 패키지디자인은 상품의 부가가치 창출과 소비자가 원하는 장소까지 상품 가치를 유지하면서 안전하게 도착하게 만드는 핵심적인 문제 해결의 방안이었다. 물론 디자인포장센터의 건립이 시대적 과제해결을 위한 필요하고도 충분한 조건 모두를 충족해주지 못해왔던 측면도 없지 않았을 것이다. 그러나 한국을 오늘날 세계적 무역 규모의 국가로 만들고 OECD 가입 국가, G-20 국가들과 어깨를 겨룰 수 있게 하는 과정에 한국디자인포장센터가 씨앗으로서의 역할을 해왔다는 점은 결코 부인할 수 없고 부인해서도 안 될 역사적 사실이다. 이 전사(前史)는 이 엄연한 사실에 따른 거역할 수 없는 증언적 밑 자료일 터이다.

구 서울대학교 미술대학의 자리에 위치했던 '재단법인 한국디자인포장센터' 전경. 종로구 연건동 128-8번지
(현재는 종로구 대학로 57 홍익대학교 대학로캠퍼스).

한국디자인진흥원과
한국의 디자인

김종균 · 특허청 행정사무관, '한국의 디자인', '디자인전쟁' 저자

디자인·포장 진흥(1970년대)

  한국디자인포장센터는 다양한 디자인 진흥사업을 전개해나갔다. 1971년 세계공예협회(WCC), 1972년 세계그래픽디자인단체협의회(ICOGRADA), 1973년 세계산업디자인단체협의회(ICSID)에 가입하였다. 해외 디자인 동향 파악이나 시장조사 등을 통해 수출산업을 지원하였고, 특히 포장재의 디자인 개선을 위해 다양한 사업을 펼쳤으며, 직접 포장지 생산 공장을 운영하여 양질의 포장재료를 공급하기도 했다. 또 기업 경영자와 일반 대중을 대상으로 각종 세미나와 전시회를 개최하고, 전문잡지인 『디자인·포장』을 1970년 11월 창간하였다.

  한편, 한국디자인포장센터는 공모전과 전시사업을 통하여 산업계의 디자인 계몽 활동에 힘썼다. 기존에 대한상공회의소가 주관하던 상공미전을 넘겨받아 매해 개최하였으며(1971-), 이와는 별개로 1971년부터 한국포장대

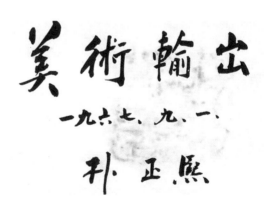

박정희 대통령이
수출디자인센터를 방문해 남긴
휘호 '미술수출'

전(1971-1975·1980·1987·1988)을 개최했다. 상공미전이 학계 중심의 콘셉트 제품이 주류였다면, 한국포장대전은 기업 중심의 양산품이 주종을 이루었다. 더불어 코리아팩(1971·1985·1987), 서울팩(1989), 우수산업디자인전(1970·1973·1974·1975·1976), 우수포장비교전(1973), 해외포장자료전(1974), 이태리 산업디자인전(1977), 영국/이태리 산업디자인전(1979), 프랑스 산업디자인전(1988) 등 다양한 전시와 행사를 주관하며 기업과 국민의 디자인 계몽 활동에 힘썼다.

한국디자인포장센터가 설립되던 해인 1970년부터 민간의 디자인 활동도 활발해졌다. 서울대 민철홍 교수 주도로 '한국인더스트리얼디자인협회(KSID: Korea Society of Industrial Designers)'가 창설되어, 전시 위주의 활동을 펼쳤다. 1972년에는 '한국디자이너협의회(KDC)', '한국시각디자인협회(KSVD)' 등이 창립되었다. 1978년에는 '한국디자인학회'가 한국 최초로 창립되는 등 민간의 디자인 진흥과 계몽 활동도 활발해졌다. 이후로도 각 분야의 디자인 협회와 단체가 설립되어 활발한 활동을 전개해 오고 있다. 각 민간단체에 한국디자인포장센터는 직간접적인 지원을 하였다.

디자인과 법(1977)

디자인의 수요가 점차 증대되는 상황에서 한국디자인포장센터의 체계적인 디자인의 육성과 지원을 위해 법적 근거가 필요해졌고, 1977년 정부는 '디자인·포장진흥법'(법률 제3070호)을 제정하였다. 이 법을 통해 그동안 민간 재단법인 형태로 운영되던 한국디자인포장센터를 특별법인으로 전환하여 디자인정책 집행기관으로서 위치를 공고히 하는 한편, 정부 재정지원을 통해 다양한 국책사업을 펼치는 것이 가능해졌다.

'디자인·포장 진흥법'의 제1조(목적)에는 디자인과 포장의 연구 개발 및 진흥을 위한 사업과 활동을 지원 육성함으로써 경제발전과 수출증대에 기여함을 목적으로 한다라고 명시하였다. 디자인의 범위로는 제2조(정의)에서 이 법에서 디자인이라 함은 인간의 문화적 생활을 영위함에 필요로 하는 모든 도구의 창조 및 개선행위를 뜻하며 이에는 산업 디자인, 공예 디자인, 시각 디자인, 포장디자인 등을 포함한다라고 규정하였다. 초기 법에서 정한 디자인의 범위는 다소 협소하여 산업과 수출지원을 목적으로 하는 특수한 형태의 법이었다. 당시까지 디자인 진흥을 목적으로 하는 법을 제정한 사례는 세계적으로도 드문 일이었다.[16]

이후 수차례 개정을 거치면서, 법 명칭과 지원범위를 넓혀나갔다. 현재 산업디자인진흥법의 제1조(목적)는 이 법은 산업디자인의 연구 및 개발을 촉진하고, 산업디자인을 진흥하기 위한 사업을 지원함으로써 산업의 경쟁력 강화에 이바지함을 목적으로 한다고 규정하고 있다. '포장'이라는 단어와 '수출증대'라는

2001 세계산업디자인대회(ICSID) 포스터

목적이 사라졌다. 제2조(정의)에서는 이 법에서 '산업디자인'이란 제품 및 서비스 등의 미적·기능적·경제적 가치를 최적화함으로써 생산자 및 소비자의 물질적·심리적 욕구를 충족시키기 위한 창작 및 개선 행위와 그 결과물을 말하며, 제품디자인·포장디자인·환경디자인·시각디자인·서비스디자인 등을 포함한다라고 규정하여 디자인의 범위를 넓혔다.

우수디자인(GD)과 디자인경영(1980-1990년대)

1980년대까지, 개발도상국이었던 한국의 기업은 해외 제품을 모방하거나 OEM으로 생산하는 경우가 많아 부가가치를 높이는 데에 한계가 있었다. 이에 정부는 독자 브랜드와 고유 디자인 개발을 강조했고, 그 연장선에서 1985년부터 '굿디자인' 제도를 시행했다. 디자인이 우수한 공산품에 발급되는 'GD' 마크는 'KS' 마크처럼 일종의 디자인 품질 인증표시로 인식되었고, 일반 대중에게 좋은 디자인에 대한 안목을 길러주는 계몽적 역할을 수행했다. 이 제도를 통해 기업의 고유모델 개발이 활성화되고, 국가적으로는 소위 '짝퉁 천국'의 이미지를 불식시켜 한국의 디자인 경쟁력을 급속히 향상시키는 계기가 되었다. 같은 시기, 금성사(현 LG전자)와 삼성전자는 독자적인 굿디자인 공모전을 시작하였고(1983), 여러 기업들이 디자인 공모전과 전시회를 열기 시작했다.

1980년대 후반부터 국내 디자인계에 많은 변화가 일었다. 1987년, '국제저

작권협약(Universal Copyright Convention)'에 가입하면서 해외 디자인 표절에 대한 경각심을 일깨웠고, 1990년대 시작된 WTO(World Trade Organization) 체제와 시장 개방 등으로 국내에 해외 유명 상품들이 범람했다. 이 시기, 삼성·LG·현대 등 대기업은 국제 경쟁력 강화를 목적으로 '디자인경영'을 천명하고 고유 브랜드와 독자적인 디자인을 개발하기 시작했다. '애니콜(Anycall)', '쏘나타(SO-NATA)' 등과 같은 글로벌 히트상품이 속속 등장했고 디자인경영은 기업들 사이에 성공적으로 안착되었다. 1990년대로 접어들면서 거의 모든 기업에 디자인경영 열풍이 불어, 디자인연구소가 설치되고 디자인 전공자가 대거 임원급으로 발탁되는 등 한국디자인의 체질적인 변화와 급속한 발전이 이루어졌다.

디자인경영의 열풍 뒤에는 국제산업디자인대학원(IDAS: International Design school for Advanced Studies)의 영향도 있었다. 1996년 개설된 국제산업디자인대학원은 한국디자인진흥원 부설 전문대학원으로, 연 3학기제, 100% 영어강의, 주당 40시간의 수업 중 70% 실습 진행 등 기존의 대학과는 차별화된 실무중심 대학원이었다. 이 학교에 설치된 '뉴 밀레니엄 과정(최고경영자 과정)'에는 국내 재계 총수와 임원들이 대거 참여하여 기업 간 디자인 정보교류와 디자인경영 인식 확산에 큰 영향을 미쳤다.

국제화와 디자인경영 시대에 발맞추어, 한국디자인포장센터는 산업디자인포장개발원(1991), 한국산업디자인진흥원(1997), 한국디자인진흥원(2001)으로 개칭하며 조직과 사업 범위를 변화시켜 나갔다. 더욱이, 2000년대 들어서는 더는 정부 주도의 디자인 진흥이 무의미해질 만큼 기업의 디자인 경쟁력이 발

1   2

1   2019년 공공서비스디자인가이드북(왼쪽)
2   2018년 일산 킨텍스에서 열린 '디자인코리아' 행사(오른쪽)

전해 있었다. 한국디자인진흥원은 기업에 디자인을 직접 지원하는 대신, 해외시
장조사, 조사연구, 정보화, 인력양성과 교육, 디자인컨설팅사업 등 간접지원사
업 형태로 전환되었다. 또 2000년 이후 세계그래픽디자인대회(ICOGRADA,
2000), 세계산업디자인총회(ICSID, 2001) 개최, 산업디자인진흥대회, 디자인
코리아 행사 등 굵직한 국내외 디자인 행사를 개최하며 국내를 넘어 세계와 교류
하고 협력하는 디자인 정책기관으로 발돋움해 나갔다.

세계화와 지역화, 디자인코리아(2000년대)

　　과거 한국의 디자인 정책이 수출 증대를 위한 산업디자인 진흥에 집중되었다면, 1990년대 중반부터 시민들의 복지향상과 공공서비스 개선사업의 일환으로 디자인이 주목받기 시작했다. 특히 1995년 지방자치제가 도입되면서, 각 지자체는 지역의 발전을 위해 디자인을 적극적으로 활용하기 시작했다. 디자인은 투입되는 예산에 비하여 가시적인 성과가 빨리 드러나고 정책홍보에 유리한 특징이 있다. 거의 모든 지자체는 CI를 개발하고 공공디자인사업을 펼쳤으며, 디자인 전담부서를 설치하기에 이르렀다. 이와 별도로 WTO, FTA(Free Trade Agreement, 자유무역협정) 등 국제협약을 통해 농산물 시장이 개방되면서, 지역 경쟁력 강화를 위한 농·수·축산물의 브랜드화와 고급화에 힘썼다. 이런 사회적 변화에 발맞추어 한국디자인진흥원은 공공디자인정책개발과 집행, 디자인 트렌드 분석이나 백서 발간, 정부 업무와 국민 관련 서비스디자인 연구 등 새로운 정책과제를 발굴하기 시작했다.

　　2000년대 들어서는 정치권에 디자인 열풍이 불었고, 특히 환경디자인이 중요한 사회 쟁점으로 떠올랐다. 초기에는 주로 공공화장실 정비, 간판 정비 등에 한정되었으나, 점차 그 내용이 확대되어 개성 있는 축제와 행사, 전시관·박물관 건설 등을 통해 지역 경제와 관광사업 활성화를 유도했다. 지자체 차원에서 가장 활발하게 디자인사업을 전개한 곳은 서울시로 'hi Seoul'과 같은 도시브랜드를 개발하고, 서울 브랜드 강화에 나섰다. 환경개선사업의 일환으로 오래된 고가도로를 철거하고 청계천 복원사업을 펼쳤으며, 가로시설물 정비, 버스 중앙차로제, 서울숲 조성사업 등과 같은 공공디자인 개선사업을 펼쳐 뚜렷한 성과를 드러냈다. 이후 '디자인서울'을 도시 슬로건으로 내세우고, 디자인서울총괄본부 설치(2007), 서울디자인재단 출범(2008), 동대문디자인플라자 개관(2014) 등 조직과 기구를 확대했다. 초등학교 디자인교재 개발에서부터 '서울디자인올림픽'과 같은 초대형 행사에 이르기까지 활발한 사업을 전개했고 서울시의 선도적인 활동은 각 지방자치단체로 전파되어 한국 사회 전반에 디자인이 주요한 화두로 떠올랐다. 정부는 각 지자체와 협력하여 광주(2006), 부산(2007), 대구(2008) 지역에 지역디자인센터를 설립하여, 지역사회의 디자인 발전을 위해 노력하였고, 한국디자인진흥원은 남북협력, 해외 교류와 개도국 지원 등의 업무를 추가하며 국가 디자인 정책 중심의 업무로 재편되었다.

현재 한국디자인진흥원의 업무 성격을 가장 잘 보여주는 행사로는 매해 11월 전후하여 개최되는 '디자인코리아'가 있다. 기존의 각종 전시회와 공모전, 페어 등을 한데 묶은 디자인 작품 전시에서부터, 세계디자인 정보교류, 취업과 창업, 계약 등이 한자리에서 이루어지는 디자인 행사를 매해 개최한다. 디자인 관련하여 국내 최대 행사로 자리매김한 '디자인코리아'는 세계 디자인흐름을 한눈에 파악할 기회를 마련하며, 디자인 각 분야의 노하우 공유와 사업지원 등이 이루어진다.

한국 디자인과 한국디자인진흥원

한국의 산업은 세계 유례없는 고속성장을 거듭하였다. 한국의 디자인도 마찬가지다. 디자인의 토대라 할 수 있는 전통공예가 거의 단절된 상황에서 일구어낸 디자인의 발전은 매우 값진 것이며, 이 과정에 한국디자인진흥원의 역할은 매우 컸다. 한국디자인진흥원의 활동이 모두 성공적이거나 반드시 긍정적인 것만은 아닐 수도 있다. 디자인의 문화적 측면에 대해서는 그간 비교적 소홀하였고, 정부의 간섭으로 성과 중심의 사업을 운영한 측면도 없지 않다. 하지만, 과거 정부가 모든 분야의 진흥을 직접 주도하던 산업독재라는 특수 상황 속에서, 짧은 기간에 산업 발전 속도에 필적할 만큼 빠른 디자인산업 발전을 이루어 낸 것도 분명한 사실이다.

비단 그것이 정부의 진흥정책만으로 이루어질 수는 없다. 민간과 시장의 자발적인 노력이 훨씬 더 많은 역할을 수행했을 것이다. 하지만, 적어도 정부의 전폭적인 지원과 진흥 의지, 노력이 있었음은 인정해야 한다. 1970년대 대학정비가 이루어지던 시기에도 디자인 관련 학과는 계속 증대되었고, 1980년대 언론이 통폐합되고 잡지가 폐간되던 때도 디자인 잡지는 폐간된 잡지 중 유일하게 복간되었다. 같은 시기, 공예산업이나 일반 문화·예술과 비교해 본다면, 디자인은 오랜 세월 동안 홀로 특혜를 받으며 승승장구했다. 여기에 한국디자인진흥원은 국가 디자인진흥이라는 시대적 사명을 받아, 디자인 인프라 구축과 개선, 계몽의 역할을 50년간 묵묵히 수행해 왔다. 이제는 세계 속에 한국의 위상을 높이기 위하여 노력하고 있으며, 여전히 한국 디자인의 중심으로 자리 잡고 있다. 훗날 세계가 한국 디자인을 배우러 몰려오는 시기가 온다면, 한국디자인진흥원은 한국 디자인 역사에서 독일공작연맹(DWB)이나 영국 디자인 카운슬(COID)과 같은 평가를 받게 될 것이라 기대한다.[17]

1970-1979

1970 수출의 날 대통령상 표창 기념 기념촬영, 한국디자인포장센터(초대 이사장 이낙선)
1971 전국디자이너 대회 개최
1971 최고경영자를 위한 디자인포장세미나
1972 도쿄팩전시관에 설치된 한국관
1973 제3회 ICSID 아시아 회원국 회의
1973 상공미전 한국포장대전 박정희 대통령 방문
1974 디자인전문가의 완구디자인기술지도

1975 개발도상국들을 위한 국제포장세미나 개막식
1976 포장실험실 개관식, 상공부 장관 참석
1977 프랑스 디자인전문가 초청간담회
1978 홍콩 포장시찰단 한국디자인포장센터 내방
1979 호주 디자인센터에서 한국디자인포장센터 내방

한국 디자인 진흥을 위한 서막:
한국디자인포장센터 설립

1970

디자인진흥원사

- 한국디자인포장센터 설립
  (초대 이사장 이낙선)
- 디자이너 등록요령 고시
  (상공부 고시 제5403호)
  1차 디자이너 등록 233명
- 부산지사 개소
- 《스위스 포스터전》 개최
- 『디자인·포장』 창간

한국 디자인사

- 《한국현대디자인실험작가
  협회전》 개최
- 계간 『디자인』 폐간
  (한국공예디자인연구소, 총권 4호)
- 통상진흥국 디자인·포장과 설치
- 트랜지스터식 흑백 TV 생산
- 한샘 설립

한국 사회사

- 와우아파트 붕괴
- 새마을운동 시작
- 서울 인구 500만 돌파
- 경부고속도로 완공
- 남산1호터널 개통
- 전태일 분신자살 사건

1961년 군사정변으로 정권을 잡은 박정희 전 대통령은 좁고 척박한 농토에 의존하던 농경사회에서 벗어나기 위해 1962년 경제개발 5개년 계획을 수립, 낙후된 경제에 활력을 불어넣고 신속한 산업화를 이루기 위해 '수출입국(輸出立國)'이란 구호를 내세웠다. 이후 1968년, 5억 달러라는 수출 실적을 내자 1970년까지 10억 달러 수출 달성이라는 원대한 목표를 세우고 수출 진흥을 위한 다양한 정책과 사업을 펼쳐나갔다.

수출을 총괄하던 상공부(현 산업통상자원부)는 가장 먼저 국제 사회에서 경쟁력이 있는 경공업 제품을 개발, 수출하기 위해 좀 더 나은 외양의 공산품 디자인에 관심을 기울였다. 물론 이 시기에는 '디자인'이란 용어를 공식적으로 사용하지는 않았다. 일부 패션 분야에서만 디자인과 디자이너라는 말이 사용될 뿐, 산업계 종사자들은 디자인을 미술 분야 이상으로 인식하지 못했다. 또한 1960년대 중반까지 대기업을 제외하고는 디자인과 포장의 연구, 개발에 투자할 수 있는 여력이 있는 기업이 거의 없었고 정부도 이를 지원해줄 기구조차 갖추지 못한 상태였다.

포장 산업도 별반 다르지 않았다. 당시의 포장재는 주로 오래전부터 이어진 토기, 목상자, 목통, 죽제품, 면포대, 마대, 가마니, 새끼, 노끈 등이었고, 포장의 기능은 단순히 상품의 보호와 제품 이름을 알아볼 수 있을 정도의 일차적 기능에만 머물러 '산업'이라는 말이 무색할 지경이었다. 이러한 문제를 인식한 정부는 1차 경제개발 계획의 성과를 거두는 시기에 수출 진흥 기관들, 즉 한국포장기술협회(1966)와 서울대 부설 (사)한국공예디자인연구소(1966)를 차례로 설립했다. 그러나 이러한 노력에도 불구하고 1960년대 말까지도 수출 상품에 대한 클레임 가운데 포장 문제에서 기인한 사고는 상당한 비중을 차지했다. 이에 수출 상품의 포장 개선을 지원할 기관의 필요성을 인식하고 디자인·포장 진흥 정책에 관해 심각하게 논의하기 시작했다. 제2차 경제개발5개년 계획 기간 중인 1969년 한국공예디자인연구소를 '한국수출디자인센터'로 개칭하여 수출 상품의 디자인 연구 개발 사업을 전담하게 하고, 같은 시기에 한국무역협회와 각 수출 조합을 중심으로 한 '한국수출품포장센터'를 발족시켜 포장에 관한 연구, 개발과 지원 업무를 시행하게 했다.

1969년 10월, 상공부 장관으로 취임한 이낙선은 디자인 분야에서 단시간에 가시적인 성과를 내고자 상공부를 중심으로 디자인·포장 개선을 위한 방안을 여러 각도로 논의한바, 디자인 포장 연구 개발 및 진흥 업무를 추진하는 새로운 기구를 설립해야 한다는 방침을 세웠다. 이후 제4차 수출진흥확대회의에서 통합 방침을 보고하고 최종 결정이 내려짐에 따라 한국포장기술협회와 한국수출디자인센터를·해산해 한국수출품포장센터에 흡수·합병하게 되었다. 마침내 1970년 5월 19일, 현재 한국디자인진흥원(Korea Institute of Design Promotion, KIDP)의 전신인 재단법인 '한국디자인포장센터(Korea Design & Packaging Center, KDPC)'가 한국 디자인 진흥을 위한 중추 기관으로 발족한 것이다. 설립 이념은 "디자인의 향상과 포장 기술을 개선하는 데 노력하고 우수한 수출품 포장기재의 공급 및 연구 개발에 필요한 사업을 영위함으로써 경제 발전에 기여하는 것"이었다. 한국 디자인 진흥의 본격적인 서막이 오른 것이다.

'미술 수출'에서 '디자이너 등용문'으로: 대한민국디자인전람회

1971

디자인진흥원사

- 《KOREA PACK》 개최
- 제6회 《대한민국상공 미술전람회》 개최
- 세계공예협회(WCC) 가맹
- 디자인 자료실 개관
- 전국 디자이너 대회 개최 (168명 참가)
- 《한국포장대전》 개최

한국 디자인사

- 한국광고연구협의회(KARA) 창립
- 삼성전자, 영업부 소속 디자인 조직 신설
- 삼성전자 첫 TV 수출(파나마)
- 홍익대학교 공예학부에 응용미술과, 공업도안과 개설
- 태평양화학 국내 최초 메이크업 캠페인 '오 마이 러브' 실시

한국 사회사

- 제3차 경제개발5개년계획 발표
- 국토종합개발 10개년 계획 확정 공고
- 영동고속도로(신갈~새말 구간) 개통
- 대연각호텔 화재사고
- 국가비상사태 선포

공모전이란 어떤 특정한 목적으로 작품을 공개 모집, 선정·전시하는 제도이다. 초대 형식이 아닌 불특정 다수를 대상으로 한 형식이기에 심사 제도가 수반된다. 우리나라의 경우 《대한민국미술전람회》(이하 국전)가 최초의 공모전으로서 1949년 정부 주관 아래 시작되었다. 이러한 국전은 보통 아카데미와 관계되는 경우가 많아 보수적 성격이 짙은 편이었지만, 오랫동안 신인들의 등용문이자 예술 창작 활동을 점검할 기회를 제공해온 것도 사실이다.

1966년 8월 상공부가 주최한 국내 최초의 디자인 전람회인 《대한민국 상공미술전람회》(이하 《상공미전》)는 1971년 제6회부터 KIDP가 이어받아 주관하고 있다. 당시 정부는 '미술 수출'이라는 정책 아래 미술계와 산업계를 직접 연결해 수출 및 국내 디자인을 발전시키는 계기를 마련하고자, 1965년 상공부의 주재로 공예인 간담회를 개최했다. 이 자리에서 대학의 디자인 교육자들은 국전에 상응하는 산업 미술 전람회를 개최해 범국가적인 디자인 교육의 장으로 활용하자고 제안했고, 상공부가 이를 수용하면서 《상공미전》이 시작됐다. 그 목적은 "현재 국가 총력을 경주하는 수출 진흥의 방해 요인 중 특히 디자인의 낙후는 우리나라 상품의 수출 부진을 자초하여 왔음을 비추어 정부에서 수출 진흥책의 일환으로 대외적으로

우리나라 디자인의 후진성을 만회하여 수출 증진을 기하고 대내적으로 우수한 디자인의 창안 기풍을 조성하여 디자인의 진흥 사업을 전개함으로써 수출 증진의 결실을 거두기 위한 것"[18]이었다.

첫 번째《상공미전》은 1966년 8월 3일부터 22일까지 경복궁 미술관에서 1부 상업미술부, 2부 공예미술부, 3부 공업미술부 총 3부로 나뉘어 소규모로 치러졌다. 초기에는 일반인들도 참여했으나 점차 디자인 전공 학생들이 출품하기 시작했으며, 이후 1973년 2월 5일 정부는《상공미전》의 세부 규정을 대통령령 제6486호로 마련해 디자이너를 발굴해 산업에 기여할 수 있는 공모전으로 바꾸었다.

《상공미전》은 디자인의 각 분야에서 전문 디자이너들을 배출했다. 강찬균, 권명광, 양승춘, 김영기, 김효, 박윤정, 김덕겸, 이창호, 김길홍, 이순혁, 배천범 등 1974년까지 약 86명의 디자이너들이《상공미전》을 통해 이름을 알렸는데, 이들 중 몇몇은 이후 KIDP의 '디자이너 명예의 전당'에 헌정될 정도로 한국 디자인계에 큰 족적을 남겼다.

1970년대 디자인이라는 분야가 점점 정립되어 가면서《상공미전》이란 명칭은 시대에 뒤떨어지고 부적합하다는 지적을 받게 됐다. 이에 따라 1976년 9월 18일 대통령령 제8249호에 의거 '대한민국산업디자인전람회'(이하《디자인전람회》)로 명칭이 변경되었고 규정도 일부 개정됐다. 개최 요강 역시 상당 부분 수정되었다. 제1부 산업미술을 시각 디자인으로, 제2부 공예미술을 공예 디자인으로 개칭해 국제적 통용어에 근접시켰다. 그러나 이러한 용어 개칭에도 혼란을 겪어 1979년에는 시각 디자인, 공예 디자인, 제품디자인으로 수정하며 점차 산업디자인의 개념을 정립해갔다. 이후 심사 부문에 환경 디자인을 추가하거나 포장디자인을 시각 디자인에서 분리해 독립 부문으로 신설하는 등 디자인의 흐름과 시대적인 추세에 맞춰 변화해갔다.

제42회(2007)부터 '대한민국디자인전람회'로 바뀌어 개최되고 있는《디자인전람회》는 차세대 디자이너의 등용문 역할과 다가올 미래의 디자인 트렌드를 조망해 디자인을 통한 산업의 미래와 문화 전반에 걸친 삶에 방향을 제시한다는 기본 원칙을 목적으로 진행되고 있다. 제품디자인, 시각정보디자인, 디지털미디어·콘텐츠디자인, 공간·환경디자인, 패션·텍스타일디자인, 서비스·경험디자인, 산업공예디자인 등 7개 부문과 초대 및 추천 디자이너 부문에 걸쳐 선정하고 있다.

《상공미전》으로 시작해 오늘날에 이르는 《디자인전람회》는 디자인이라는 개념조차 없었던 초창기의 어려움을 딛고 꾸준히 이어져오며 디자인에 대한 인식과 사고를 전환시켰을 뿐만 아니라 디자이너의 등용문으로서 우리나라의 디자인 및 경제 발전에 공헌해 왔다.

1

2

3

1   1973년 제8회 《대한민국상공미전》과 《73 한국포장대전》 선전 설치물
2   1973년 제8회 《대한민국상공미전》개막식에 참석한 박정희 대통령
3   1973년 제8회 《대한민국상공미전》 제3부 심사 광경

대학의 디자인 교육과 공업 디자인: 디자인 교육

1972

우리나라 대학에서 초기 디자인 교육은 도안, 의장, 응용미술이라는 매우 소극적인 의미로 시작됐다. 1946년 서울대학교가 발족하면서 설치된 예술대학 미술부에 도안과가 개설됐고, 1947년 이화여자대학교의 예림원 미술학부에도 도안 전공이 신설됐다. 서울대학교는 1951년에 도안과를 응용미술과로 명칭을 바꾸었다. 이후에도 여러 학교에 예술 또는 미술 관련 학과가 개설되었지만 1960년대로 접어들 때까지 디자인 관련 학과라 할 만한 곳은 서울대학교 미술대학 응용미술과가 유일하다시피 했다.

1960년대에는 산업 및 수출이 조금씩 활발해짐에 따라, 산업디자인의 필요성이 대두되며 디자이너의 활동 영역이 넓어지는 토대가 마련되었다. 기업들이 만드는 제품에 디자인이 필요해짐에 따라 디자이너 공채 등 디자인 관련 일자리가 증가했으며, 이러한 현상은 자연스럽게 대학의 디자인 관련 전공 신설과 정원 증가로 이어졌다. 1960년 이화여자대학교에는 생활미술과가 신설됐고, 1964년 홍익대학교 공예학부에 도안과가 생겼다.

1960년대 초 산업 발달의 다른 한편에서는 제3공화국이 고등 교육의 질적 향상이라는 명분 아래 대대적으로 대학 정비 사업을 진행하고 있었다. 1961년 12월, 「학교정비기준령」이 공포됨에 따라 대학들은 정원 감축과 증원을 반복했는데, 이때 오히려 디자인 관련 학과의 학생 수는 대폭 늘어났다. 당시 대학 정비안에는 실업계 학과를 존속시킨다는 원칙이 있어 실업계로 분류된 디자인 관련 학과는 폐과나 정원 감축에서 제외되었기 때문이다.

공예와 상업미술, 응용미술, 생활미술 등으로 지칭되던 대학의 교육 체계에 '공업'이란 말이 등장한 것은 1960년대 후반부터다. 1968년 서울대학교는 응용미술과에 공업미술을 전공 과목으로 추가했으며 1972년에는 상업미술전공, 공업미술전공, 공예미술전공으로 체계를 정비했다.(1976년부터 미술 대신 디자인이라는 용어 사용) 홍익대학교 공예학부에도 공업도안과가 생겼으며 이외에도 1970년대 들어 중앙대학교 공예과, 국민대학교 장식미술과 등에서 공업 디자인 교육이 이뤄지며 점차 여러 대학으로 확대되었다. 이렇듯 디자인 교육이 점차 체제를 정비해나가던 시기, KIDP 역시 1972년부터 디자인 관련 전공 학생에 대한 실기 교육을 실시하며 디자인 교육에 동참하기 시작했다.

1980년대에는 일제강점기에 교육을 받은 1세대 디자이너의 뒤를 이어 점차 2세대 디자이너들이 디자인 교육 현장에서 중심 역할을 맡으며 디자인에 대한 인식은 물론, 교육 방식도 현대화한 시기였다. 또한 사회적으로 올림픽 개최를 통해 외국의 각종 정보와 문화가 유입되면서 디자인에 대한 대중들의 의식이 변하고, 경제적으로는 자동차와 전자 산업이 성장하며 기업에서 더 많은 디자이너들을 필요로 하게 됐다. 이러한 수요에 따라 디자인학과 및 전공들이 폭발적으로 신설되기 시작했다. '디자인'이란 말이 대학의 공식 학과 명칭으로 정착되고 광고디자인학과, 실내디자인학과 등으로 전공이 세분화되기 시작한 것 역시 1980년대 들어서의 일이다. 1985년 한양대에는 디자인 박사 과정이 도입되었는데, 디자인에 관한 이론적 접근과 학술적 체계화를 위한 시도였다. 이밖에도 1986년 한국과학기술대학(KIT, 현 KAIST)에는 산업디자인학과가 개설되어 국내 디자인·공학 융합 교육 과정의 효시가 되었다.

04

디자인 진흥 주도국으로의 도약: 세계산업디자인단체협의회 가입

1973

KIDP는 산업디자인에 관한 정보를 교환하고 국가 간 협력 관계를 증진시키기 위해 설립 초기부터 세계산업디자인단체협의회(International Council of Societies of Industrial Design, ICSID, 현 WDO), ICSID 아시아 회원국 회의(Asian Member Countries Meeting, ICSID AMCOM), 세계그래픽디자인협의회(International Council of Graphic Design Association, ICOGRADA, 현 ico-D), 국제공예협회(World Crafts Council, WCC)와 활발하게 교류해왔다.

1964년에 설립된 WCC에는 1971년, 1963년에 설립된 ICOGRADA에는 1972년, 산업디자인의 진흥을 목적으로 1957년에 설립된 ICSID에는 1973년에 각각 가입했다. 또한 아시아 지역의 산업디자인 발전을 도모하기 위하여 ICSID에 의해 1979년에 시작된 아시아 회원국 회의(ICSID AMCOM)에는 창립 기관으로 참가해 주도적인 역할을 담당했다. 1981년 7월 25일부터 28일까지 한국디자인포장센터에서 개최된 제3차 아시아 회원국 회의가 한 예다. 이 회의에는 한국을 비롯해 일본, 홍콩, 필리핀, 중국, 오스트레일리아 등 7개국 10개 단체의 대표가 참가해 '미래의 산업디자인'이란 주제로 ICSID 아시아 회원국의 공동 현안과 산업디자인 진흥 정책에 관해 토론했다.

1990년대 들어서며 세계화에 대한 관심이 커지

자 디자인 분야의 국제 교류 활동도 박차를 가하게 된다. 1995년 아시아인으로는 세 번째, 한국인으로서는 처음으로 당시 한국과학기술원 교수이자 이후 10대 KIDP 원장을 역임한 정경원이 ICSID 이사로 선임되면서 한국은 디자인 진흥 주도국으로서의 입지를 다지게 되었다. 이와 함께 1992년 수립된 산업디자인발전 5개년 계획에 포함된, 한국의 디자인 수준을 세계적으로 높이는 중요한 계기가 될 세계산업디자인대회의 한국 유치를 본격적으로 추진하게 됐다. 아시아에서는 이미 1973년과 1989년에 일본에서, 1995년 대만(타이베이)에서 대회를 유치한 전례가 있었다.

이후 1993년 영국 글래스고우에서 1997년 ICSID 총회의 유치 경쟁에 참가해 캐나다와 경쟁했으나 43대 77로 무산되었다. 1995년에 대만에서 세계산업디자인대회가 개최되므로 아시아 지역에서 연이어 총회가 열리는 것이 바람직하지 않다는 여론 탓이 컸다. 그러나 대만 총회에서 정경원 교수가 이사(1995-1999, 연임)로 선임됨에 따라 2001년 대회 유치를 위한 계획을 새롭게 추진하여, 1997년 토론토 총회에서 브라질과 마지막까지 치열한 경쟁을 벌인 끝에 160대 50의 표를 얻어 결국 대회 유치에 성공했다. 당시 KIDP 이순인 진흥본부장이 ICSID 이사로 선출(1999-2003, 연임)되었으며 2009년 싱가포르 총회에서 차기 회장에 선출되어 한국인으로서는 최초, 아시아인으로는 두번째로 ICSID 회장에 봉직했다. 이후 몬트리올 총회에서 KIDP 맹은주 국제협력실장이 이사로 선출(2013), 재무이사로 임명되었고, ICSID가 WDO(World Design Organization)로 이름이 바뀐 2015년 최다 득표로 재선출되어 2017년까지 이사로 헌신했다.

2000년 세계그래픽디자인대회와 2001년 세계산업디자인대회가 우리나라에서 개최된 데 이어, 2008년에는 대구에서 전 세계 20개국에서 약 800여 명이 참여하는 세계그래픽디자인협의회(ICOGRADA) 디자인위크가 색채의 가치를 주제로 개최되었다. 또한 2019년에는 10개국에서 10명의 WDO 이사진이 내한하여 KIDP와 함께 '디자인 주도 혁신으로 미래를 준비하라'를 주제로 국제디자인세미나를 개최하였다.

05

1974

국산 자동차와 생활가전: 국산화 붐

1960-1970년대는 수출을 장려하고 수입을 관리하는 각종 제도와 무역 정책이 본격적으로 시행되던 시기이다. 경제개발 5개년 계획에 따라 매해 수출 목표가 책정되었으며 수출 주도형 경제성장 정책이 적극적으로 추진되었다.

내수 시장 역시 점차 활기를 띠었다. 1961년 KBS TV가 개국했고, 1964년에는 동양방송 TV가 방송을 시작함에 따라 국내 업체들은 TV 생산에 박차를 가하기 시작했다. 자동차 제조업에서는 정부의 전폭적인 지원 아래 새나라자동차(현 한국GM)가 준공되어 블루버드를 수입했고, 1965년에는 새나라자동차를 인수하며 설립된 신진자동차공업이 일본 도요타와 기술제휴를 맺었다. 1966년에는 금성사에서 최초로 흑백 TV를 생산했다. 이렇듯 산업 제품의 국산화를 위한 기초를 닦아나가면서, 자연스럽게 새롭게 만드는 국산 제품을 책임질 디자이너가 필요하게 되었다.

그중 제조업계에서 금성사의 활동은 괄목할 만한 성과를 냈다. 금성 라디오 A-501은 1959년 11월 15일 출시된 최초의 국산 진공관 라디오로서, 1962년 미국 아이젠버그사에 라디오 62대를 수출해 국산 가전 제품으로서는 첫 수출을 기록했다. 금성 TV VD-191은 1966년 8월부터 생산한 최초의 국산 흑백 TV이다. 제품에 따라 받침 다리를 설치해 고급 가구의 이미지를 부가했는데, 당시 상당히 고가였지만 수요가 높아 공개 추첨으로 판매되기도 했다. 금성사는 이러한 라디오와 TV, 국산 전화기 등 디자인이 적용된 생산품의 성과를 확인함에 따라 1960-1970년대 디자인 전담 부서 및 인력을 점차 확대해나가며 본격적으로 제품에 디자인을 반영하기 시작했다.

금성사에 이어 삼성전자는 1969년에 설립되어 이듬해인 1970년 일본 산요와 합작해 흑백 TV(모델명 P-3202)를 생산했고 1974년에는 세탁기와 냉장고, 1977년 컬러 TV, 1979년 VCR를 생산하며 국내 산업디자인의 본격적인 활성화에 기여했다. 1981년에는 소니의 워크맨의 영향을 받아 휴대용 카세트 플레이어 '마이마이'를 시판했는데 이 제품이 큰 인기를 끌자 금성전자의 '아하', 대우전자의 '요요' 등 유사 제품군이 출시되는 결과로 이어지기도 했다.

한편, 1955년에 시작된 한국의 자동차 공업은 1960년대 중화학공업 육성책의 일환으로 기계 산업의 총아라 할 수 있는 국산 자동차의 개발을 모색하려는 기대 속에서 일본 닛산의 블루버드 모델을 반제품 형태로 들여와 조립 생산한 '새나라호'가 만들어졌지만, 이 자동차를 만든 회사인 새나라자동차의 설립 과정과, 블루버드 수입 판매에 관련된 정부의 특혜 시비, 탈세 등 각종 의혹에 휘말리다 결국 1965년 신진자동차에 인수됐다. 이로 인해 자동차 국산화에 대한 열망이 꺾이는 듯했다.

하지만 1970년대에 들어 드디어 국산 자동차 개발의 꿈이 이뤄지게 된다. 바로 1975년 생산에 들어간 현대자동차의 후륜구동 소형차 '포니'가 그것이다. 1973년 10월 3일 정부가 국민차 생산 정책을 공표하자 현대자동차는 세계적인 명성을 지닌 조르제토 주지아로의 이탈디자인사와 자동차 설계 계약을 체결, 1974년 독자적으로 고유 모델 개발에 성공했다. 포니는 1974년 개최된 55회 토리노 국제자동차박람회에서 먼저 선을 보여 각국의 전문가들로부터 차체, 모양, 성능, 경제성 등이 뛰어나다는 평을 받았다. 이로써 한국은 세계에서 16번째, 아시아에서는 일본 다음으로 고유 모델 자동차를 가진 국가가 되었다. 포니의 성공은 한국 자동차 산업에 크게 기여했을 뿐만 아니라, 국내 자동차 디자인의 기반을 구축하는 데 큰 역할을 했다.

포니가 나오기 전까지 대중으로부터 사랑받은 기아산업(현 기아자동차)의 '브리사' 역시 이 시기에 주목할 만한 자동차이다. 포르투갈어로 '아름다운 바람'이라는 의미를 가진 브리사는 일본의 동양공업(현 마쓰다)이 1970년에 개발한 승용차 '파밀리아'의 2세대 모델을 90퍼센트 이상 국산화한 자동차다. 먼저 1973년 8월에 적재량 500킬로그램의 픽업 트럭이, 1974년 10월에 세단이 출시되었는데, 포니가 나타나기 전까지 큰 인기를 끌며 판매량이 꾸준히 증가하였다. 이후 2·28 조치(자동차 산업 합리화 조치)에 의해서 브리사는 1981년 12월에 후속 차종 없이 강제로 단종되었다.

한국 자동차 제조 3사의 1978년도 모델.
위로부터 현대 포니와 그라나다, 세한 제미니, 기아 브리사
출처: 『디자인포장』 40-41호(1978), 51-53.

06

세계 시장 겨냥한 기업의 디자인 전략: 디자인연구실

1975

1970년대는 국내 가전업체들이 점차 디자인의 중요성에 눈을 뜨며 새로운 모색을 이어나간 시기였다. 아직 디자인이란 분야가 채 정립되기도 전에 몇몇 회사들은 디자이너를 채용하거나 디자인 전담 부서를 두기 시작했다. 1975년 금성사가 세운 디자인연구실은 이를 상징적으로 보여준다.

당시 가전 산업의 선두주자였던 금성사는 디자인 측면에서도 유리한 고지를 점하고 있었다. 1958년 한국 최초로 박용귀와 최병태를 인더스트리얼 디자이너로 공개 채용했으며, 1963년 7월에는 공산품에 대한 디자인을 연구하기 위한 한국 최초의 공업 디자인 전담 부서인 '공업의장과'를 설치했다. 이 공업의장과는 1966년 생산 2부로 편입되었는데, 디자이너 출신의 인사를 과장으로 발령해 12명의 디자이너로 구성된 팀을 이끌게 했다. 이후 제품 개발에서 디자인의 중요도가 커짐에 따라 1970년 9월 1일 '공업의장실'로 승격되어 사업 본부에 소속됐고, 1975년에는 '디자인연구실'로 개칭되어 독자성을 가지게 됐다. 1983년에는 디자인연구소와 시험연구소를 설립했다. 금성사의 디자인연구소는 민간 기업 최초의 중앙 연구소로서 당시 한국에서 가장 체계적으로 공업 디자인을 연구하고 생산하는 조직으로 거듭났고, 이는 우리나라 전자 산업의 발전에 큰 기여를 했다.

비슷한 시기에 삼성전자는 1970년 트랜지스터 라디오를 비롯해 각종 전자 제품을 생산하며 약 330만 달러의 수출 실적을 올리고 있었고, 1971년 국산 TV를 중남미의 파나마에 수출하는 등 우리나라의 전자 제품 수출에 새로운 길을 개척해나가고 있었다. 이에 따라 창립 해인 1969년에 1명의 디자이너를 채용했던 것을 1971년에 다수의 디자이너를 공개 채용함으로써 본격적으로 디자인 업무를 시작했다. 1973년 생산량이 급증하며 디자인 분과는 기술개발실로 소속됐고, 1974년부터 해외를 비롯해 대외적인 활동에 적극적으로 개입해나갔다. 1994년에는 삼성전자 디자인연구소가 설립됐고 1995년에는 삼성디자인연구원(IDS)이 개원했다.

1955년에 설립된 대한전선은 초창기 우리나라 제품디자인의 질적 향상에 큰 역할을 한 가전 제품 생산회사이다. 처음에는 디자이너가 각 공장의 개발부에 분산되어 있었으나, 1973년 12월 생산부서인 공장 소속의 의장개발과로 정식 발족하면서 체계를 잡기 시작했다. TV가 주력 생산제품이었으며 기능뿐만 아니라 수직형, 포터블형 등 참신한 디자인으로 소비자들에게 인기가 많았다. 당시 활동한 디자이너가 박종서, 김철호 등이다. 이후 점차 가전 제품의 기술적인 면에서 문제가 발생되며 금성사, 삼성전자, 화신 등 경쟁 가전 제품 회사들에게 밀려나게 됐고, 1983년 가전 제품 부문이 대우전자에 흡수되었다.

대한전선을 인수한 대우전자(현 대우루컴즈)는 회사 이미지를 모기업인 대우그룹의 이미지와 통일시킨 회사 이미지를 새로이 부각시키는 데 역점을 두었다. 디자이너들을 외국의 협력 회사들에 보내 현지에서 함께 생활하며 그들의 감각을 배우고 익히게 한 후, 디자인 개발을 위한 'H-프로젝트팀'을 구성해 하이터치 제품의 자체 개발을 추진했다. 그 결과 1988년 '코보'라는 유아교육용 컴퓨터를 시판했다. 이어 2차로 기존의 청소기 스타일에서 탈피한 자주형 진공 청소기를 개발했다.[19]

이러한 국내 가전업체의 디자인 조직 체제 구축은 이후 자연스럽게 젊은 세대 디자이너의 채용으로 이어졌다. 1995년 당시 금성사에서 사명을 바꾼 LG 전자의 디자인연구소 소속 디자이너는 약 150명, 삼성전자 디자인연구소 소속 디자이너는 약 160명, 프로젝트별로 10개의 팀을 운영한 대우전자의 디자이너는 100명이었다. 이외에도 각 부서에 속한 인원까지 포함하면 500명 이상의 디자이너들이 가전 3사에서 근무했는데, 1980년대 후반과 비교하면 2배 이상 증가한 수치였다. 이 시기에 입사한 젊은 세대의 디자이너들은 2000년대 이후 국내 가전업체들이 세계 시장을 무대로 디자인 경영 전략을 본격화하는 과정에서 중요한 역할을 했다.

한편, 1967년 대우실업을 모체로 시작된 대우그룹은 좁은 국내시장보다는 넓은 해외시장으로의 진출을 지속적으로 추진해왔다. 1960년대는 수출입국의 선도적 역할을 하고 1970년대는 중화학 공업 기반을 조성하고, 1980년대는 기계, 자동차 및 부품, 전자 및 부품 등에 참여하며 산업 구조 고도화를 지향했다. 이러한 성장을 위해 대우는 회사 설립 당시부터 디자인과 광고의 중요성을 크게 인식해, 대우실업 당시 품질관리부 소속으로 '디자인실'을 뒀다. 이 부서는 도안이나 응용미술 정도로 디자인이 인식되던 시기라는 점을 감안하면 매우 특기할 만한 일이었다. 당시 구성원이 윤찬용과 최영수이다. 1976년 대우그룹은 내수 시장의 기반 구축을 위한 장기 계획을 세우며 기업 PR 신문광고를 시작했다. 이때 '미래 창조의 대열', '우리의 꿈이 자라고 있습니다' 등 어린이 시리즈가 제작됐다. 대우는 기업 PR을 시작하면서 '대우 가족'이라는 신조어를 창안했다. 1970년대 후반은 윤호섭의 주도하에 제작부의 확충기를 맞이했다. 그래픽, 디스플레이, 카피, 영화, 사진 등의 팀이 보강됐고, 조영제를 고문으로 위촉해 경영에 디자이너를 참여시키기도 했다. 1979년에는 대우가 수출 10억 달러를 돌파하며, '세계 속의 대우'라는 해외 시리즈 기업 PR 광고가 큰 센세이션을 불러일으켰다.[20] 이러한 대우의 기업 PR 방식은 이후 한국 광고계에 큰 이정표가 되었다.

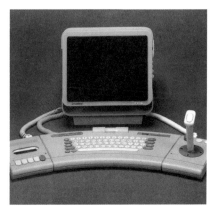

1   금성사 광고. 출처: 『디자인포장』100호(1988), 뒤표지.
2   제2회 금성사 산업 디자인 공모전 그래픽
3   대상 수상작(아래). 아동용 컴퓨터 시스템. 작가: 홍재언, 이인욱, 지연규, 김양성(명지실전).
    출처: 『디자인포장』76호(1984)

07

국산 골판지 상자의 탄생: 포장시험실

1976

디자인진흥원사

- 제4대 김희덕 이사장 취임
- 《대한민국상공미술전람회》에서 《대한민국산업디자인전람회》로 개칭 (대통령령 제8249호)
- 포장시험실 설치(공작실 명칭 변경)

한국 디자인사

- 『뿌리깊은 나무』 창간
- 「로버트태권 V」 개봉
- 월간 『디자인』 창간
- 김교만 첫 개인전 《김교만 작품전》 개최
- 대우 기업PR 광고 시작

한국 사회사

- 3·1 민주구국선언
- 판문점 도끼 살인 사건

수출 진흥이 강조되던 1970년대 초, 한국 정부가 각종 수출 진흥 정책을 펼쳤음에도 불구하고 수출 상품은 주로 경공업 제품(보세 가공품 및 메리야스, 스웨터, 면직물, 생사, 가발, 인조 눈썹 등)에 국한됐다. 수출 상품의 포장 역시 목상자와 마대에 의존하는 수준이어서 해외 시장에서 경쟁력이 떨어질 수밖에 없었다.

한국디자인포장센터는 이러한 낙후된 한국 포장 기술을 발전시키기 위해, 설립 직후 한국수출품포장센터가 가동하던 근대식 생산 시설을 인수해 시범 공장을 세우고 포장재 공급 사업의 일환으로 각종 포장재를 생산, 공급하기 시작했다. 당시 국내의 생산 시설과 기술력으로 만들 수 없었던 포장재(수출용 골판지 상자, 폴리프로필렌 및 폴리에틸렌 필름백, 완충 포장재 등)를 공급하고, 부자재(검테이프, 라벨, 재봉사, 미싱 부속, 바늘 등)를 구입해 필요한 기업에 유통함으로써 수출 상품의 국제 경쟁력을 강화하고 수출 증진에 기여했다. 또한 시범 생산을 통해 포장재를 개발하며 국내 포장 산업의 발전을 직간접적으로 주도했다.

특히 수출용 골판지 포장재를 개발하고자 여러 실험을 강행했다. 초기에는 양질의 골판지 상자를 생산하기 위해 재료로 사용하는 크라프트 라이너(Kraft-Liner)와 중심지(Medium Paper)를 해외에서 수입해 충당해야 했다. 1970년 10월 1일 부산 지역에도 사무소를 설치해 골판지 상자를 공급하기 시작했으며, 이후 수출용 골판지 상자의 수요가 늘어나자 원활한 공급을 위해 1973년 2월 부산지사에 가공 시설을 갖추었다. 그러나 지속적인 경제 성장과 수출 상품의 고급화에 따라 골판지 상자의 질적 향상에 대한 요구는 끊이지 않았다. 이에 한국에서는 처음으로 1979년 6월 프렉소 홀더 글루어(Flexo Folder Gluer)기를 도입했고, 상자를 완성하기 위한 5단계 공정을 2단계로 줄이며 포장업계의 시설 근대화를 꾀했다.

1976년 11월 설치된 포장시험실은 시범 공장과 함께 국내 포장 산업의 발전을 이끌기 위해 한국디자인포장센터가 시행한 주요 사업 중 하나였다. 당시 대부분의 한국 중소기업들은 고가의 포장 시험 기기를 구입하기 어렵고 이를 운용할 수 있는 전문 인력이 부족했기 때문에 포장 분야의 전문적인 시험, 분석을 통한 포장 설계에 어려움을 겪고 있었다. 이런 상황에서 포장시험실은 유엔개발계획처(UNDP)의 지원으로 충격 기록계, 다목적 시험기 등 각종 포장 시험 관련 장비를 도입해 업계가 필요로 하는 과학적인 자료와 정보를 제공하며 제품의 포장 관리 및 품질 개선에 힘썼다. 또한 국내외에서 생산되는 포장재에 대한 자체 연구 결과들을 업계와 공유함으로써 국내 포장 산업의 발전을 이끌었다. 골판지 상자에 쓰이는 중심지 개발에 성공해 국산화를 이룬 것도 1976년의 일이다.

이후 국내에서도 점차 민간 기업에 의한 포장재 산업이 활발해짐에 따라 포장재 생산에 대한 직접적인 지원 정책의 역할은 서서히 줄어들었지만 1980년대 말까지 국내 포장 산업의 안정적인 발전에 KIDP가 기여한 바는 상당한 것으로 평가받고 있다. 한편 포장시험실은 1994년 10월 수출업체 등 수요 기업이 밀집해 있는 시범사업본부로 이전해 포장 재료 시험, 식품 포장 시험, 화물 시험에 이르기까지 각종 시험 기기 90여 종을 활용한 주요 실험 데이터를 제공했다.

08

디자인 선진국을 향한
해외 전시 유치와 교육 시찰:
국제 교류

1977

디자인진흥원사

- 중동 지역 수출품 포장실태조사
- 《이태리 산업디자인전》 개최
- 「디자인포장진흥법」 공포
  (법률 제3070호)
- 본사 건물 증축 완공(국내 최대 상설
  디자인전시관 및 자료실 오픈)

한국 디자인사

- 『꾸밈』 창간
- 미진사 『디자인 용어 사전』 발간
  (박대순)

한국 사회사

- 수출 100억 달러 돌파
- 주택청약제도 실시
- 한국과학원 국내 첫 팩시밀리 개발 성공
- 한국토지개발공사 설립

이번 전시에서 저는 많은 것을 느꼈습니다. 지금 현실적으로 민간 베이스에서 이런한 전시회를 유치해온다는 것과 또 상품을 구입해서 전시회를 갖는다는 것은 거의 불가능합니다. 아직까지는 정부 주도형으로 진흥책을 펴나가야 하며… 진흥을 맡고 있는 디자인포장센터 같은 곳에서 다각적인 외교 활동을 함으로써 이러한 전시회나, 교육 시찰과 같은 진흥을 해야 한다고 봅니다. 민간 베이스에서는 상당히 어려울 것으로 판단됩니다.[21]

1977년 열린 《이태리 산업디자인전》 직후 열린 좌담회 기록을 통해서도 알 수 있듯, 1970년대만 해도 우리나라는 민간 차원에서 해외 정보를 입수하거나 교류할 수 있는 통로가 협소했다. 이런 상황에서 KIDP는 일찍부터 해외의 우수한 디자인 사례를 국내에 알리는 역할을 자처했다.

설립된 해인 1970년 10월과 1972년 10월 개최한 《스위스 포스터전》을 시작으로 1973년 《우수포장 비교전》, 1974년 《해외포장 자료전》, 1977년 《이태리 산업디자인전》, 1979년 《영국 산업디자인전》, 1988년 《프랑스 산업디자인전》 등을 개최해 국내의 디자이너들에게 세계의 디자인을 만날 기회를 제공했다. 해외 유명 디자이너를 초청해 국내 기업의 디자인을 지도하는 사업도 이 시기에 시작됐다. 1996년까지 매년 100여 명의 유명 디자이너를 초청해 수출 품목의 디자인을 개선하고자 노력했다.

1990년대는 해외 디자인 진흥 기관과의 업무 협력을 강화하는 데 주력했던 시기이다. 1994년과 1996년에 해외의 최신 디자인 트렌드를 국내에 소개하는 《서울 국제 산업디자인교류전》,《세계 우수산업디자인박람회》를 개최해 업계에서 큰 호응을 얻었으며 1996년《가우디특별전시회》개최는 가우디의 예술 세계를 국내에 처음 소개하여 화제가 되기도 하였다.

또한 한국 디자인의 국제화를 위해 1994년 주한 영국대사관과 업무 협약을 체결해《서울 속의 영국 600: 영국 산업디자인 전시회》를 개최했다. 이외에도 독일 디자인 진흥 기관인 노르트하임 베스트팔렌 디자인센터와 진흥 업무 협약을, 1995년에는 오스트리아, 헝가리, 체코, 영국, 프랑스, 독일, 이탈리아, 일본의 대학과 교육 업무 협약을 맺었다. 1996년에는 라트비아, 벨라루스, 에스토니아, 스위스, 루마니아, 러시아, 슬로바키아의 디자인 진흥 기관과 업무 협약을, 네덜란드, 독일, 스페인의 대학과는 교육 업무 협약을, 1997년에는 인도, 태국, 폴란드, 불가리아, 이스라엘, 대만의 디자인 진흥 기관과 업무 협약을 체결했다. 이는 이후 한국 디자인을 세계에 알리고 국내 디자이너들을 해외에 진출할 수 있게 하는 발판이 되었다.

2000년 이후부터는 그동안의 경험을 바탕으로 개발도상국에 한국의 디자인을 알리고, 이들 국가에 디자인 인력을 양성할 목적으로 한국국제협력단(KO-ICA)과 함께 디자인 분야 연수 사업을 시작했다. 과테말라, 온두라스, 콜럼비아 등 남미와 몽골, 방글라데시, 베트남, 스리랑카, 인도네시아, 파키스탄, 필리핀 등 아시아에서 온 디자이너와 기업 임원, 공무원을 대상으로 한국의 디자인산업 및 정책, 한국 기업의 디자인 성공 사례에 대해 교육했다.

09

포장산업에서 디자인산업으로:
디자인·포장진흥법

1977

국가가 디자인산업을 육성, 진흥의 대상으로 규정하고 각종 정책을 통해 활성화에 개입하는 법적 근거가 되는 「디자인·포장진흥법」은 "디자인과 포장의 연구 개발 및 진흥을 위한 사업과 활동을 지원 육성함으로써 경제 발전과 수출증대에 기여함을 목적"으로 1977년 12월 31일에 제정됐다. 당시 법조문을 살펴보면 디자인을 "인간의 문화적 생활을 영위함에 필요로 하는 모든 도구의 창조 및 개선 행위"이며 "산업디자인, 공예디자인, 시각디자인, 포장디자인 등을 포함"하는 것으로 정의하고 있다. 제3조에는 디자인·포장의 연구 개발 및 진흥에 관한 종합적인 시책의 수립을 강조하면서, 상공부 소속 디자인포장진흥위원회를 둘 것을 명시하고, 제4조부터 제12조까지는 3개 기관을 통합한 '한국디자인포장센터'의 설립 및 운영에 관한 내용으로 구성했다.

이 법은 1991년 7월 15일 「산업디자인·포장진흥법」(법률 제4321호)으로 개정되면서, 우수디자인상품 또는 우수포장상품 선정·시상 및 선정된 상품에 우수디자인 표지를 부착하여 판매를 지원하게 했다. 산업디자인 및 포장에 관한 연구개발·조사·분석·자문 등의 행사는 전문회사의 설립을 지원하는 근거로 마련되었다. 이후 산업디자인분야에 대한 정부 지원을 확대하기 위하여 법제명을 「산업디자인진흥법」

(1996년 12월 30일, 법률 5214호)으로 개정하였다. 이때 동법의 목적을 산업디자인의 연구 및 개발 촉진과 그 진흥을 위한 사업으로 한정지어, 포장 용기 및 제작 기술 분야를 동법에 의한 지원대상에서 제외하고, 산업디자인 중 포장디자인의 중요성이 증대됨에 따라 포장디자인을 시각디자인에서 분리하여 독립된 하나의 산업디자인 분야로 정의하였다.

이후 1999년 2월(법률 제5773호) 우수산업디자인상품으로 선정된 상품의 등록 제도를 폐지하여, 산업디자인 관련 업무의 자율성을 제고하고, 실효성이 적은 산업디자인진흥위원회를 폐지하였다. 이후 「산업디자인진흥법」은 산업디자인의 육성 및 개발 사업과 산업디자인 통계 조사를 신설, 한국디자인진흥원으로 명칭을 변경(2001년, 법률 제6415호)하였다. 산업디자인의 영역이 서비스 산업 분야로까지 확대되고 관련한 지원근거를 강화하기 위해 산업디자인 범주에 서비스디자인을 추가하였고 공공부문에서 발주하는 산업디자인 개발 용역에 대한 대가기준 신청근거를 마련(2014, 법률 제12928호)하는 등 변화를 보였다.

디자인 정책 역시 관련 법의 내용이 변경됨에 따라 그 방향을 달리했다. KIDP는 1992년 12월 산업디자인·포장심의위원회의 심의를 거쳐 '산업디자인 발전 5개년 계획'을 수립하고 1993년부터 현재까지 차근차근 추진해왔다. 제1차 진흥종합계획(1993~1997)은 '국가 경쟁력 확보'를 중심으로 한다. 생산 기술을 선도하는 독창적 디자인을 중점적으로 개발하려 했고, 기업의 독자적인 개발을 위한 기반을 조성하고자 했다. 해외 디자인 전문가 초청 및 연수생 해외 파견이 이 시기에 이루어졌다. 제2차 진흥종합계획(1998~2002)은 세계 일류 수준의 디자인 개발국으로 도약하는 것을 목표로 했다. 산업디자인 전문 인력 및 산업디자인전문회사를 육성하고, 디자인 인프라를 구축하고자 노력했다. 제3차 진흥종합계획(2003~2007)은 세계 7대 디자인 선진국, 수출국으로의 발전을 꿈꿨다. 정부 차원에서는 디자인산업의 기반을 조성하며, 기업 차원에서는 디자인을 개발하고, 소비자들에게는 건전한 소비 문화를 심어주고자 했다. 제4차 진흥종합계획(2008~2012)은 창의적인 디자인 강국을 위한 토대를 만드는 것이었다.

디자인을 통한 혁신을 촉진시키고, 성장 동력을 만들어 시장을 확대하고자 했다. 제5차 진흥 종합계획(2013~2017)은 '디자인산업융합 전략'이란 전체 주제 속에서 크게 세 가지의 목표를 세우고 진행됐다. 첫 번째로는 미래 디자인 프로젝트를 추진하고 디자인 주도 4세대 R&D 시스템을 구축, 융합형 디자인 인재를 육성해 '산업 융합 활성화'를 꾀하고자 했다. 두 번째로는 글로벌 비즈니스 플랫폼을 조성하고 디자인 신시장을 창출하며, 권리 보호와 분쟁 해결 시스템을 구축해 '비즈니스 환경을 개선'하려 했다. 세 번째로는 디자인 거버넌스를 정비하고 인프라를 보강해 글로벌 거점을 구축하고, 디자인 한류를 활성화하는 '위상 강화 및 글로벌 진출'에 앞장서고자 했다.[22]

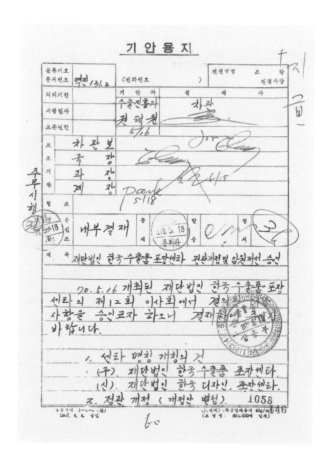

1970년 한국디자인포장센터
기관 통합 기안.
상공부 중소기업국 지도과,
「(재)한국수출품포장센터설립」
(국가기록원, 1969)

1970 • 한국 디자인 진흥을 위한 서막: 한국디자인포장센터 설립
  • 한국포장기술협회(1966)와 한국공예디자인연구소
    (1966. 1969년 한국수출디자인센터로 개칭)가
    1969년 한국수출품포장센터로 흡수 통합된 후 1970년
    한국디자인포장센터(현 한국디자인진흥원)로 개칭, 발족

1971 • '미술 수출'에서 '디자이너 등용문'으로: 대한민국디자인전람회
  • 1966년 8월 상공부가 주최한 국내 최초의 디자인 전람회
    《대한민국 상공미술전람회》를 1971년 제6회부터 KIDP가
    이어받아 주관함. (현 대한민국디자인전람회)

1972 • 대학의 디자인 교육과 공업 디자인: 디자인 교육
  • KIDP가 디자인 관련 전공 학생에 대한 실기 교육을 실시하며
    디자인교육 시작
  • KIDP, 세계그래픽디자인협의회(ICOGRADA, 현 ico-D) 가입

1973 • 디자인 진흥 주도국으로의 도약: 세계산업디자인단체협의회 가입
  • KIDP, 국제산업디자인협의회(ICSID, 현 WDO) 가입

1974 • 국산 자동차와 생활가전: 국산화 붐
  • 세계 16번째로 자동차 고유모델 개발
    (최초의 독자 고유모델 포니 개발. 1975 생산)

1975 • 세계 시장 겨냥한 기업의 디자인 전략: 디자인연구실
  • 금성사 디자인연구실 설립(1963년 국내 기업 최초의
    디자인전담부서 '공업의장과' 설치, 1975년 디자인연구실로 개칭,
    독자성을 갖게 됨. 국내 기업에 디자인조직 체제 본격화 시작)

1976 • 국산 골판지 상자의 탄생: 포장시험실
  • 포장실험실 설립. 제품의 포장 관리 및 품질 개선으로 1980년대
    말까지 국내 포장산업의 발전에 기여

1977 • 디자인 선진국을 향한 해외 전시 유치와 교육 시찰: 국제 교류
  • KIDP는 설립 직후부터 이태리 산업디자인전(1977) 등 해외 우수
    전시 유치와 교육을 통해 국내 디자이너들에게 세계의 디자인을
    만날 기회를 제공함
  • 포장산업에서 디자인산업으로 : 디자인·포장진흥법
  • 디자인포장진흥법(현 산업디자인진흥법) 제정
  • 각종 디자인산업 육성 정책의 법적 근거가 마련됨

10

디자인 인재로 성장하다: 디자인 유학

1978

디자인진흥원사

- 「디자인포장진흥법」시행령 공포
- 미국 시라큐스대 유학생 파견
  (석사 과정)
- 해외 각국 포장시찰단 내방
  (대만, 싱가폴, 일본, 중국, 홍콩 등)
- 100억 달러 수출의 날 기념
  대통령 표창 수상

한국 디자인사

- 《동아미술제》개최
- 서울패키지디자인협회(SPDA) 창립
- 한국디자인학회 창립
- 제1회 한국공업디자인상 공모전
  (KSID 주최)
- 한글 모아쓰기 가능한 CRT 단말기 개발
- 권명광, 쌍용, 대웅제약 CI 개발

한국 사회사

- 세종문화회관 개관
- 고리원자력발전소 상업운전 시작
- 자연보호헌장 선포
- 제2차 오일쇼크
- 과천신도시계획 결정 고시

광복 이후 1980년대까지 외화 유출 및 국가 안보를 이유로 해외여행을 위한 여권 발행은 엄격히 제한되었다. 그러나 이러한 폐쇄적인 정책에 따른 경제 성장에는 한계가 있었다. 정부는 86아시안게임과 88 서울올림픽을 유치하면서 국제화, 세계화, 개방화의 물결이 밀려들자 해외여행 자유화를 검토하게 되었고, 1983년 1월 1일부터 조건부로 조금씩 허가하다 1989년에는 전면적으로 자유화했다. 이때부터 외국 대학 진학, 어학 연수, 워킹 홀리데이 등으로 대학생들이 자유롭게 유학길에 오를 수 있게 됐다.

디자인 연구를 위한 유학은 이러한 해외여행 자유화의 물결이 일기 전부터 조금씩 시도되었다. KIDP는 디자인 인재 양성을 위해 1978년부터 매년 한두 명의 디자인 전공자를 선발해 미국 시라큐스 대학의 산업디자인 석사 과정에 약 2년간 유학을 보냈다. 이후에도 짧게는 2주에서 길게는 3개월간 단기 연수생들을 일본, 영국, 미국, 프랑스 등에 파견해 연수시켰다. 이 유학생 파견 제도는 한국공예시범소에서 추진했던 해외 유학생 파견 업무를 계승한 것으로서, 디자인이 학문적으로 체계화되고 신진 디자이너들이 새롭게 도약하는 계기를 제공했다. 실제로 이때 파견된 유학생들은 유학 후 대학에서 후학을 양성하며 디자인계의 중진으로서 활동 영역을 넓혀나갔다. 1981

년 12월에는 국비 유학생 파견 분야에 디자인 분야를 신설해 2명을 지원했다.

이러한 디자인 인재 양성을 위한 사업은 KIDP의 산업디자인 포장개발원 시절인 1994년에 시작된 '산업 디자이너 해외 연수 프로그램'으로 이어졌다. 해외 연수 교육을 통해 견문을 넓히고 세계 시장을 겨냥한 한국 디자인산업에 견인차 역할을 할 인재들을 길러내는 것이 목적이었다. 이 프로그램은 국내 산업디자인 및 포장 전문 인력을 재교육하기 위해 관련 분야의 전문 교육 기관이나 회사에서 3개월간 실무 교육을 받는 방식으로 진행되었다. 1994년과 1995년에는 39명이 해외 유명 학교 및 디자인전문회사에서 연수를 받았으며, 1996년에는 100여 명이, 1997년에는 약 120명이 해외 전문 기관과 기업체에 파견되었다. 연수 기간도 처음 3개월에서 6개월까지 늘어났다. 연수자에게는 월 1,200달러(당시 한화로 약 103만 원), 3개월 이후에는 월 900달러(당시 한화로 약 77만5천 원)가 지원되었다.

현재 KIDP는 이러한 디자인 유학생 파견 제도의 전통을 이어받아, 해외 선진 디자인 기관과 다양한 교류를 통해 한국 디자인을 세계에 알리고 디자인 기업 및 디자이너의 적극적인 해외 진출을 돕기 위한 사업들을 전개하고 있다. 국제 사회 공헌 및 해외 진출 기반을 마련하기 위한 '해외 디자인 나눔 사업(2010-)', 한인 디자이너의 성공적인 해외 진출을 위한 '인턴 디자이너 해외 파견(2010-2012.3)', 각국에서 활동 중인 한국인 실무 디자이너들의 글로벌 네트워크 구축을 위한 '해외한인디자이너네트워크' 발족(2016.11), 해외 대학과 다양한 공동 프로그램을 운영하는 '디자인융합전문대학원(2015-2019)' 등이 그것이다.

11

국산 디자인 수출:
한국종합전시장 개관

1979

우리나라는 1950년대 내내 피폐화된 전쟁의 흔적들을 복구하기 위해 힘쓰는 한편, 수출을 장려하기 위한 노력을 기울였지만 그 성과가 크지 않았다. 정부는 1957년 「무역법」을 제정하여 수출 장려금을 지원하고 고령토와 마른 멸치 등 5개 품목에 대한 수출결손액 보상[23]과 같은 수출 촉진 정책을 실시했으나 실적은 기대에 못 미쳤다. 1959년 수출액은 1,900만 달러에 불과했으며 농수산물, 광산물 등 1차 산업이 대부분을 차지했다.

1960년대는 이러한 상황에 획기적인 돌파구를 마련한 시기였다. 1962년 제1차 경제개발 5개년계획을 수립하고, 1966년 한국 수출산업 공업단지를 조성하였으며, 대통령 주재의 수출진흥확대회의를 개최하는 등 강력한 수출 진흥 정책을 추진했다. 그 결과 1961년 4,100만 달러에 불과했던 우리나라의 수출 규모는 1964년 1억 달러, 1977년에는 100억 달러, 1979년에는 150억 달러를 돌파했다. 내용 면에서도 1970년대 초 1차 생산품 위주의 수출품이 1970년대 말부터 공업 제품 수출 체제로 전환되고 경공업 분야부터 중화학·기계공업 분야까지 그 비중이 확대되었다.

1979년 7월 3일 열린 한국종합전시장(현 코엑스) 개관식은 1970년대를 마감하며 그간의 성과를 축하하는 자리이기도 했다. 무역협회 부설 기관으로 서울 강남구 삼성동에 세워진 한국종합전시장은 대지 면적 3만 9,568평, 연건평 8,300평에 지하 1층 지상 3층으로 당시로서는 동양 최대 규모였다. 개관 전시로 마련된《한국상품특별전》에 참석한 박정희 대통령은 중화학 제품과 수출 공산품에 특별한 관심을 표했다.

1980년대 이후에는 정부의 경제 정책이 '고도 성장'에서 '안정적 성장'으로 변화함에 따라 정부 주도의 수출 지원 정책도 점차 축소되었다. 그에 반해 수출은 1995년 1,000억 달러를 넘어섰고, 2011년에는 처음으로 5,000억 달러(무역 규모는 1조 달러)를 돌파했다. 수출 품목도 자동차, 전기·전자 제품, 반도체, 휴대폰 등 첨단 기기들이 주를 이루었다. 특히 국산 자동차는 1970년대 후반부터 수출을 시작해 1986년에는 미국시장으로 진출했고, 2014년에는 306만 대를 수출해 489억 달러라는 수출액을 기록했다. 이와 함께 메모리 반도체, 자동차 부품 등은 세계 수출 시장에서 큰 점유율을 차지하게 됐다.

1　1979년 한국종합전시장 신문 광고(위)
2　1979년 한국종합전시장 개장
　(박정희대통령 한국종합전시장 시찰)
　출처: 공보처, 관리번호 CET0024981(아래)

1980년대 우수디자인(GD)과 국가의 디자인 정책

김상규 · 서울과학기술대 디자인학과 교수

정부 기관에서 새로운 제도를 제정하고 운영하는 과정은 당대의 상황과 그에 따른 요구를 담는다. 우수디자인(GD)상품선정제(이하 우수디자인제도)와 같이 '좋음', '우수함'을 판별하는 경우는 대외적으로 설득할만한 기준이 필요하다. 그 기준은 제도가 만들어진 당대의 요구를 반영한 것이므로 오늘의 시각에서 판단하는 것은 무리가 따른다.

　　그러므로 이 글에서는 우수디자인(GD) 제도가 제정된 시점을 전후로 하여 제도가 한국의 디자인 정책과 어떻게 맞물리는지 살펴보고자 한다. 구체적으로는 1980년대 한국 사회의 상황 중에서 디자인 정책에 영향을 미친 사항들을 중심으로 당대의 의미를 추적하고 오늘의 시각에서 우수디자인(GD) 제도와 디자인 정책의 관계를 생각해보려 한다.

우수디자인(GD) 제도의 시작

　　우수디자인(GD) 제도는 1985년에 시작되어 현재까지 이어지고 있다. 특정한 분야의 강력한 요구에 의해 제도가 제정되는 경우도 적지 않지만 이 제도는 다분히 당시 정부 정책의 기조에 직접 연결된다. 전두환 정부는 산업합리화 정책을 내세웠고 그에 따라 기업 구도가 재편되기 시작했다. 이에 특정한 산업을 주도하는 일부 기업들에 대한 지원책이 실시되었는데 유망 기업 특별자금지원 정책과 같은 자금 지원책과 함께 디자인 지원책이 만들어졌다.

우수디자인(GD)은 국가가 기업 상품의 디자인 품질을 보증하는 제도로 추진되었으며 정부 디자인 정책이 구체적인 제도로 시행된 대표적인 사례다. 당시 디자인포장센터에서 발행하던 『산업디자인』지 80호에 이 제도의 취지가 명확하게 담겨있다.

우리나라 상품의 디자인 수준이 선진국에 비하여 크게 뒤떨어져 있음은 한국무역협회가 1983년 6월 우리나라 상품을 수입하는 각국의 바이어들을 대상으로 실시한 설문조사에 잘 나타나 있다. 이 조사에 따르면 '우리나라 상품의 디자인이 타국의 상품보다 우수하여 구매한다'고 한 답은 불과 2.4%뿐으로, 우리나라의 상품을 구매함에 있어 디자인 측면보다는 다른 요인에 의한 구매가 절대적이었음을 말해주고 있다.

이와 같이 낙후된 상품의 디자인 수준은 과거 값싼 제품을 대량으로 수출하여 수출의 신장을 꾀하던 때와는 달리 수출 타산성이 맞는 고급품을 수출하는 데에는 큰 장애요인이 되고 있다. (…) 이와 같은 시대적 요구에 부응하여 국내 유일의 디자인 및 포장 분야의 진흥정책 기관인 당 센터에서는 디자인 진흥 정책의 일환으로 선진국의 예를 참고하여 GD마크제를 실시하게 되었다.[24]

위 인용문에서 먼저 눈에 띄는 것은 이 제도가 국내 소비자가 아니라 해외 바이어를 염두에 두고 있다는 점이다. 현재 국내 상품이 해외 유수의 디자인 어워드 마크와 GD마크를 나란히 광고에서 내세우면서 내수 시장에서 홍보하는 모습과는 무척 다른 것이다. 이 점을 이해하기 위해서는 1980년대 상황을 파악할 필요가 있다.

1980년대 상황과 디자인 호황기

한국 사회에서 1980년대를 바라보는 것은 민주화 운동을 비롯하여 정치적인 관점을 앞세우게 된다. 하지만 디자인 분야만 떼어놓고 보면 1980년대는 그야말로 황금기였다. 당시의 특정한 상황이 호재였던 것이다. 디자인 분야에서 작성된 각종 연표에서 1980년대를 채운 사건이 컬러TV 방송, 86아시안게임, 88서울올림픽 유치인 것은 당연하다.

1983년 학원 자율화 조치와 3저 호황으로 대학이 팽창하던 시기에 거의 모든 대학에서 디자인학과를 신설했고 대기업들은 앞다투어 디자인 조직을 만들었다. 1983년에는 대우전자 디자인실, 금성사 디자인종합연구소, 삼성전자 디자인연구소가 한꺼번에 설립되었다. 이것은 가전회사를 주축으로 한 기업 간의 경쟁 구도가 심화되면서 기술력과 디자인 역량을 앞세우려는 전략이었다.

이것이 디자인 분야를 키워나간 동력이 되었다고 추론할 수 있다. 먼저 디자인학과 졸업생에 대한 수요가 많아지면서 대학에서 디자인학과 지원자가 많아지고 대학의 디자인 관련학과 개설이 늘어나면서 교수 충원이 이뤄지는 순환 고리가 빠르게 형성된 것이다. 대학의 팽창은 대학의 학과 명칭, 전공 세분화, 학위와 학회에 대한 수요 증대로 이어졌고 급기야 박사학위까지 생겨났다.

1980년대에 디자인 전문직의 분야별 조직이 꾸준히 구성되었는데 처음에는 같은 영역에서 일하는 디자이너들이 교류하고 의견을 수렴하는 창구 역할에서 출발하였다. 1983년에 한국광고협회와 한국일러스트레이션협회가 발족되었고, 이듬해인 1984년에 한국그래픽 디자이너협회(KOGDA)가 발족되었다. 이후 이해관계에 따라 분화되는 양상을 보이다가 점차 대외적인 발언, 그리고 권익 보호를 위한 공동 대응 등의 실질적인 필요성이 대두되면서 단체들이 통합하는 현상이 나타났다. 대표적인 예로, 1993년에 KSID, INDDA, KIDCA를 통합하여 한국산업디자이너협회(KAID)가 발족되었다.

암울한 시대였지만 1980년대는 문화 시대이기도 했다. 1980년에 '메아리 2집'이 제작되었고 1984년에는 '노래를 찾는 사람들 1집'이 발매되었다. 더구나 그때는 문화소비력이 왕성해지던 시기이기도 했다. 출판 시장도 활성화되었을 뿐 아니라 맥도널드와 롯데월드가 생긴 것도 이 시기였다. 디자인 분야도 전방위적인 시도와 실험이 가능했던 시기였다.

한국 사회와 디자인

한국적 디자인에 대한 이야기는 최근까지 여러 차례 언급되었으나 논의의 핵심은 조금씩 변해왔다. 초기에는 내셔널리즘으로서 전통성을 중요시했고 해외 제품의 외형을 모방하는 것에서 벗어나서 고유 모델에 대한 요구로 이어졌다. 이것이 다시 세계시장에서 경쟁력을 얻기 위한 차별화 전략으로 발전하였다.

여기에는 《국풍 '81》이라는 대형 행사가 큰 역할을 했다. 관제 행사라는 비판이 있었으나 《한국의 미》전(1981), 《한국의 색》전(1981)부터 《한국의 멋》전 (KOGDA협회전, 1988)에 이르기까지 1980년대 디자인 분야의 움직임과는 잘 맞았다. 정시화가 《한국의 색》전에 대해 쓴 글에서 당시의 분위기를 살펴볼 수 있다.

81년 5월 14일부터 19일까지 미도파화랑에서 열린 한국시각 디자인협회 (KSVD)의 제9회 정기전인 '한국의 색'전은 "과연 우리 한국인 모두에게 관통하고 있는 색깔과 톤의 조화는 어떤 것이냐를 검토해보고 제시해보자"는 취지에서 마련되었다. (…) 유근준 교수는 이 전시회에 대해 "현장의 시지각이나 경험으로서가 아니라 역사적 사실속에 있는 색이기 때문에 이들이 본 소재로서의 색 역시 박물관이나 민속관에 있는 색이지 생명이 약동하는 오늘의 장의 색으로는 파악되지 않는 것이다."라고 평가했다. (중략) 본격적인 컬러시대를 맞이해 '한국의 색'에 대한 논의를 디자이너들 스스로 시작했다는 것은 이 전시회의 의의였다.[25]

한국의 정체성을 고민하는 것은 한국 사회의 변화와 관련되었고 이것은 디자인과 사회의 관계에 관한 생각이기도 했다. 디자인 매체에서도 '디자인과 사회'를 주제로 하는 기사가 등장하기도 했으나 1980년대 초기에는 한국의 전통에 치우쳐 동시대적인 사회적 인식이 추상적인 수준에 머물렀다. 그러다가 1980년대 후반에는 학생운동의 연장선에서 사회참여적인 활동이 나타났고 자본주의에 반하는 디자이너의 사회적 역할과 책임을 논하는 분위기도 형성되었다.

한편으로, 1980년대는 한국 사회에서 디자인에 대한 관심이 급격히 고조되는 시기였다. 정부를 향한 디자인의 중요성에 대한 외침이 있었는데 그것은 다름 아닌 텔레비전 프로그램이었다. KBS 1TV에서 1983년 1월 초부터 6주간 월요기획 프로그램으로 '세계는 디자인 혁명 시대'를 방영한 것이다. 선진국 산업디자인의 현장을 취재하여 5주간 방영한 다음, 마지막 주에는 국내 산업디자인의 문제점을 다루었다. 대기업에서는 독자적인 디자인 개발의 중요성을 인식하여 디자인연구소, 디자인센터를 설치하기 시작했고, 일반 대중들도 '디자인'이라는 용어를 친숙하게 사용하게 되었다. 이것이 정책에도 충분히 영향을 미쳤고 디자인 육성을 강조하게 되었으리라 짐작할 수 있다. 말하자면, 텔레비전의 영향력이 큰 당시로서는 대중매체를 통한 국민 계몽 효과가 크게 나타난 것이다.

국가 이벤트의 디자인프로젝트

1980년대에 디자인이 호황을 누린 이유로는 88올림픽을 비롯한 국가 이벤트를 빼놓을 수 없다. 여기에는 올림픽을 어떻게든 성공적으로 개최하고 싶었던 정부의 입장이 있었다. 그리고 그 미션을 수행해야 하는 정부 기관들은 동원할 수 있는 모든 역량을 동원해야 할 필요가 있었고 디자인도 그중 한 부분이었다.

실제로 당시 프로젝트에 참여한 이들의 이야기를 들으면 권위적이던 기관의 담당자들이 디자이너의 요구에 몹시 적극적으로 협조해주었다고 한다.

그런 이유로, 올림픽 유치가 시작된 시점부터 국가 이벤트에는 늘 대규모 디자인 프로젝트가 따랐는데 1980년대는 특히 시각, 제품, 환경 등의 디자인 분야가 골고루 특수를 누렸고 올림픽 관련 전시와 특집이 많이 소개되었다. 『디자인』 81년에 11월호, 12월호에서 특집으로 올림픽을 다루었고 1988년에는 3개월에 걸쳐서 올림픽을 대대적으로 보도했다. 1982년에 열린 제17회 대한민국 산업디자인 전람회는 아예 《서울올림픽을 위한 산업디자인전》으로 개최되었으며 1984년에는 올림픽 기념품 전시회 및 제14회 전국 공예품 경진대회도 열었다.

정부는 1982년에 '88서울올림픽 디자인전문위원회'를 구성했고 1983년에는 '올림픽 상품 디자인개발위원회'를 구성했다. 정치적으로 암울한 시대에 정부에서 급조한 스포츠 정책이 국가 이벤트로 이어졌다는 점에서 당시의 디자인 계 자체는 부정적으로 평가받을 수밖에 없다. 그러나 광고 분야의 사업이 확장되고 디자인 역량이 진일보한 것도 사실이다.

우수한 디자이너 발굴

우수디자인(GD) 제도를 제정한 정부 차원에서 우수한 디자인이 중요했다면 디자인 조직을 구축하기 시작한 대기업에는 우수한 디자이너가 필요했다. 앞서 언급했듯이 대기업들이 국내외에 연구소를 설립하고 공모전을 개최했다. 1983년 월간『디자인』의 기사를 보면 기업의 공모전이 어떤 목적을 두었는지 알 수 있다.

올해로 창립25주년을 맞은 금성사가 국내 기업으로서는 최초로「산업디자인 공모전」을 가졌다. (⋯) 이러한 시점에 산학 협동 체제를 확립하고 우수한 산업 디자이너의 발굴 육성과 그 진흥을 위해 금성사가 우리나라의 대기업으로선 최초로「산업디자인 공모전」을 개최했다는 것은 부진한 우리나라 산업디자인의 발전을 위해 대단히 뜻깊은 일이라 하겠습니다. 한편 이번 공모전에서 많은 출품자들이 좋은 디자인을 위해 의욕적이고 진지한 노력을 기울였다는 것은 매우 흐뭇한 일입니다.[26]

기업에서 창의적인 디자이너 발굴에 관심이 있었다면 기관에서도 디자이너의 자격을 관리하려는 움직임이 있었다. '디자인의 전문성 강화와 적극적 지원'을 위한 등록제가 실시된 이래 간헐적으로 디자이너의 자격 요건에 대한 문제와 디자인 수수료 산출의 공식화가 거론되었다.

1984년에 '디자인의 전문성 강화와 적극적 지원을 위해' 디자이너등록제가 실시되어 558명이 등록했다.『산업디자인』에서는 다음과 같이 이 제도의 취지를 설명하였다.

본 제도의 근본 취지는 일정 수준 이상의 경력과 능력을 보유하고 있는 디자이너에 대해 전문 디자이너로 인정하고 이를 사회적으로 널리 공지함으로써 디자인의 전문성을 강화하며 이들의 활동을 적극 지원하여 우수한 디자인 개발을 적극적으로 유도하는 데 있다. 이 제도의 효율적인 운영을 위해 사계의 전문가 12인으로 구성된 디자이너등록 심의위원회가 설치되어 이를 정점으로 심의위원회에서 의결된 디자이너등록 규정에 따라 등록 자격 심사 등 전반적인 업무를 수행해가고 있다.[27]

1980년대 이후의 우수디자인(GD) 제도

　　정부 정책으로 우수디자인(GD)을 인증하는 형식은 시간이 지날수록 새로운 평가 방식, 인증 제도와 경쟁하게 되었다. 독일의 IF 같은 해외 수상제도에서 선정되는 것이 대단히 어려웠던 적이 있었는데 그래서 더 도전할만한 대상이 되었다. 대기업들이 GD마크를 외면하지 않았지만 해외 수상제도를 부가적으로 받는 경향이 점차 늘어났다.

　　한편, 국내에서도 민간에서 제정한 수상제도가 하나둘 생겨났다. 1997년에 제정된 한국산업디자인상이 첫 번째 사례다. 당시 한국산업디자이너협회(KAID)는 다음과 같이 산업디자인상 제정 취지를 설명했다.

　　한국산업디자인상은 한국 디자이너에 의해 디자인되거나 한국기업이 생산하는 제품을 대상으로 그 고유한 디자인 가치를 발굴하여 기림으로써 대·내외적으로 제품의 경쟁력을 제고함은 물론, 산업디자인을 통해 삶의 질을 높이고 국가 산업발전을 도모하려는 목적으로 1997년 한국산업디자이너협회에 의해 제정되었다.[28]

'디자인 가치', '삶의 질'이라는 표현이 등장했음에도 여전히 국가 산업발전을 염두에 둔다는 점에서 10여 년 전에 제정된 GD와 다를 바가 없었다. 결국 산업디자인상 제정이 마찰을 일으킨다는 기사가 나오기도 했다.

한국산업디자이너협회의 한국산업디자인상 제정방침에 대해 유관단체들이 월권행위라며 강력반발하고 있다. (…) 이에 대해 KIDP는 KAID가 산업디자인계의 대표성을 담보하는 기관도 아닌데도 GD상을 무시하고 한국산업디자인상 시행을 강행하는 것은 어폐가 있다고 반발하고 있다.[29]

이 사건은 정부가 주도하는 인증제도에 대한 문제를 우회적으로 드러낸 것이었고 직접적으로 기준을 문제 삼는 글도 공개되었다. 월간 『디자인』 1996년 1월호의 「굿디자인의 기준, 문제 있다」는 글에서 오창섭은 GD의 최종 목표가 국민 생활의 질적 향상이라고 밝히면서도 생산자의 입장에서 하나의 경쟁력의 도구로서만 디자인을 바라보는 모순을 지적한 바 있다.

우수디자인(GD) 제도의 정책적 의미는 무엇인가

 이렇듯, 우수디자인(GD) 제도가 시행된 시점부터 정착되기까지 시행착오가 있었을 것이고 그 이후에도 적지 않은 비판을 받았다. 그렇다면 지금의 우수디자인(GD)이란 무엇인가.

 디자인 분야에서는 국내의 우수디자인(GD) 제도가 일본 사례를 따른 것이라는 인식이 컸다. 일본은 1957년에 일찌감치 우수디자인(GD) 제도를 시행했는데 그 배경에는 일본의 수출 상품이 다른 나라 디자인을 모방한 것이 아니라 일본에서 개발한 독자적인 상품임을 보여야 하는 절박함이 있었다. 이것은 한국도 예외가 아니었다. 당대의 필요성에 따라 제정되었고 시간이 지나면서 변화된 시대 상황에 맞는 형식으로 분야와 기준을 개정해왔다. 그렇다면 오늘날 이 제도는 어떤 의미를 가지는 것일까.

 현재에는 대량 생산되는 상품의 질적 수준만이 아니라 먹거리, 서비스에도 여러 인증 제도가 시행되고 있다. 개인들이 일일이 판단하기 어려우니 공신력 있는 기관이 적정한 기준을 관리해주길 바라는 요구, 그리고 생산자 입장에서 어떤 면에서든 우수한 점을 객관적으로 입증하려는 기업들의 요구가 맞아떨어졌기 때문에 이러한 제도들이 만들어졌을 것이다. 그러나 인증 관리 주체의 '공신력' 있음을 확인하기 어렵고 그 기준이라는 것도 사용자, 소비자의 눈높이와는 다를 수 있어서 다중 지성의 힘을 빌리기도 한다. 이마저도 개인의 평가를 빙자한 기업의 마케팅인 경우가 많아서 결국 공공기관이든 민간이든 반신반의할 수밖에 없다.

그럼에도 제도가 유지되고 GD 상품 선정을 위해 신청이 이어지는 것은 효용이 있기때문이다. 확실히 이 효용은 1980년대의 효용, 정당성과는 사뭇 다르다. 그래서 당시의 논리로 오늘의 우수디자인(GD) 제도를 설명할 수 없으며 새로운 효용을 인정하고 '공신력' 있는 기관이 더 나은 디자인을 위해 담당할 역할로 재편할 필요가 있다.

아울러, 1980년대 상황을 복기해보자. 한국 디자인에서 어쩌면 디자인의 사회적 요구가 강했던 첫 기회였고 역량을 발휘할 좋은 시기에 디자인 분야는 철저하게 자기증식에 집중했다. 덕분에 내부 시스템은 규모를 갖추고 갖가지 조직이 형성되었으나 도전과 실험, 성찰도 없이 다분히 안정적으로 1980년대를 지났다. 이것은 1990년대 이후 새로운 사회에 변화된 정책으로 대응하지 못하고 처절한 실패를 겪은 이유이기도 하다. 중앙정부와 지자체에서 모처럼 디자인 정책에 관심을 가지게 되었을 때도 정말로 삶의 질을 높이고 좋은 디자인의 비전을 한국 사회에 제시할 기회를 놓쳤다. 그런 면에서 오늘의 우수디자인(GD) 제도에 대한 인식은 1980년대에 국가 정책과 연동된 디자인 정책의 틀에서 크게 더 나아가지는 못한 것 같다.

1980—1992

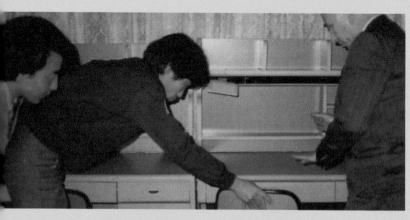

1980 한국디자인포장센터 창립 10주년 기념식

1981. 7. 25 ~ 7. 28 ICSID국제산업디자인대회 개최

1982 교육생들이 센터 연구원의 지도를 받아 디자인 실습하는 장면

1982 해외올림픽상품들을 관람하는 서석준 상공부장관

1983 디자인개발부의 설명을 듣고 있는 아프리카 연수생

1984 디자이너 등록 심의위원회 회의 광경

1985 디자인전문가 한스씨가 제조업체를 방문해 디자인 자문하는 광경

1985 우수디자인상품선정제 도입 (8.30. 최초로 48점 선정)

1986 대한민국디자인전람회 전두환 대통령 방문
1987 전산실 준공식 후 컴퓨터 프로그래밍 작업을 지켜보는 임직원들
1987 제1회 한국우수포장대전 개최
1988 산업디자인지 100호 발간 기념 자축연
1989 세계 일류화 상품 디자인 비교 전시회
1989 중고교 미술교사 디자인교육
1990 기업디자이너 전문교육 실시(제1기 편집디자인 과정)
1991 한국디자인포장센터에서 한국산업디자인포장개발원(KIDP)으로 개칭
1992 일본인 강사 초청 렌더링 제작 기법 교육

12

대한민국 역대 정부의 디자인 시책: 디자인 정책

1980

1980년대로 접어들었지만 수출품에 대한 포장은 여전히 국가 차원에서 중요한 관심의 대상이었다. 이는 1980년 9월 1일, 극심한 사회적 혼란 속에 제11대 대통령이 된 전두환 대통령이 취임 직후 '포장 기술 향상'을 지시한 것으로도 짐작할 수 있다. 나아가 대한민국 역대 정부에서 디자인은 경제와 맞물려 항상 정책 개발의 주요 대상이었다. 이러한 흐름을 살펴보면 우리나라 디자인 정책의 흐름을 알 수 있다.

광복 후 이승만 정부의 제1공화국은 6·25전쟁을 겪으면서 통일과 경제 안정이 가장 시급했기에 문화 및 디자인 분야에 힘쓸 여력이 없었고, 5·16혁명으로 1년도 채 버티지 못한 제2공화국은 경제적 빈곤과 정전 불안으로 제대로 정책을 펼 기회조차 없었다.

이후 박정희 정권의 시작인 제3공화국(1961-1972)에서는 1962년 대한무역진흥공사(KOTRA) 설립, 수출진흥위원회 설치, 신상품 개발 및 신시장 개척시 독점 수출권 부여, 수출진흥확대회의 개최 등 수출 진흥을 위한 시책들이 본격적으로 쏟아져 나왔다. 동시에 제1차 경제개발5개년 계획을 실시했고, 수출 신장을 위한 무역 정책을 비롯해 재정·금융 정책, 관세 정책 등 모든 분야를 지원했다. 1962년 3월 20일에는 「수출진흥법」을 제정·공포해 국내 산업을 수출 산업으로 전환할 수 있도록 제도적인 뒷받침을 마련했다. 이러한 직접 지원책에 힘입어 우리나라의 수출은 제1차 경제개발5개년 계획 중반기인 1963년부터 급격하게 상승세를 보였다. 그러다 1963년 말 외화 부족으로 인해 국가 경제는 파산 국면에 들어섰다. 이때부터 국가 경영의 기본 전략을 수출 제일주의로 전환, 1964년 박충훈을 상공부 장관으로 임명해 수출 1억 달러 목표를 세웠고, 그 결과 1년 만에 1억 7,000만 달러를 달성해냈다. 이에 힘입어 1965년 대통령 참석하에 청와대 수출진흥확대회의가 열렸다. 월별, 품목별, 나라별 수출 실적과 신규 상품에 대한 계획이 논의됐고 이 회의에서 한국공예디자인연구소의 설립과 해산, 한국디자인포장센터의 설립 등 한국 디자인사에서 굵직한 사건들이 결정됐다.

유신헌법에 의해 대통령이 삼권을 장악한 박정희 전 대통령의 제4공화국 (1972-1979) 시기에는 철강, 비철금속, 조선, 전자, 화학, 기계 등 6대 중화학공업을 중심으로 하는 제3차 경제개발5개년 계획이 추진됐다. 1972년에는 1980년까지 100억 달러 수출을 목표로 하는 장기 수출 계획을 수립했다. 또한 박정희 대통령은 매월 청와대 수출진흥확대회의에서 포장과 디자인의 개선을 지시했을 뿐만 아니라 수시로 관계 기관을 방문해 격려하는 등 수출 상품의 고급화를 위한 디자인과 포장 개선에 큰 관심을 표명했다. 상공부 관계자들과 정책 결정자들은 이를 인식해 디자인 측면에서 재빨리 성과를 내고자 했고 이는 곧바로 한국디자인포장센터의 주요한 시책들로 이어졌다.

사회 혼란과 경제적 위기 속에서 출범한 전두환 전 대통령의 제5공화국 (1981-1988)은 저물가, 저금리, 저환율의 3저 정책과 부동산 투기 억제 등 안정 우선 정책을 추진했다. 내수 경제의 침체와는 달리 국제 사회에서는 산업 발전과 개방화 바람이 불었고 이러한 흐름은 한국 디자인계에 많은 변화를 일으켰다. 민관 구분 없이 선진국형 외형과 생활 습관, 질서 의식을 갖자는 캠페인을 펼쳐나갔다. 앞서 말했듯 전두환 대통령은 취임한 해에 포장 기술 향상을 지시한 데 이어 1983년에는 디자인산업 육성을 지시하기도 했다. 수출 다각화와 수입 자유화를 위한 기본적인 조건을 갖추기 위함이었다. 또한 이 시기 개최한 1986

년 아시안게임, 1988년 서울올림픽은 디자인 분야가 급성장하게 되는 계기를 마련했다.

1988년 노태우 전 대통령의 정권이 들어선 이후에는 1990년 문화부가 신설되는 등 문화 관련 각종 규제가 폐지되고 예술 지원 정책이 활성화되었으며, 1991년 제7차 경제사회발전 5개년 계획 등이 수립되었다. 디자인 진흥 사업의 초점이 기업 중심에서 범위를 확대해 국민을 대상으로 한 인식 확산에 힘을 쏟기 시작한 것은 1993년 김영삼 대통령의 문민정부(1993-1998)가 출범한 이후의 일이다. 또한 김영삼 대통령은 '세계화' 키워드로 급변하는 세계 경제 환경에 대처하고자 했다. 이에 따라 디자인 정책에 있어서도 국제적인 디자인 경쟁력을 갖추려는 노력이 강화되었다.[30]

1996년 6월 국무총리 소속 세계화추진위원회는 세계산업디자인대회 등 글로벌 디자인 행사 유치, 코리아디자인센터 설립, 디자인 교육 혁신 등 21세기 한국 디자인 산업을 세계 일류 수준으로 육성하기 위한 '디자인산업 세계화 방안' 보고서를 채택했다.

지식 정보와 문화 산업을 강조한 김대중 전 대통령의 국민의 정부(1998-2002)는 IMF 체제와 세계화 및 개방화의 물결 속에서 신지식이라는 키워드를 내놓았다. "지원은 하되 간섭은 하지 않는다"라는 문화 정책 기조로 과거 정권처럼 통제나 억제가 아닌 육성과 지원을 통해 문화 산업을 일으키고자 했다. 디자인이 지식기반 산업으로 인식되기 시작한 것도 이 시기이다. 디자인 정책 면에서는 정부 출범과 동시에 디자인산업의 육성을 100대 국정 과제 중 하나로 선정, 디자인 정보 체제를 구축하고, 우수 디자이너를 양성하기 위한 지원을 강화하며 디자인전문회사의 창업을 활성화하기 시작했다. 실제로 김대중 대통령은 1998년 한국디자이너대회 '어울림'에 참석해 "디자인은 제2의 기술 개발이요, 고부가 가치를 생산하는 굴뚝 없는 공장"이라며, "지금 우리 상품 대부분은 아직도 규격화된 공업주의적 발상에서 벗어나지 못한 채 디자인 개발을 등한시하고 있어 경쟁력이 떨어지고 있으며, 우리는 디자인을 바꾸니 수출의 길이 보인다는 수출 일선의 목소리에 귀를 기울여야 할 것"[31] 이라고 디자인 혁명으로 디자인 경제 르네상스를 일으킬 것을 당부했다.

노무현 대통령의 참여정부(2003-2007)는 다양한 정책을 통해 디자인산업 발전을 위한 기반을 마련하고자 했다. 2003년 청와대에서 '참여정부 디자인산업 발전 전략'을 발표해 향후 5년간의 디자인산업 발전을 위한 로드맵을 세웠다. 이때 거론된 것이 디자인산업의 창출과 육성, 산업의 디자인 혁신역량 강화, 국제 디자인 허브화 및 동북아 협력 강화, 지역의 디자인 혁신역량 강화, 일자리 창출을 위한 잠재 인력 활용, 디자인 문화 확산 등이다. 2004년에는 디자인 전문 인력 및 전문회사 육성 방안을 발표했다.[32]

이명박 정부(2008-2013)는 창조적 실용주의라는 국정 철학을 바탕으로 '품격 있는 문화국가', '일자리 창출'을 위한 공공성과 효율성을 중시했다. 이명박 정부 문화정책의 3개 기본방향은 '문화로 행복한 국민', '소프트웨어가 강한 창조문화국가', '문화로 더 큰 대한민국' 이렇게 세 가지로 정리되는데, '문화로 행복한 국민'은 국민의 품격 있는 문화생활을 강조하며, 국민 개개인이 생활 속에서 손쉽게 차별 없이 문화를 향유하고 체험할 수 있음으로써 국민 모두가 문화적 삶과 그 풍요로움을 누릴 수 있어야 함을 의미한다. '소프트웨어가 강한 창조문화국가'는 감성, 창의성, 디자인과 같은 문화적 요소로 지역창조기반 경제를 창출한다는 뜻이다. '문화로 더 큰 대한민국'은 세계 속에서 인정받는 한국문화를 상정한다.[33]

박근혜 정부(2014-2017)는 출범과 함께 '문화 융성'을 국정 기조로 문화, 감성, 창의성을 기반으로 하는 창조산업을 미래 신성장동력으로 삼는 창조경제를 제창하였다. 이때 '창조경제'는 인간의 감성, 창의성, 상상력, 개인의 경험에 근거한 문화적 소프트파워가 국가 경쟁력과 성장의 핵심이 되는 경제 패러다임을 가리키는 것이었다.

13

현장 감각과 실무 능력을 기르다: 디자인 전문 인력 양성

1982

디자인진흥원사

- 올림픽 상품디자인 개발위원회 설치
- 《세계 올림픽 상품 종합전》 개최
- 제품디자인 분야 디자인 전문교육 시작
- 제1기 산업디자인 교육 실시
- 《해외 우수 문구류전》 개최
- 《우수디자인 상품전》 개최

한국 디자인사

- 현대자동차 포니2 생산
- 서울올림픽대회조직위원회 디자인전문위원회 설치 (위원장 조영제)
- 한미수교 100주년 심벌마크 발표
- 민철홍산업디자인연구소, 서울 지하철 3, 4호선 전동차 전면 디자인

한국 사회사

- 야간통행금지제도 폐지
- 중·고교생 두발 자유화
- KOO 프로야구 출범
- 한강종합개발사업 착공

KIDP는 불모지나 다름없었던 국내 디자인·포장 산업 발전을 위해 1971년 디자인 세미나를 기점으로 전문가 양성을 위한 교육 연수 사업을 전략적으로 실행했다. 전국 대학의 디자인 전공 학생들을 대상으로 현장 감각과 실무 능력을 배양할 수 있는 교육을 진행함으로써 기업이 별도의 재교육 과정 없이 실무에 투입할 수 있는 전문 디자이너들을 배출하는 데 목적을 두었다. 1972년부터 1999년까지 42회에 걸쳐 767명을 교육했다. 학생들에게는 현장 경험을, 기업에는 참신한 아이디어와 디자인을 제공할 수 있다는 점에서 업계로부터 긍정적인 평가를 받았다.

1982년은 이러한 KIDP의 교육 사업이 제품디자인으로 본격 확대된 해이다. 이어서 1985년에는 시각 디자인 교육이 시작되었으며, 1980년대 후반 컴퓨터를 사용한 디자인 작업이 늘어나자 이에 대한 수요를 재빨리 파악하고 1987년부터 최신 기술을 실무에 적용하기 위한 컴퓨터 디자인 교육을 본격화했다. 방학 시즌에 맞춰 디자인 작업에 필요한 프로그램 운용과 각종 실무 능력을 배양시키기 위한 교육 프로그램을 운영했는데, 1990년대로 들어서며 수요가 급증하자 학기 중 평일까지 교육을 확대했다. 교육 과정도 디자인 수요에 맞춰 CAD, MAC, 3D 모델링 교육을 비롯하여 애니메이션, 멀티미디어, 멀티미디어 콘텐

츠 개발, 웹, 전자편집, 캐릭터 디자인 등 점차 세분화했다.

1990년대 중반에는 최고 경영자 또는 공무원을 위한 디자인 마인드 과정 등 디자인 비전문가를 위한 디자인 교육의 필요성이 대두됐다. KIDP는 디자인의 중요성에 대한 인식을 확산하고 이러한 수요에 부응하고자 산업디자인 정규 과정 외에 지자체 공무원 디자인 교육, 초·중·고생 디자인 캠프, 디자인 관리자 교육, 미술 교사 연수 등 다양한 계층으로 그 범위를 확대해 1999년까지 제품 및 시각 디자인 분야에서 약 5,000명의 교육생을 배출하였다. 1997년부터는 제품, 시각, 인테리어 등 토털 디자인 교육을 위한 정규 과정을 신설해 6개월과 1년 과정으로 각각 나누어 프로그램을 진행했다. 1997년 9월 30일에는 고용보험법에 의한 노동부 교육 훈련 기관, 1999년 9월 16일에는 정보통신부 정보통신 교육 훈련 기관으로 지정되기도 했다. KIDP 설립 이전부터 실시해오던 '포장관리사 교육'은 개편해 국내 유일의 포장 공학 전문 기술 교육으로 발전시켰다. 이 교육은 1998년 말부터 포장관리사 통신 교육으로 흡수되었다.

또한, KIDP는 고용노동부 주도의 '디자인·문화콘텐츠 산업별 인적자원개발위원회(Industry Skills Council, ISC)'를 운영하며 인재 수요 파악을 위한 현황 조사, 전략 분야 조사 등을 실시하고 국가직무능력표준체계(NCS)를 개발해 교육 훈련 사업을 수행하고 있다. 「산업발전법」 제12조 및 동법 시행령 제5조(산업부문별 인적자원개발협의체의 구성 및 운영 방법 등)에 의거해 2012년 '디자인산업 인적자원개발협의체(SC)' 사무국에 지정되었다. 2013년부터는 본격적으로 산학연 전문가로 구성된 인전자원개발협의체(SC)의 '디자인산업 인력수급 실태 및 교육훈련 수요 조사'를 진행해 디자인계의 인력과 교육 현황에 관한 보다 심층적인 수요 파악이 가능해졌다. 전문 조사를 통해 수렴한 디자인산업계의 수요를 바탕으로, 산업계에서 실질적으로 필요로 하는 인력양성 정책 수립과 디자인 전문 인력 양성을 위한 여러 활동들을 전개해 나가고 있다.

14

1983

디자인진흥원사

- 전두환 대통령 '디자인산업 육성' 지시
- 『디자인·포장』지를 『산업디자인』과 『포장기술』로 분리 발간
- 《대한민국산업디자인전람회》 '공업디자인' 부문을 '제품 및 환경디자인'으로 변경

한국 디자인사

- KBS 1TV '세계는 디자인 혁명시대' 방영
- 금성사 디자인종합연구소 설치
- 서울올림픽 엠블럼, 마스코트 발표
- 금성 제1회 《산업디자인 공모전》 개최
- 삼성 제1회 《굿디자인전》 개최
- 새한자동차 대우자동차로 개칭
- 금강기획 설립
- 민산업디자인연구소(MIDA) 창립
- 서울그래픽센터 창립

한국 사회사

- 이웅평 귀순
- 이산가족찾기 TV생방송(남한, 해외 대상 총 453시간 45분 단일주제 연속 생방송 세계기록)
- 삼성전자 세계 세 번째로 64K D램 개발
- 삼성전자 퍼스털컴퓨터 SPC-1000 출시
- 버마 아웅산묘소 폭발 사건
- 현대중공업 조선산업 세계 1위 달성

세계는 디자인 혁명시대: 디자인 특집 방송

제품의 품질과 기술을 강조하던 시기인 1983년, KBS는 「세계는 디자인 혁명시대」를 방영했다. 제1편 '기업 디자인: 새 모델에 사운을 건다', 제2편 '디자인 전문 회사: 멋과 성능을 팝니다', 제3편 '디자인 교육: 기술, 예술, 학문', 제4편 '스포츠 산업: 또 하나의 올림픽', 제5편 '전시와 상술: 진열장 속의 전쟁', 제6편 '한국 디자인 점검: 아름다움에의 도전' 총 6부작으로 구성됐다. 이 프로그램은 디자인계에서 항상 지적해 온 한국 디자인의 문제점을 비롯해 제품의 가치를 높이는 좋은 디자인과 기술, 예술, 학문이 접목된 미래 지향적 디자인, 한국 디자인이 나아갈 방향 등을 주제로 했다. 당시 이 프로그램을 기획, 취재했던 KBS 경제부의 방윤현 기자는 "앞으로는 우리도 과거의 값싼 노동력에 의존하는 수출만으로 다른 경쟁 상대국과의 싸움에서 이겨 나가기란 거의 불가능합니다.(중략) 산업디자인의 중요성을 정부가 먼저 인식하고 이에 대해 지원을 해나가야 하지만, 우리나라는 행정부 내에 디자인을 전담하는 부서조차 없는 실정이죠. 매스컴의 인식부터 새로워질 때 우리나라의 디자인도 점차 서광이 비칠 것을 확신합니다"라고 기획 의도를 설명했다.

텔레비전을 통한 매체 파급력이 지금보다 훨씬 강하던 당시, 이 프로그램은 디자인에 대한 인식이 제

대로 없었던 우리 사회에 강력한 메시지를 던지며 디자인의 가치를 이해시켰고, 정부와 관련 업계에는 한국 디자인의 현재 상황을 냉철하게 돌아보게 했다.

「세계는 디자인 혁명시대」 이후 11년 만인 1994년에 MBC, KBS는 또다시 디자인에 관한 특집 프로그램을 마련했다. 디자인이 구체적으로 어떠한 분야에서 가치를 발휘하고 우리나라 기업에서는 어떤 점에 투자해야 하는지를 좀 더 밀도 있게 접근한 프로그램들이었다. 1994년 4월에 방영된 MBC의 디자인 특집 프로그램의 주제는 '왜 디자인인가?'이며, 제1편 '꿈을 꾸는 사람들', 제2편 '자연에서 나온다', 제3편 '미래는 아름다움이' 3부작으로 구성됐다. 이 프로그램은 디자인의 세계를 재미있는 이야기를 중심으로 설명하면서 디자인의 중요성을 부각시켰다. 이어 5월에 방영된 KBS의 「디자인에 승부를 걸어라」는 정경원 교수가 리포터를 맡아 좀 더 구체적이고 전문적인 내용을 다루었다. 제1편 정상의 조건(기업편), 제2편 경쟁력의 해결사(전문 회사편), 제3편 신국부론(교육편), 제4편 한국 산업디자인의 현주소(한국편)로 구성됐다.

이후 삶의 질 개선에 대한 요구가 생기자 산업이 아닌 문화로서 디자인에 대한 관심도 높아졌다. 공중파 방송에서도 이러한 흐름을 읽으며 디자인을 경제, 문화와 접목한 특집 방송을 제작하였다. 그러한 대표적인 예가 2000년 12월 6일과 7일에 방영된 SBS의 특별 기획 다큐멘터리 「21세기 생존 전략 디자인」이다. 제1편 '디자인 경영 시대', 제2편 '디지털 혁명, 디자인 혁명' 총 2부작으로 구성되었으며, 미국을 비롯한 선진국의 장기적 호황과 냉전 종식, 기업의 핵심 전략으로서 감성 디자인 등을 주된 내용으로 다루었다.

2001년 10월 5일 MBC에서는 1부 '디자인, 디지털에 접속하다', 2부 '디자인, 문화의 중심에 서다'라는 소주제로 연속 방영된 「新디자인 혁명」을 제작했다. 디지털 시대를 맞아 디자인이 어떻게 변화하는지를 집중 조명하면서 최첨단 문화를 리드하는 디자인을 기획 취재하였다. 이러한 두 프로그램은 당시 김대중 정권의 '국민의 정부'가 가졌던 디자인 정책 기조와도 일치하는 것이었다.

15

1984

디자이너 경력 관리 가이드라인: 디자이너등록제

응용미술(應用美術)이라 하면 크게 공예, 공업, 건축, 무대(撫臺), 복식미술(服飾美術) 등으로 나뉘고 '산업디자인'이라 하면 이 중에서 상업, 공업 디자인을 떼어내 일컫는다. 이 땅에 자리한 '디자이너'는 6~700 명을 헤아리지만 상공부 고시에 따른 '등록 디자이너'는 430여 명이다. '상업 디자이너'가 210여 명, '공예 디자이너' 약 150명 그리고 '공업 디자이너'가 70여 명으로 구성비는 49:34:17퍼센트로 된다. 이렇게 보면 '산업디자인' 쪽이 66퍼센트로 단연 우뚝하다. 출신별 분포는 서울대, 홍대가 쌍벽을 이룬 채 전체의 70퍼센트를 차지하고 30퍼센트쯤이 기타 군소 대학 출신자이다. 이들의 주거별 분포는 95퍼센트 상당이 서울에 편재해 있어 그 마켓 역시 중앙 집중적임을 보인다. 이들은 10퍼센트가 학교 계통, 80퍼센트가 일반 기업체 나머지는 광고 대행업소 또는 개인 연구소, 한국디자인포장센터 등에 몸담고 있다. 현역 가운데 주가가 있다는 매명층(買名層)은 직장 봉급 외에 한 달에 한두 건의 '디자인' 의뢰를 받아 20만 원 안팎의 수입을 올리는 등 짭짤한 수입원을 갖고 있어 생활은 중상위층에서 비교적 문화 생활을 영위하고 있다.[34]

이러한 1972년 7월 『신아일보』의 '문화인 카르테'란 코너의 「산업미술가」라는 기사를 보면 당시 국내 디자이너들의 현황을 확인할 수 있다. KIDP가 처음 디자이너등록제(상공부 고시 제5403호, 디자이너등록 요령)를 실시한 1970년 7월에는 제1차로 233명이 등록했으며, 1971년 11월 20일에는 168명이 참가한 전국 디자이너 대회가 개최되었다. 1971년에는 203명이 등록하였다.[35] 디자이너로 등록된 사람은 연구비를 지급받을 수 있었고, 해외 파견 훈련, 개발한 디자인의 실용화 및 취업 알선 등의 지원을 받았다. 그러나 디자인산업은 물론 디자인 교육 자체가 아직 제도적으로 정착하지 않은 상황에서 실시한 디자이너등록제는 한계가 따를 수밖에 없었다.

KIDP가 다시금 디자이너등록제를 정비하고 실시하기 시작한 때는 1984년이다. 따로 등록 기간을 두지 않는 지속적인 사업으로 시행되었으며, 등록 부문은 시각 디자인, 공예, 제품 및 환경 디자인이었다. 기록에 따르면 1993년 7월까지 시각 부문 1,095명, 환경 부문 832명, 제품 부문 564명 등 총 2,491명이 등록한 것으로 조사되었으며 2002년 정부의 행정규제 개정 작업으로 디자이너등록제는 폐지되었다. 이후 KIDP의 포털 사이트(www.designdb.com)에 디자이너의 이력과 포트폴리오를 찾아볼 수 있게 공개하다가, 2018년 8월 (사)한국디자인산업연합회(전 한국디자인기업협회)와 함께 디자이너경력관리센터(designcareer.kodfa.org)를 운영하면서 시스템을 통해 디자이너의 이력을 관리하게 됐다. 디자이너가 디자인 이력을 등록하면 확인절차를 거쳐 경력을 관리해주는 이 제도는 디자이너의 경력확인서 발급이 가능하게 했는데, 이는 디자이너가 용역(디자인 작업)시 정당한 대가를 받는 데 도움이 되는 것이었다.

디자이너경력관리센터 웹사이트

16

국가 디자인 인증마크, GD:
우수디자인(GD)상품 선정제

1985

디자인진흥원사

- 유망중소기업 지원기관 지정(상공부)
- 우수디자인상품(GD) 선정제 도입
- 제1기 시각디자인교육 실시
- 제1회 한·일 디자인 세미나 개최

한국 디자인사

- 현대자동차 쏘나타 출시
- 86아시안게임 공식포스터 5종 제작
- 안상수체 완성
- 안그라픽스 설립
- 김형윤 편집회사 설립
- 한국전기통신공사, 한국투자금융, 조흥은행, 동서식품 CI 도입

한국 사회사

- 63빌딩 완공
- 자동차 등록대수 100만 대 돌파
- 분단 이후 최초로 남북이산가족 상봉 개최

1985
GOOD DESIGN

굿 디자인 심볼 마크.
디자인 문수근, 이재원.
출처: 『산업디자인』 80호(1985), 45.

GOOD DESIGN

GD마크

1983년 6월 한국무역협회는 한국 상품을 수입하는 각국 바이어들에게 우리나라 상품에 대한 설문 조사를 실시했는데, 이때 한국 상품의 디자인이 다른 나라의 상품보다 우수해 구매한다고 한 답변은 2.4%에 불과했다. 실제로 소품종 대량 생산 시대에서 다품종 소량 생산의 시대로 접어들며 수출 타산이 맞는 고급품을 수출하는 데에 이런 인식은 큰 걸림돌이 되었다.

당시 이러한 문제점을 인식한 KIDP는 1985년 디자인 진흥 정책 중 하나로 선진국의 모범 사례를 참고해 우수디자인(Good Design, GD) 선정 제도(이하 GD 선정제)를 제정·실시했다. 이 제도는 연 1회 국내 공산품 중에서 기능과 디자인이 우수한 상품을 선정해 그 우수성을 인정하는 마크를 부여하는 것으로, 소비자와 생산자 모두에게 이익이 되고 사회적으로는 상품의 신뢰도를 높이는 제도였다. 무엇보다 우수한 디자인 상품을 선정하고 독려함으로써 상품의 디자인 개발을 촉진시키고 독창적이고 우수한 상품 디자인을 개발해 수출 증대와 국민 경제 발전에 기여하는 것, 그리고 상품의 디자인 수준 향상을 통한 국민의 다양한 욕구 충족과 국민 생활의 질적 수준 향상, 산업디자인에 대한 일반인의 인식 및 관심 고취 등에 목적을 두고 출발하였다. 당시 일본, 대만, 이탈리아, 호주, 영국 등 다른 나라에서 이미 시행되고 있던 제

도였다.

GD선정제는 국내 공산품 중 일상생활과 밀접한 관계가 있는 상품들을 전기, 전자, 주택, 설비, 아동용품, 일용품, 레저 및 스포츠, 운송 장비, 기타 잡화 등 9개 부문으로 구분해, 매년 GD마크제 운영위원회에서 부문별로 선정했다. 심사 기준은 외관, 기능, 품질, 기타 대량 생산 적합성 여부와 합리적인 가격 등이었다.

실시 초기에는 기업들이 GD선정제에 별 관심을 기울이지 않았지만, 1990년대 정부 주관의 인정 제도가 강화되고 실제로 GD마크가 붙은 상품에 대한 공신력이 높아지면서 점차 활성화되기 시작했다. 기업에서는 판매 촉진을, 소비자에게는 우수한 디자인을 갖춘 제품을 선택할 기회의 폭을 넓힘으로써 기업체와 소비자 모두에게 이로운 제도로 정착되어 갔다. 특히 2000년부터는 인간 공학과 감성 공학을 결합시킨 실용적인 디자인, 친환경적 요소를 가진 디자인 등이 GD선정제를 통해 등장하며 그 성과가 드러나기 시작했다. 화려한 색깔보다는 은은하고 자연스러운 색상, 고급스러운 이미지를 풍기면서도 저렴한 가격의 신소재로 인테리어 감각을 살린 제품들도 있었고, 사용자의 만족감을 극대화시키는 실용적인 디자인 제품들이 선보였다. 대통령상과 국무총리상을 받은 상품들이 그러한 대표작들이다. 이러한 역사를 지닌 GD선정제는 오늘날까지 이어지며 KIDP의 대표적인 사업으로 자리 잡고 있다.

현재에는 상품을 디자인하는 개발 기업, 디자인된 상품을 제조하는 기업, 제조된 상품을 판매하는 국내외 기업을 대상으로 하며 제품디자인, 포장디자인, 환경 디자인, 커뮤니케이션 디자인, 소재·표면처리 디자인, 건축 디자인, 패션 디자인 부문으로 운영하고 있다. 국내외 디자이너로 구성된 심사위원들이 온라인 서류 심사와 업체 방문 심사 및 현물 심사를 통해 상품의 외관, 기능, 소재, 경제성, 친환경성 등을 종합적으로 심사하여 디자인의 우수성이 인정된 제품에 마크를 부여하는 것을 기본 원칙으로 한다.

개선 예정인 새로운 GD마크

우수디자인
상품선정제의 시선
1985-2019

1985~1992년까지는 주요 선정작,
대통령상을 선정 시상한 1993년
이후로는 대통령상 수상작

1985

텔레비전
삼성전자㈜

텔레비전
대우전자㈜

1987

라디오
금성사㈜

카세트
삼성전자㈜

에어컨
금성사㈜

1989

뮤직센타
롯데파이오니아㈜

전화기
대우전자㈜

1990

퍼스널 컴퓨터
삼성전자㈜

1991

텔레비전
삼성전자㈜

1992

텔레비전
대우전자㈜

냉장고
삼성전자㈜

1986

텔레비전
대우전자㈜

냉장고
대우전자㈜

선풍기
대우전자㈜

세탁기
대우전자㈜

1988

텔레비전
삼성전자㈜

청소기
삼성전자㈜

보온밥솥
대우전자㈜

유모차
㈜한국아프리카

1991

청소기
금성사㈜

VTR
대우전자㈜

1993

텔레비전
대우전자㈜

1994

텔레비전
삼성전자㈜

1995

텔레비전
삼성전자㈜

1996

분리, 결합형 8mm 캠코더
LG전자㈜

1997

스포츠카
현대자동차 주식회사

1998

휴대용 소형 녹음/재생기
LG전자㈜

2002

LG CYON 개인 휴대통신 서비스 단말기
LG전자㈜

2003

스페셜 5002 화이트 - H
㈜에넥스

2004

애니콜 휴대폰
삼성전자㈜

2008

래미안 한국형 욕실 디자인
삼성물산㈜

2009

쏘울
기아자동차

2010

55인치 3D-LED TV
LG전자㈜

2014

105인치 곡면 Ultra HD TV
LG전자㈜

2015

21:9 커브드 SUHD TV
삼성전자㈜

2016

LG SIGNATURE OLED TV
LG전자㈜

1999

디오스
LG전자㈜

2000

싼타페
현대자동차

2001

쎈스 큐 760
삼성전자㈜

2005

싸이언 초슬림 슬라이드폰
LG전자㈜

2006

아트 디오스 프렌치 냉장고
LG전자㈜

2007

서교동 자이 갤러리
GS건설

2011

일반형 냉장고
LG전자㈜

2012

OLED TV
LG전자㈜

2013

휴대폰
LG전자㈜

2017

LG 공항 청소 로봇
LG전자㈜

2018

스마트 오디오 VL 시리즈
삼성전자㈜

2019

올레드TV
LG전자㈜

17

세계 속의 호돌이:
86 아시안게임·88 서울올림픽

1986

디자인진흥원사

- GD마크 등록(특허청, 업무표장등록 제26호)
- GD상품 전시장 개관
- 전두환 대통령 내방(산업디자인전)
- 중소기업진흥공단과 업무협약정 체결
- 해외 산업디자인 조사단 파견 (대만, 일본, 홍콩)

한국 디자인사

- 기아 베스타 시판
- 대우 르망 시판
- 『월간 디자인』 100호 발간
- 제1회 《대한민국공예대전》 개최
- 한국과학기술대학 산업디자인학부 개설
- 핵사컴 설립

한국 사회사

- 화성연쇄살인사건
- 86아시안게임 개최
- 최초 무역수지 흑자 기록

우리나라는 86 아시안게임, 88 서울올림픽을 비롯한 각종 국제 행사를 유치하면서 국제화 시대를 맞이하게 됐다. 이 시기 각종 문화 행사가 기획되고 경기장은 물론 국립현대미술관 과천관, 예술의전당 등 국가적인 문화 기관이 태동했다. 서울 시내의 공공 시설물, 각종 사인 시스템, 유인물, 가로 시설물 등 환경 시설물들이 설치되면서 미술뿐만이 아니라 시각 디자인, 환경 디자인, 패션 디자인 등 모든 디자인 분야가 총동원되었다. 작게는 디자인 작업에서 컴퓨터가 실무에 적용되어 이후 급속히 보급되는 계기를 마련한 일부터 크게는 수출과 산업 중심으로 움직이던 디자인이 문화로까지 확산한 것까지, 86 아시안게임과 88 서울올림픽은 여러 방면에서 한국 디자인사에 획기적인 전환점을 마련했다. 특히 올림픽은 한국의 디자인 역량을 세계에 떨친 자리였다.

1981년 바덴바덴에서 88서울올림픽 유치가 확정되자 정부는 행사 전반에 필요한 수많은 디자인 작업을 수행하기 위해 1982년 6월 서울올림픽대회조직위원회에 디자인전문위원회를 설치했다. 아시안게임과 올림픽의 디자인 기획 및 정책을 집행하기 위해 설치된 기구로서, 올림픽이 열리는 해까지 서울올림픽 마스코트 및 휘장 제정과 표어 14종 확정, 공식 포스터, 안내 픽토그램, 스포츠 픽토그램, 문화 포스터, 스포츠 포스터 등을 개발하거나 제정 또는 확정했다. 디자인 전문위원장으로서, 위원회를 이끈 것은 1970년대 초부터 여러 기업의 CI 개발을 성공적으로 수행해온 조영제 서울대 교수였다. 그는 당시 한 인터뷰에서 그 과정을 회고했다.

독일의 아디다스사와 일본의 광고 회사가 88서울올림픽의 디자인을 대행하기 위해 국제올림픽위원회를 통해 서울올림픽 조직위원회를 압박했으나 한국 디자이너들의 힘만으로도 올림픽과 같은 국제적인 행사의 디자인을 성공적으로 해낼 수 있다는 것을 보여주고 싶었다.[36]

실제로 양승춘(엠블럼), 김현(마스코트), 한도룡(환경), 황부용(타입페이스와 픽토그램) 등은 이러한 기대에 부응하는 디자인 역량을 보여주었다. 대표적인 사례가 공모와 지명 공모를 거쳐 최종 당선작으로 뽑힌 '호돌이'이다. 삼태극을 소재로 한 휘장과 상모를 돌리는 이 호랑이 마스코트는 한국 디자인사에 길이 남을 작품으로 기록됐다.

KIDP는 이러한 범국가적인 행사에 동참하기 위해 1982년 2월부터 올림픽 상품 디자인 개발위원회를 운영하였다. 같은 해 6월에는 미국, 영국, 멕시코, 오스트리아, 이탈리아, 스웨덴 등의 올림픽 상품들로 구성된 《세계 올림픽 상품 종합전》을 개최했고, 8월에는 국민이 올림픽을 단순한 체육 행사가 아닌 문화 행사임을 인식할 수 있도록 《올림픽 기념품 소장전》을 15일간 열었다. 1984년에는 88 서울올림픽 조직위원회에서 주관한 해외 기념품 조사단에 참여해 유럽을 돌며 기념품에 대한 디자인 시장 조사를 실시했다.

한편, 디자인계에서는 초대형 국제 이벤트를 준비하며 기존의 관념적 한국미가 아닌 구체적으로 세계에 내보일 수 있는 한국의 이미지를 찾으려고 노력했다. 정부도 '세계 속의 한국'이라는 슬로건을 내세우며 외국에 소개하기 적합한 '한국성'을 고심했고, 오방색이 주요 디자인 요소로 주목받게 됐다. 이 전통적인 색 배열에서 파생된 단청과 색동저고리는 전략적으로 한국성, 한국적 디자인을 대표하는 소재로 사용됐다. 한국 전통의 소재를 국제주의 양식으로 해석한 디자인 결과물들은 올림픽 엠블럼부터 마스코트, 경기장 등 모든 곳에 장식됐다.

18

1987

아날로그에서 디지털로: 디자인 정보화

KIDP가 추진해온 디자인 정보 서비스의 시작은 1971년으로 거슬러 올라간다. 이해 11월 디자인 분야 자료 2,127종, 포장 분야 447종, 기타 슬라이드 등 1만 7,667점을 비롯해 디자인·포장 관련 도서 3,351권, 잡지 5,884권의 자료를 구비한 자료실이 문을 열었다. 디자인 포장 분야의 발전을 위한 신속하고 종합적인 정보 서비스가 첫걸음을 내디딘 것이다. 이후 1970년대와 1980년대를 지나며 가장 최신의, 전문적인 자료를 제공하는 데 지속적인 관심을 가지고 디자인 관련 자료를 축적하는 데 꾸준한 노력을 기울였다.

단순한 자료실 운영을 넘어 정식으로 정보 자료 부서가 생기고 전산실이 준공된 것은 1987년의 일이다. 1980년대를 지나며 정보의 중요성에 대한 인식이 커지고, 컴퓨터 기술의 발전으로 단순한 물리적 정보뿐 아니라 디지털 정보의 축적 또한 중요해짐에 따라 변화하는 환경에 맞춰 정보 형태 및 구조, 운영 방법 등을 고려해 체계적으로 대응하기 위해서였다. 이를 통해 국내외 기관과의 네트워크 기반이 조성되고 도서 자료에 대한 검색 시스템을 갖추어 정보 제공이 수월해졌다. 특히 1988년부터 1989년까지 검색 시스템을 자체 개발해 전산화했으며, 국내 공중정보통신망 '데이콤네트'와 연결해 자료망을 이용한 자료 수집 체계를 구축하였다. 1980년대 말에는 이렇게 구축하기 시작한 디지털 자료를 비롯해 디자인·포장 관련 도서 7,000여 권, 정기간행물 또한 221종을 보유해 누구나 열람할 수 있도록 했다. 이와 함께 영상자료실을 개설해 각종 슬라이드를 비롯한 비디오테이프, 디지털화된 논문 등 다양한 형식의 정보 제공이 가능해졌다.

1997년 한국산업디자인진흥원으로 명칭이 바뀌면서 가장 먼저 착수한 사업 역시 산업디자인 정보화 프로젝트(Multimedia Industrial Design Aid System, MIDAS, 이하 마이다스프로젝트) 5개년 계획이었다. '산업디자인 관련 정보를 수집, 가공 분석한 후 통신망을 통해 기업체와 디자이너 등, 정보 수요자에게 제공함으로써 디자인 신상품의 개발을 촉진하고, 해외 디자인 마케팅을 간접 지원해 수출 경쟁력을 제고시키는 산업디자인 정보 시스템 구축'이 목적으로, 1990년대 말 정보통신 기술이 중요해지는 시대적 흐름 속에서 시급한 과제로 판단한 것이다. 1997년 첫해 '기본 시스템 구축'을 시작으로, '디자인 정보기반 확대', '디자인 정보화 정착 및 정보화 DB 지원 체제 확립', '디자인 정보센터 운영', '글로벌 디자인 네트워크 완성'까지 총 5년간 마이다스 프로젝트를 진행했다. 궁극적인 목적은 디자이너들이 디지털 환경과 인터넷 기술 기반을 통해 얻은 기술 정보를 디자인 정보 서비스로 개발, 공급하는 것이었다. 이를 위해 디자인이라는 범주에 들어갈 수 있는 모든 정보를 제공해 디자인에 대한 인식을 높이는 데 주안점을 주었다.

1998년 KIDP 홈페이지(www.kidp.or.kr)가 정식 오픈하였고, 2000년 5월 개설된 디자인디비닷컴(designdb.com)은 마이다스 프로젝트의 추진 목적을 잘 보여주는 결과물이라 할 수 있다. 디자인디비닷컴은 최신 디자인 트렌드는 물론 연구 보고서, 기업·디자이너·학교 등 각종 디자인 관련 데이터베이스, 디자인업계 소식이나 디자인 종사자를 위한 정보 교류까지, 디자인과 관련된 모든 정보를 모아 제공하는 온라인 플랫폼으로, 2019년 기준 회원 38만여 명에 달하는 국내 최대의 디자인 전문 포털 사이트로 자리매김하고 있다. 2020년부터는 AI, 챗봇 등이 구현된 디자인디비닷컴을 만날 수 있다.

19

최신 디자인 정보의 원천, 디자인 잡지: 산업디자인지 100호 발간

1988

디자인진흥원사

- 제6·7대 조진희 이사장 겸 원장 취임
- 《프랑스 산업디자인전》및 한불디자인 심포지엄
- 제1회 《한글 티셔츠 대학생 디자인 공모전》
- 국제산업디자인대회
- 『산업디자인』지 100호 발간
- 해외 농산물 유통 및 포장 세미나 개최

한국 디자인사

- 『한겨레』창간, 가로쓰기 채택
- 『월간 공예』창간
- 월간 『디자인 저널』창간
- 『보고서/보고서』발간
- 월간 『디자인』제1회 디자인/ 공예평론 및 논문상 시상
- 한국출판미술가협회 창립

한국 사회사

- 예술의전당 1차 개관
- 제6공화국 출범
- 올림픽공원 평화의 문 준공
- 88서울올림픽 개최
- 주택 200만호 건설 돌입

전문지라면 일반 대중지와는 다른 전문지로서의 컬러가 있어야 한다고 봅니다. 전문지의 필수적인 기능인 전문 분야에 대한 지식, 정보를 충분히 전달하는 가운데 교육적인 기능이 있다고 생각합니다. … 『산업디자인』지는 여기 세 잡지하고는 입장이 틀린 것 같습니다. 즉 판매 문제는 제외되고 있으니까 타깃에 맞추어 소신껏 제작하는 것이 최선의 방법이라 봅니다.[37]

지금이야 세계를 하나의 집으로 구축한 인터넷 덕분에 각양각색의 정보가 무수하게 쏟아지지만, 정보가 귀하던 시절 최근 동향이 담긴 고급 정보는 잡지를 통해서만 알 수 있었다. 특히 미술, 디자인 등 시각 정보가 우선인 분야의 전문지들은 해외여행과 유학이 자유롭지 않았던 때에 국내외 최신 정보를 접할 수 있는 원천이었다.

이런 디자인 관련 전문지나 정보지마저 전혀 없던 시절인 1970년에는 소수의 전문가들을 제외하고는 학생들이나 일반인들이 디자인에 관한 새로운 지식과 정보를 수집하는 데에 어려움이 있었다. 이러한 척박함 속에서 1970년 11월 KIDP가 디자인·포장 전문지 『디자인·포장』을 창간해 디자인업계 관계자들에게 최신 정보들을 전달했다. 이 잡지는 1983년 『산업디자인』과 『포장기술』로 분리되어 전문성을 강화한 전문 매체로 발전했다. 이후 『포장기술』은 『포장

세계』로 명칭을 바꾸어 발행되다 한국산업디자인포장개발원이 한국산업디자인진흥원으로 바뀌면서 1997년 1월 17일에 폐간됐다.

위에 실린 인용문은 1988년, 『산업디자인』 100호 기념을 발간해 당시 이영혜 월간 『디자인』 발행인과 문신규 『꾸밈』 발행인, 그리고 이성만 『디자인저널』 발행인이 나눈 좌담의 일부이다. 좌담 내용을 살펴보면, 1988년까지도 디자인이 대중들에게 소수의 전문 분야로 인식되어 잡지 발행 유지에 어려움을 겪고 있음을 알 수 있다. 또한 '소신껏' 만들기 위해서는 잡지를 만드는 사람에게 온전히 책임을 맡기고 "외부에서 절대 관여를 하면 안 된다"는 의견도 있다.

KIDP는 1999년 9월부터 『산업디자인』지를 디자인전문회사인 안그라픽스에 위탁해 발행 기관의 영향에서 벗어나 디자인 전문 편집장의 책임하에 양질의 콘텐츠를 개발했다. 2001년 7월호부터는 판형은 물론 제호까지 대폭 바꿔 격월간 『Designdb』로 발행되다가 2004년 1·2월호(통권 188호)를 끝으로 폐간됐다. 이후 『designdb+』(2013), 『d.issue』(디자인이슈리포트/웹진, 2016-) 등 제호가 바뀌며 그 명맥을 이어오고 있다. 지금은 디자인 전문 포털 사이트인 디자인디비닷컴(designdb.com)과 연계해 자료를 공유함으로써 온라인과 오프라인을 포괄하는 새로운 개념의 잡지로 재탄생했다.

한편 『디자인·포장』의 뒤를 이어 1976년에는 인테리어와 디자인, 실내 장식을 다루는 월간 『디자인』이 그 행보를 시작해 당시 일반인에게 디자인의 필요성을 인식시키고 외국의 최신 정보를 제공하는 역할을 했다. 첫 호는 국내외 유명한 아파트를 보여주는 '디자인·한우리', 우수 건축을 소개하는 '디자인·한아름' 등으로 구성됐다. 2020년 2월 500호 특집호를 발간한 월간 『디자인』은 국내는 물론이고 세계적으로도 오랜 연륜을 자랑하는 잡지로, 이영혜 발행인의 뚝심이 빚어낸 결과다.

1977년에는 디자인 전문 잡지 『꾸밈』이 창간됐다. 건축사 토탈디자인의 문신규 대표가 창간한 이 잡지는 금누리가 편집장을 맡고, 이후 디자이너 안상수가 아트 에디터로 합류하는 등 당대보다 앞선 편집 방식을 보여준 종합 디자인 잡지였다. 건축, 환경, 실내가구, 공예공업, 디자인, 패션, 순수미술 등 디자인 전반을 다루며 독자들에게 분야의 새로운 정보와 지식을 제공하고자 했다.

1980년대 중반 이후에는 디자인 전문지가 하나둘 늘어나 『시각디자인』(1987), 『디자인 저널』(1988), 『월간공예』(1988), 『디자인비즈니스』(1989), 『코스마』(1989) 등이 창간됐다. 그중 『코스마』는 시각, 제품, 광고 디자인, 실내장식, 사인물, 디스플레이 등 모든 분야를 총망라하며 각 분야에 대한 다양하고 심도 있는 기사와 화보를 통해 실험적이고 선진적인 디자인 문화를 이끌고자 했다.

1990년대에는 이런 움직임이 더욱 활발해져 『디자인 신문』(1991), 『임프레스(Impress)』(1995), 『정글』(1996), 『일러스트』(1997), 『컴퓨터 아트』(1997), 『디자인네트』(1997) 등이 창간해 디자인 전문지 전성시대를 방불케 했다. 이들 여러 디자인 전문지들은 『디자인』을 포함해 몇몇 잡지를 제외하고는 오랫동안 발행되지 못했지만, 언론으로서의 기능뿐만 아니라 디자인 관련 종사자들의 지식과 정보에 관한 갈증을 해소시키고, 한편으로는 한국의 전문적인 디자인 기록이 시작될 수 있는 토대를 만들었다.

1 『디자인·포장』 창간호(1970년 11월)와
『산업디자인』 100호(1988년 10월) 표지
2 『산업디자인지』 도서 판매 안내 이미지. 출처:
『산업디자인』 81호(1985), 뒤표지 안쪽
3 『월간디자인』 500호 특집 기념호 표지

포장 산업 대표 행사:
서울팩

1989

86아시안게임과 88서울올림픽을 치르며 세계화에 눈을 뜬 한국은 제품 생산에 있어 과거와 같은 대량생산뿐 아니라 다품종 소량화와 개성화 현상이 두드러지게 나타나게 됐다. 포장도 이에 따라 상품의 고급화를 위한 질적 향상, 유통상의 편리성 추구뿐만 아니라 원가 절감, 판매 경쟁력 강화 등을 필요로 했다.

이러한 환경 변화를 감지한 정부는 상품의 품질 향상을 통해 국제 경쟁력을 배가시키고 유통의 합리화로 기업의 경비를 절감함과 동시에 선진국 및 수출 경쟁국과의 수준을 상호 비교할 수 있는 전시를 기획하게 된다. 바로 1989년 열린 《서울팩 89》이다. 이 전시의 전신은 KIDP 설립 초기에 열린 《코리아팩(Korea Pack)》(국제포장기자재전)으로, 1971년 4월 12일부터 18일까지 국립과학관 전시홀에서 개최된 이후 1985년과 1987년에 비정기적으로 열리다가 1989년에 '서울팩'으로 명칭을 변경, KIDP와 대한무역투자진흥공사가 공동으로 주관하며 우리나라 포장 산업을 대표하는 큰 행사로 발전한 것이다.

1989년 개최된 《서울팩 89》는 국내외 118개 업체에서 235개 품목의 포장 관련 기자재를 전시함으로써 1987년 대비 55%의 성장을 기록했다. 해외 참가 업체도 늘어 덴마크, 미국, 독일(서독), 스웨덴, 스위스, 이탈리아, 일본, 영국, 홍콩 등 10개국에서 55

개의 업체가 참여했다. 전시 품목도 포장 재료 및 용기, 포장 기계, 포장 재료 가공 기기, 물류 관련 기자재 등 국내외의 포장기자재 200여 종이 출품되었는데 150여 종 이상 출품된 포장 기계류가 주류를 이뤘다.

1991년에는 국내 업체 77개 364부스와 해외 업체 11개 24부스가 운영되었으며 상담 실적이 1,153억 원에 이르렀다. 1993년에는 국내 업체 100개 259부스, 해외 업체 40개 115부스를 설치해 420종을 출품, 448억 원의 상담 실적을 보였다. 1995년에는 국내 업체 50개 142부스, 해외 16개국 89업체 131부스로 137억 원의 상담실적을 기록했다. 1997년에는 모두 16개국이 참여해 국내 51개 업체 204부스, 해외 65업체 115부스를 운영했다. 1999년에는 11개국 92업체 219부스로 내수 570억 원, 수출 15,647천 달러의 상담 실적을 냈다.

포장 산업의 급속한 발전을 바탕으로 개최된《서울팩》은 짧은 연륜에도 불구하고 국내외의 새로운 포장 자재의 동향을 파악하고 해외의 최신 정보를 입수하는 장을 마련해줌으로써 국내 기업들로 하여금 자사 제품의 품질 향상은 물론 해외 신규 거래 경로의 발굴, 기업의 이미지 제고를 위한 종합 마케팅 수단으로 활용할 수 있도록 하는 역할을 했다. 2014년부터《서울팩》은 한국포장기계협회, KIP월간포장, 경연전람이 주최하는《코리아팩, 국제포장기자재전》으로 통합되어 그 명맥을 이어가고 있다.[38]

21

포장에서 디자인으로:
KIDP 명칭 변천사

1991

우리가 대상에 이름을 붙일 때는 그 대상의 생김 새나 용도를 드러내는 경우가 많다. 기관도 마찬가지 다. 역할과 성격이 기관의 이름을 통해 드러난다. 지 금의 KIDP 또한 설립된 지 50년을 맞이하는 동안 몇 차례 명칭을 바꾸었다. 이 명칭의 유래를 추적하고 변 화상을 살펴보는 것은 우리 산업과 디자인의 관계 변 화, 발전상의 흐름을 파악하는 것과 다름없다.

1970년 5월 19일 설립된 한국디자인포장센터 (KDPC)는 그 명칭에서부터 당시 디자인에 대한 인 식, 수요, 목적을 명확히 반영한다. '디자인의 향상과 포장 기술의 개선을 기하고 우수한 수출품 포장기재 의 공급 및 연구 개발에 필요한 사업을 영위함으로써 경제 발전에 기여한다'라는 목표와 그 역할에 충실한 기관명이었다.

그로부터 20여 년이 흐른 1991년 10월 18일 한 국디자인포장센터는 시대의 흐름에 더 능동적으로 대처하기 위해 한국산업디자인포장개발원(Korea In-stitute of Industrial Design & Packaging, KIDP)으로 명칭을 바꾸고 대대적인 개편을 하였다. 특히 1990 년대는 1977년 제정된 후 오랜 시간이 지난 「디자인· 포장진흥법」을 그간의 발전된 시대상에 발 맞춰 「산 업디자인·포장진흥법」으로 개정하면서 국가 차원의 산업디자인 진흥에 대한 강력한 의지와 발전이 이루어지던 시기였다. 단순히 포장과 디자인에서 확장해 산업디자인 전반에 대한 관심을 드러내는 기관명이었지만, 여전히 포장이라는 키워드는 존속했다.

1997년 1월 1일 「산업디자인·포장진흥법」이 「산업디자인진흥법」으로 개정되면서 한국산업디자인포장개발원은 또 다른 변화의 시기를 맞는다. 이름 또한 한국산업디자인진흥원으로 바뀌어 디자인과 포장 기술이라는 두 가지 주요 업무에서 산업디자인 진흥이라는 핵심적인 역할을 수행하는 기관으로 거듭나게 되었다. 재미있는 것은 영문명이 'Korea Institute of Industrial Design & Packaging'에서 'Korea Institute of Industrial Design Promotion'으로 바뀌었는데, 포장(packaging)을 진흥(promotion)으로 바꿈으로써 약칭인 'KIDP'는 연속적으로 사용할 수 있게 된 것이다. 대외적으로 산업디자인 관련 기관이라는 일관성과 지속성을 고려한 작명이었다. 여기에 지도 및 개발에 치중해왔던 사업 비중을 진흥 업무 쪽으로 개선해 나가겠다는 의지를 보여준 점도 있다.

2000년대 들어 KIDP 명칭에 또 한번의 변화가 찾아왔다. 「산업디자인진흥법」에 따라 2001년 4월 1일 한국산업디자인진흥원에서 한국디자인진흥원(Korea Institute of Design Promotion, KIDP)으로 이름을 바꾸면서, 산업디자인뿐만 아니라 새로운 디자인의 영역까지 아우르는 넓은 의미의 디자인 기관으로 탈바꿈한 것이다. 영문명에서 산업(industrial)을 삭제해 디자인 전반을 다루는 기관임을 명확히 했다. 약칭은 여전히 'KIDP' 사용이 가능했다. 기관명의 변화를 통해 알 수 있듯이, 디자인 전 분야에 대한 통합적 지원을 가능케 했고, 이를 통해 다양한 디자인산업의 활성화를 도모할 수 있게 되었다. 2019년 한국디자인진흥원은 진흥(promotion)에서 디자인 지능(intelligence) 기관으로 거듭나기 위한 노력을 기울이고 있다.

1970

한국디자인포장센터

한국디자인포장센터

1991

산업디자인포장개발원
KOREA INSTITUTE OF INDUSTRIAL DESIGN & PACKAGING

1993

1997

2001

한국 디자인산업 이끄는 선봉장: 디자인전문회사

1992

디자인진흥원사

- 공인산업디자인전문회사 등록제도 실시
  1호 등록 212디자인(은병수)
  (디자인계 의견을 반영 1999년 신고제로 변경)
- 제1차 산업디자인발전5개년 계획 발표(1993-1997)

한국 디자인사

- 기아자동차 첫 고유 모델, 세피아 출시
- 산업디자인 포장진흥 민간협의회 발족
- 212디자인 디자인 수출 (모토로라사)

한국 사회사

- 삼성전자 64M D램 세계 최초 개발
- 대한민국 최초 인공위성 우리별 1호 발사
- 제2이동통신사업자 선정(선경)
- 하이텔, 천리안 서비스 게시
- 오토캐드 프로그램 보급

1990년대 들어서면서 세계 경제 환경이 급격하게 변화하게 되었다. 1947년 미국을 비롯한 23개국이 조인한 기존의 '관세 및 무역에 관한 일반 협정(General Agreement on Tariffs and Trade, GATT)' 체제가 저물고 세계무역기구(WTO) 체제로 바뀌면서 국내외 시장이 완전 개방 체제로 접어들게 된 것이다. 이러한 세계적 흐름에 우리나라도 예외는 아니어서 1990년대 이후 국가와 기업 간 경쟁이 점점 치열해짐에 따라 정부 지원을 통한 발전을 넘어 기업 자체 역량의 강화가 중요해졌다. 늘어가는 산업디자인 수요를 충족시키기 위한 산업디자인전문회사의 필요성도 점차 증대되었다.

1992년 산업자원부와 KIDP가 시행한 '공인산업디자인전문회사' 등록제는 이러한 흐름에 대응하여 중소기업의 경쟁력을 강화하고 기업에 양질의 산업디자인을 공급하기 위한 조치였다. 산업디자인전문회사들 중 일정 기준 이상의 매출 실적이 있고 전문 인력을 보유한 회사를 인증해 주는 제도였다. 국내 첫

신고기업 수(누적)

1	4	22	28	37	67	113	222	300	413	532	679

연도(연말기준)

| 1992 | 1993 | 1994 | 1995 | 1996 | 1997 | 1998 | 1999 | 2000 | 2001 | 2002 | 2003 |

1992년부터 2019년까지 공인산업디자인 전문회사 등록 추이

공인산업디자인전문회사로 등록된 주인공은 212디자인이었다. 이후 1994년에는 등록 요건을 완화하고 지원을 강화해 기업과 연계할 수 있는 전문회사의 수가 늘어나는 계기를 마련, 그해 29개 업체가 등록을 마쳤다. 1997년에는 신고 요건을 좀 더 완화해, 자본금 5,000만 원 이상, 전문 인력 3인을 보유하고 있으면 등록이 가능하도록 했다. 기존에는 등록을 위한 전문 인력 요건이 KIDP에 등록된 디자이너에 국한되었지만, 이 요건 또한 완화했다. 이렇게 신고 요건을 완화한 이후 공인산업디자인전문회사의 수가 비약적으로 증가했고, 1997년 연말까지 100개를 돌파하는 성과를 거두었다.

현재 디자인전문회사 신고, 등록 제도는 과거와 최신 흐름을 조화시켜 산업 디자인 수요에 부응하고, 지적 가치화 시대에 산업의 첨병 역할을 수행함과 동시에 전문회사의 경쟁력 제고를 통한 한국 디자인의 선진화를 달성하는 데 목적을 두고 있다. 신고, 등록 기준도 시대에 맞추어 변화해 매출액 기준이 없어졌고, 전문 인력은 분야별 1인 이상으로 완화되었으며, 신청 방법도 온라인을 통해 간편화했다.[39] 2018년부터는 정부의 규제 혁신 방침에 따라 디자인전문회사 신고 제도를 좀 더 포괄적으로 운영하기로 하고 시각디자인, 포장디자인, 제품디자인, 환경 디자인, 멀티미디어 디자인, 서비스디자인, 기타 디자인 등 7개 분야로 운영한다.

KIDP는 이들 업체의 활동 및 성과 등을 심사해 매년 20개사 내외의 업체를 우수디자인전문회사로 선정, 2년간 그 자격을 인정해주고 있다. 선정된 업체는 KIDP가 수행하는 각종 디자인 지원 사업에 참여할 때 우대를 받으며, 해외 시장 확대나 마케팅 등에 대한 지원을 받는다.

* 2020년 5월 6일 기준, 공인산업디자인전문회사 총 8,487개

858	1,224	1,432	1,121	1,693	2,246	2,582	3,061	3,061	4,023	4,604	5,228	5,458	5,610	6,582	7,852	8,471
2004	2005	2006	2007	2008	2009	2010	2011	2012	2013	2014	2015	2016	2017	2018	2019	2020

디자인전문회사의 성장: 미술 수출에서 100만 달러 디자인 수출까지

강현주 · 인하대학교 디자인융합학과 교수

매년 무역의 날을 맞아 수여하는 '100만 불 수출의 탑'을 처음 수상한 디자인 전문회사는 2010년 디자인모올(대표: 조영길)이다. 이어 2015년에는 우퍼디자인(대표: 한경하)과 디자인넥스트(대표: 박철웅)가 나란히 이 상을 받았다. 세 회사 모두 중국 시장 진출에 성공한 결과였다. 국내 디자인전문회사가 제품디자인 컨설팅 및 디자인 개발을 통해 거둔 이러한 성과는 우리나라의 국가 디자인 진흥 정책이 '미술 수출'[40]을 슬로건으로 해서 1960년대 중반에 수출 산업 육성 대책의 일환으로 시작된 점을 생각하면 한국 디자인 발전 과정에서 의미 있는 일이다.

　　한국디자인진흥원(이하 KIDP)은 현재 디자인전문회사 신고 제도를 운영하고 있는데 이 제도를 도입했던 1992년 12월 당시 명칭은 '공인 산업디자인전문회사 등록 제도'였다.[41] 허가제로 시행하다가 디자인계 의견을 수렴하여 1999년부터 신고제로 바꿔 운영하고 있다. 제1호 공인 산업디자인전문회사로 선정된 곳은 국내 디자인전문회사로는 처음 외국에 한국 디자인을 수출한 212디자인(대표: 은병수)이다. 1992년에 모토로라사는 영국 『가디언』지의 국제 디자인 쇼케이스 난에 실린 기사를 보고 연락하여 자사의 무선호출기 디자인 개발 공모에 참여해줄 것을 요청했다. 대만, 싱가포르, 일본, 오스트리아 디자인전문회사들과 치열한 경합을 벌인 끝에 212디자인은 이 프로젝트를 수주했고 경비를 제외하고 8만 달러의 디자인료를 받았다.[42] 당시 30대 초반의 은병수(1959년생) 대표가 1989년에 설립한 신생 회사인 212디자인이 제1호 공인 산업디자인전문회사로 선정된 데는 88서울올림픽을 전후한 시기에 달라진 한국 사회 안팎의 정치 경제 상황과 이에 따른 디자인 비즈니스 생태계의 변화가 영향을 미쳤고 무엇보다도 디자인계의 숙원인 디자인 수출을 해냈다는 상징성이 크게 작용했다.

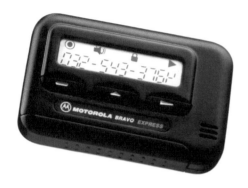

최초의 디자인수출 모토로라 호출기(1992. 212디자인)

초창기 디자인전문회사의 등장

광복 이후 한국 디자인은 디자인 산업계보다는 디자인 교육계를 중심으로 발전해왔기 때문에 초창기 디자인 현장과 실무 디자이너들의 활동에 대해서는 많이 알려져 있지 않다. 한국 디자인전문회사의 시초로는 일제강점기에 동경미술학교를 졸업하고 돌아온 임숙재(1899-1937)가 안국동에 설립했던 도안사무소를 꼽을 수 있지 않을까 한다. 이곳에서 임숙재는 1929년에 경복궁에서 개최되었던 조선박람회를 위한 광고탑 디자인을 했다. 그는 도안사무소를 운영하면서 『동아일보』에 디자인과 공예에 대한 글을 기고하고 강연회에 참석하는 등의 활동을 펼쳤다. 한홍택(1916-1994) 역시 일본으로 유학을 가서 1939년에 동경도안전문학교를 졸업하고 1942년에 제국미술학교를 수료한 후 귀국했다. 유한

양행에 근무했던 그는 1956년 명동에 한홍택도안연구소[43]를 설립했는데 이곳은 디자인 스튜디오이자 디자인 강습소의 성격을 함께 가지고 있었다.

광복 후 한국 대학에서 공부한 디자이너들이 만든 디자인 스튜디오로는 김교만(1928-1998)과 권순형(1929-2017)이 함께 설립한 KK디자인연구소를 들 수 있다. 1956년부터 1958년까지 짧은 기간 운영되기는 했지만 곰표 밀가루와 경방 레이블 등 당시 주요 제분회사와 방직회사를 클라이언트로 삼아 포장지, 달력, 포스터, 라벨 등 그래픽 디자인 작업을 했다. 대학을 갓 졸업한 김교만과 권순형이 KK디자인연구소를 운영할 수 있었던 데에는 두 사람의 모교인 서울대학교 미술대학의 장발 학장과 이순석 응용미술과 학과장의 도움이 있었지만 사회적으로도 디자인에 대한 수요가 조금씩 생기던 시점이기 때문이었다. 하지만 KK디자인연구소는 1958년에 권순형이 한국공예시범소[44]에서 일하게 되면서 문을 닫았다. 한국공예시범소에서 근무하다 홍익대학교 교수로 부임한 한도룡(1933년생)은 1965년에 조선호텔 내에 스페이스 디자인연구소를 설립했다. 그는 1967년에 개최된 몬트리올박람회의 한국관과 그 이듬해 개최된 제1회 한국무역박람회 마스터플랜 작업을 하면서 국내 환경 디자인 분야를 개척해 나갔다. 한도룡의 스페이스 디자인연구소는 1976년에 인타디자인으로 명칭을 바꾸고 88서울올림픽과 대전엑스포 '93의 환경 디자인뿐 아니라 수많은 해외 박람회에서 한국관을 설계하였다.

시각디자인 분야의 디자인 컨설팅은 기업 아이덴티티 디자인과 편집 디자인을 두 축으로 전개되었다. 서울대학교 응용미술과 교수였던 조영제는 1972년에 동료 교수인 민철홍, 양승춘과 함께 진행한 OB맥주 레이블 디자인 작업을 기업 아이덴티티 디자인 프로젝트로 발전시키면서 1974년에 조영제 디자인연구소(Cho Design and Research, 이하 CDR)를 만들었다. 교수 연구팀으로 출발한 CDR은 1988년에 법인으로 전환되었고 1995년부터는 김성천 현 대표가 그 명맥을 이어가고 있다. 한편, 한국브리태니커회사에서 1976년에 창간한 『뿌리깊은나무』 잡지의 아트디렉터였던 이상철은 1973년에 이가솜씨라는 종합 디자인 컨설팅 회사를 설립하였고 Design IGA2 시기를 거쳐 현재 이가스퀘어를 운영하고 있다. 제품 디자인 분야의 경우, 시각디자인이나 환경 디자인과 달리 디자인전문회사의 출발이 상대적으로 늦었다. 한국공예시범소의 지원으로 미국 일리노이공과대학(IIT)에서 유학하고 1959년에 돌아온 민철홍(1933년생)은 1960년대 초반부터 대학에서 서구의 공업 디자인 개념을 소개하고 교육하기 시작했다. 박용귀는 금성사(현 LG전자) 공업의장실에 근무하며 1959년에 국내 최초 진공관식 라디오인 A-501의 개발에 참여했지만 그가 회사에서 제품 디자인

국내 최초 진공관식 라디오인 A-501

138

을 보다 체계적으로 시도할 수 있게 된 것은 1968년에 일본 히다치 디자인연구소에서 연수를 마치고 돌아온 후였다. 금성사를 필두로 1970년대 한국 대기업들은 점차 공업 디자인의 중요성을 인식하고 인하우스 디자이너를 채용하는 한편, 대학교수들에게 제품 디자인을 의뢰하였다. 정부 기관과 기업체로부터 제품 디자인 컨설팅 의뢰가 늘어나자 민철홍은 1983년에 민산업디자인연구소(Min Industrial Design Associates, 이하 MIDA)를 설립하였다. MIDA는 서울지하철 3, 4호선 전동차 전면 디자인 계획 수립을 시작으로 이후 대우중공업의 산업용 로봇과 굴삭기를 디자인했고 독립기념관과 국립현대미술관 등 새로 설립되는 공공기관의 종합 디자인 프로그램을 개발했다.[45]

그래픽 디자인에서 조영제의 CDR, 환경 디자인에서 한도룡의 인타디자인, 제품 디자인에서 민철홍의 MIDA 사례처럼 주로 교수-디자이너 연구팀에 의존하던 국내 디자인 컨설팅 생태계에 변화가 생기기 시작한 것은 1980년대 중반부터다. CI 분야에서는 1983년 미국에서 활동하던 정준이 귀국하여 국내 첫 법인 디자인전문회사인 디자인포커스를 창립하였고, 1984년에는 88서울올림픽 마스코트 호돌이를 개발한 김현이 디자인파크를 설립하였다. 1988년에는 인피니트(대표: 이승훈)도 설립되어 조영제 교수의 CDR(1974), 안정언 교수의 올커뮤니케이션(1981), 권명광 교수의 서울그래픽센터(1983)와 같은 교수-디자이너 연구팀과 함께 1980, 90년대 CI 디자인 전성시대를 이끌었다. 편집 디자인 분야의 경우에도 1983년 정병규 출판디자인(대표: 정병규), 1985년 안그라픽스(대표: 안상수)와 김형윤 편집회사(대표: 김형윤), 1986년 핵사컴(대표: 정병익)

이 설립되면서 디자이너 개인의 활동에 의존하던 데에서 벗어나 편집 디자인전문회사의 시대가 열리게 되었다.

1980년대 중후반에 디자인 컨설팅의 중심이 대학에서 디자인 실무 현장으로 바뀌게 된 배경에는 88서울올림픽 유치를 계기로 국내 시장의 개방화 추세가 가속화되고 해외여행이 자유화되는 등 국내 사회 환경의 변화가 있었다. 또한 1985년에 시작된 소련의 개방 정책이 1989년 독일 베를린 장벽 붕괴로 이어지면서 제2차 세계대전 이후 유지되어온 동서 냉전 체제가 종식되는 등 국제 여건의 변화도 큰 영향을 미쳤다. 개방화, 자유화 시대를 맞아 한국 기업들은 주문자 상표 부착 생산(OEM) 방식의 한계와 외국 디자인을 모방하는 단계에서 벗어나 독자적인 디자인을 개발하여 외국 기업과 경쟁해야 하는 상황이 되었고, 이러한 기업 환경의 변화는 제품 디자인 분야에서도 디자인전문회사가 성장할 수 있는 토대가 되었다. 1987년에 한국프리즘(대표: 김철주)과 탠덤디자인(대표: 권영성),[46] 1989년에 프론트디자인(대표: 구성회)과 212디자인(대표: 은병수) 등의 제품디자인전문회사가 출현했다. 회사를 설립하기에 앞서 김철주 대표는 대우전자 기획조정실 제작부에서, 구성회 대표와 은병수 대표는 금성사(현 LG전자) 디자인실에서 인하우스 디자이너로 근무했고 권영성 대표는 희성산업(HS애드의 전신), 연합광고(MBC애드컴의 전신), 디자인포커스 등에서 디자인 실무 경험을 쌓았다.

212디자인 사례를 통해 본
1990년대 디자인전문회사의 성장

한국 디자이너 1세대는 교수-디자이너, 2세대는 기업 인하우스 디자이너로서 분야를 개척해 나갔다면 제3세대는 디자인전문회사 창업을 통해 성장했다. 212디자인의 은병수 대표는 공업 디자인 분야의 제3세대를 이끄는 신세대 리더로서 일찌감치 주목을 받았다. 대학에서 공업 디자인을 전공하고 금성사(현 LG전자)에서 일하다 미국 뉴욕 프랫 인스티튜트에서 유학한 은병수 대표는 귀국하자마자 곧바로 212디자인을 설립했다. 212라는 숫자는 회사 창립일인 1989년 2월 12일이기도 하고, 또 산업혁명 시대를 견인한 증기기관차가 움직이는 데 필요한 증기 게이지 212도를 의미한다. 설립 당시 회사명은 212코리아였는데 은병수 대표는 유학 중 미국에 만들었던 법인체를 212USA로, 새로 설립한 한국 본사를 212코리아로 이름 붙였다. 현재는 1993년에 직원으로 입사한 김선경 대표가 212컴퍼니라는 이름으로 운영하고 있으며 그동안 212코리아에서 212디자인을 거쳐 212컴퍼니로 변화해오면서 요구르트 용기, 화장품 용기, 전기차, 굴삭기, 전동공구, 네비게이션까지 다양한 제품들을 디자인해왔다.

212디자인 설립 당시 주변에서는 국내 여건상 제품디자인전문회사 운영이 시기상조라며 우려를 많이 했다. 당시 제품 디자인 개발은 주로 대학 교수팀이나 다른 업종을 겸한 회사들이 하고 있었다. 회사 운영자금이 부족하여 벤처 캐피탈 자금을 받으려 했으나 담보로 삼을 생산 설비가 없고 디자인 분야를 지원한 사례가 없어 성사되지 못했다. 다행히 사업계획서 내용이 진취적이라고 긍정적으로 평가한 은행에서 융자를 받아 사업을 시작할 수 있었다. 창립 멤버 6명은 은병수 대표와 대학 동문이거나 금성사에서 일한 적이 있는 디자이너들이었다. 학교와 직장에서 함께 작업했던 경험은 팀워크를 형성하는 데 도움이 되었지만 은병수 대표는 인간적 유대관계에만 의존하지 않고 회사 조직을 보다 체계적이고 합리적으로 운영하려는 노력을 기울였다. 회사 업무는 제품 디자인 및 자체 상품 개발, 그리고 기획조사로 구분했다. 212디자인으로 이름을 바꾸게 된 것은 모토로라사 호출기를 디자인할 때의 경험 때문이었다. 본사에서 프레젠테이션을 하기 위해 미국을 방문했을 때 은병수 대표는 회사 관계자들이 한국을 6·25전쟁과 5·18민주화운동이 있던 나라로만 인식하고 있다는 것을 알게 되었고 국제적인 비즈니스를 하기 위해서 회사명을 바꿔야겠다고 결심하게 되었다. 1992년 전기자동차 프로젝트를 진행하면서 212엔지니어링을 설립했고, 1993년에는 환경 디자인 분야와의 협업을 위해 212SM을 만들어 제품, 엔지니어링, 환경 분야를 아우르는 종합적인 회사 체제를 갖추었다.[47]

1991년에 은병수 대표는 한국프리즘, 프론트, 탬덤디자인, 메카 디자인 그룹, 네오 인터내셔날, 산업디자인 기술연구소, 새안 디자인 리서치 등 제품디자인전문회사 대표들과 교류하며 한국산업디자인전문회사협회(KIDCA) 창립을 준비했고 초대 회장에 선출이 되었다.[48] 협회 활동을 통해 디자인업계 현안이 정부 시책과 긴밀한 연관성을 맺고 있다는 점을 알게 된 은병수 대표는 회사 운영 외에 디자인 컨설팅 업계의 의견을 수렴하여 정부에 관련 정책을 제안하고 홍보하는 역할을 적극적으로 해나갔다. 1990년대 초반에 문민정부가 들어서면서 정부의 디자인 인식이 달라지고 2000년에는 KIDP 원장도 민간인 출신으로 바뀌는 등 변화가 진행되었다. 1993년에는 제1차 산업디자인 발전 5개년 계획(1993-1997)이 시작되었고 디자인 주간도 선포되었다. 대외적으로는 그해 12월에 우루과이라운드 협상이 타결되고 1995년 1월에 세계무역기구(WTO)[49]가 출범하면서 국내 산업 디자인 시장도 전면 개방되게 되었다. 이에 따라 외국 디자인전문회사들의 국내 시장 진출이 용이해지게 되었다. 이러한 대내외적인 환경 변화에도 불구하고 212디자인은 최초로 디자인을 수출한 회사이자 10대 히트 상품을 연속 디자인한 회사라는 명성을 가지고 대표적인 제품디자인전문회사로 자리를 잡아 나갔다. 1995년 10월호 월간 『디자인』지에 실린 디자인전문회사 활성화를 위한 설문조사에서 212디자인은 제품 디자인 분야 '베스트 1' 회사로 선정되었다. 1990년대 초반부터 개방화, 세계화 시대에 대비하여 디자인 컨설팅 비즈니스에 머무르지 않고 디자이너로서 자신만의 고유한 디자인 개발을 시도하고자 했던 은병수 대표는 1996년 한 인터뷰에서 자신의 이상과 포부를 다음과 같이 밝혔다.

디자인은 문화, 역사, 예술의 총체적 집합체입니다. 우리 문화가 스며있지 않은 디자인은 아무리 좋아도 세계 시장에 나가면 서구의 아류에 불과합니다. 우리의 과거를 현대에 살릴 수 있도록 해석 응용하는 게 '네오 본(Neo Born)'의 이념입니다. 우리에겐 의외로 많은 자산이 있습니다.[50]

이후 은병수 대표는 2001년에 한국적인 디자인 문화 원형을 발굴하여 현대 디자인과 접목한 디자인 문화상품 브랜드인 비움(VIUM)을 발표하였고, 2005년부터는 212디자인 대표가 아니라 은카운슬 대표로서 2005년《광주디자인비엔날레_아시아 디자인전》큐레이터, 2009년《광주디자인비엔날레》총감독 등으로 활동하며 한국의 문화와 디자인을 알리는 국내외 전시회와 각종 프로젝트를 기획하는 일을 해나가고 있다.

212디자인이 1992년에 처음 한국 디자인을 8만 달러에 수출한 지 18년 만인 2010년에 디자인모올이 100만 달러 수출을 달성했는데 이 기간이 바로 국내 디자인전문회사들이 국제 경쟁력을 갖추며 성장해 나간 시기였다. 88서울올림픽을 전후한 시기에 한국은 비약적 경제 성장을 통해 대중 소비 사회에 진입했고 기업들은 소비자의 기호에 맞는 다양한 제품을 개발하기 시작했다. 1980년대 이러한 분위기 속에 212디자인을 비롯한 여러 제품디자인전문회사들이 등장하였지만 1997년 IMF 외환위기와 2008년 금융위기로 디자인 산업계 역시 어려움을 겪어왔다. LG전자 디자인연구소에서 근무하다 1994년에 디자인모올을 설립한 조영길 대표는 자신이 2000년대 초반에 중국으로 사업을 확장하게 된 것은 1997년 IMF 외환위기로 기업의 제품 디자인 개발 수요는 줄어드는 상황에서 대기업을 그만두게 된 인하우스 디자이너들이 디자인전문회사를 차리는 경우가 급격히 늘어나면서 회사의 생존이 위협받는 경쟁 상황이 되었기 때문이라고 그 이유를 밝혔다. 그래서 중국 진출을 준비하게 되었고 2003년 레노보의 폴더형

휴대폰 디자인 개발을 시작으로 2008년에는 중국 현지 사무실을 오픈하고 중국 기업에 대한 디자인 컨설팅을 확대하게 되었다고 한다.[51]

　한편, 1990년대 초반에는 시디롬 타이틀 기술이 국내에 도입되어 종래의 시각 디자인이나 제품 디자인 분야가 아니라 디지털 미디어에서 미래 가능성을 발견하고자 하는 젊은 디자이너 세대가 나타나기 시작했다. 이러한 분위기 속에 등장한 것이 바로 이미지드롬이나 토마토미디어와 같은 1세대 디지털 디자인전문회사들이었다. 웹 시장이 활성화되면서 FID나 이모션과 같은 웹 에이전시의 경우, 대기업을 클라이언트로 하여 1990년대 후반부터 2000년대 초반까지 엄청난 속도로 놀라운 규모의 양적 성장을 이루어내기도 했으나 얼마 지나지 않아 업계 내 경쟁이 심화되고 벤처기업 거품이 사라지면서 어려움을 겪게 되었다. 십여 년이라는 짧은 기간에 마치 드라마와도 같았던 디지털 미디어 비즈니스 업계의 흥망성쇠를 지켜본 바이널이나 뉴틸리티, 그리고 뉴틸리티를 전신으로 해서 만들어진 디스트릭트와 같은 회사들은 디지털 환경의 다양성과 테크놀러지의 변화 방향, 그리고 사용자 경험의 중요성에 대한 이해를 보다 심화하고 전문화시켜나갔다. 시행착오를 거치기는 했지만 1990년대 초반부터 이어진 디지털 디자인전문회사들의 끊임없는 도전과 노력 덕분에 국내에서도 디지털 미디어/콘텐츠 디자인과 서비스/경험 디자인이 현재와 같은 수준의 방법론과 시스템을 갖추고 디자인산업의 중요한 영역으로 자리를 잡아갈 수 있었다.

　1960년대 중반에 수출 산업 육성 대책의 일환으로 시작된 우리나라의 디자인 진흥 정책은 KIDP 설립을 계기로 디자인전문회사들이 등장할 수 있는 여건을 조성하며 정책적으로 지원하는 노력을 기울여왔고, 그동안 국내 디자인전문 회사들은 위기를 기회로 삼아 양적으로만이 아니라 질적으로도 성장하며 국제 경쟁력을 키워왔다. 앞으로도 디자인 산업계에 대한 정부 차원의 정책적 관심과 지원이 계속 이어져 한국 디자인이 보다 큰 결실을 맺게 되기를 바란다.

1993 디자인발전 원년 및 디자인주간 선포

1993 우수디자인상품선정제 최초 대통령상 LG전자 냉장고(안규성, 박성규)

1994 산업디자인의 날 선포(5월2일)

1995 포장시험실 개소식

1996 국제산업디자인대학원 개원(초대 학장 유호민)

1996 초중고 교과서에 산업디자인 내용 수록

1997 2001세계산업디자인대회 유치 확정 기념식

1998 산업디자인센터(현 코리아디자인센터) 기공식

1998 한국디자이너대회 '어울림' 개최 (김대중 대통령 참석. 디자인계 최초의 대통령 주재 행사)

1999 제1회 산업디자인 진흥대회 김대중 대통령 참석, 청와대 영빈관에서 개최
1999 제1회 산업디자인 진흥대회에서 김대중 대통령이 서명하는 모습
1999 인터디자인 환송연(정경원, 노장우, 윤주현, 김철호 참석)
2000 세계그래픽디자인대회 어울림 일간뉴스
2000 세계그래픽디자인대회(icograda millennium congress) 개최
2001 호남지원 개원

1999 코리아디자인센터 성남시(분당 야탑) 건축현장
2000 코리아디자인센터 성남시(분당 야탑) 건축현장
2001 공사중인 코리아디자인센터

2001 세계산업디자인대회(ICSID) 개최

2001 제1회 디자인경영포럼 개최

2001 제3회 산업디자인진흥대회 김대중 대통령 참석

2001 한국산업디자인진흥원에서 한국디자인진흥원으로 명칭 변경 현판식(산업디자인진흥법 개정)

2001 코리아디자인센터 완공, KIDP 경기도 성남시로 이전(10월27일)

2002 국제디자인트렌드센터(IDTC) 개소

2002 디자인대학박람회 최초 개최

2003 디자인코리아2003 국제회의

2003 디자인코리아, 2003 디자인발전전략보고(노무현 대통령 권양숙 여사 참석)

2005 디자인대학박람회 개최

1993

디자인진흥원사

- 제8대 유호민 원장 취임
- 산업디자인 원년 및
  산업디자인주간 선포
- 제30회 무역의 날, 수출유공기관
  대통령 표창 수상
- 중소기업포장개발 종합상담실 설치

한국 디자인사

- 한국산업디자이너협회(KAID) 창립
- 디자인 관련 단체 5개
  사단법인으로 통합
- 삼성 신경영 선언 및 CI 변경
- 기아자동차 스포티지 출시
- 위니아 김치냉장고 딤채 출시

한국 사회사

- 문민정부(김영삼 대통령) 출범
- 「서편제」 개봉
- 대전세계박람회 개최
- 우루과이라운드 협상 타결

디자인계의 다양한 입장과 이슈를 공론화하다: 디자인 협회·단체의 쇄신

우리나라 디자인 관련 단체의 역사는 1945년 창립된 대한산업미술가협회까지 거슬러 올라가지만 본격적으로 생겨난 때는 1960년대 이후로 볼 수 있다. 1961년 서울대학교 응용미술과 졸업생들이 주축이 된 한국응용미술가협회가 결성되었고, 이후 1965년에는 한국선전미술협회와 한국공예가회, 1968년에는 한국상업사진협회와 한국만화가협회, 1969년에는 현대디자인실험작가협회가 연이어 결성되었다. 여기에는 1966년 제1회 《대한민국상공미술전람회》가 개최되며 공예를 그 뿌리로 하는 디자인이 본격적으로 시각, 공업, 공예 등으로 분리되기 시작한 점도 일정 부분 영향을 준 것으로 보인다. 이때부터 디자이너들은 분야별로 단체를 조직해 자신들의 이익을 대변하고 디자인을 통한 사회 기여에 나섰다.

1970년대에도 민간 차원에서 여러 디자인 관련 단체의 결성이 이어졌다. 그중 중요한 협회로 1972년 설립된 한국인더스트리얼디자이너협회와 한국그래픽디자인협회, 1973년에 설립된 한국공예가협회를 들 수 있다. 특히 한국인터스트리얼디자이너협회는 당시로서는 선구적인 산업디자인 전문 단체로, 서울대학교와 대학원에서 산업디자인 교육을 받은 8명의 디자이너에 의해 발족됐다. 초기에 이들은 국내에 생소했던 산업디자인을 알리고 저변을 확대하는 데 우선 순위를 두고 전시회를 중심으로 활동했다. 한국그래픽디자인협회는 시각 분야에서 두드러진 활약을 펼쳤으며, 국내 유일의 공예가들 모임이었던 한국공예가협회는 전통 공예를 발판으로 한국 현대 공예를 연구하고 개발할 목적으로 결성되었다. 한편, 학문적 차원에서도 1978년 '디자인에 관한 여러 분야의 학문적 연구와 산업 시대에 대응한 정보 교환 및 새로운 디자인의 개발에 따르는 교육적인 자세, 나아가 인류 사회에 공헌'을 목적으로 한국디자인학회가 발족했다.

이러한 디자인 단체의 설립과 활동은 1980년대에 더욱 전문화, 세분화되며 꾸준히 지속되며 디자인계에 존재하는 다양한 입장과 이슈를 공론화하는 데 기여하였지만, 한 분야에서도 여러 개가 공존할 정도로 여러 곳이 생겨나며 해당 분야의 역량을 한곳에 모을 수 있는 응집력이 약해지기도 했다. 1980년대를 거치며 어느덧 70여 개 이상으로 늘어난 이들 디자인 협회·단체들은 1990년대 들어 디자인 환경의 급격한 변화에 대처하기 위해 자체적인 혁신을 꾀하며, 때로는 통합을 통해 쇄신을 이루기도 했다.

1993년 한국인더스트리얼디자이너협회(KSID), 한국 디자이너협의회 산하의 공업디자이너협회(INDDA) 및 한국산업디자인전문회사협회(KIDCA)가 통합해 한국산업디자이너협회 (KAID)가 설립된 것이나, 한국시각디자인협회(KSVD)와 한국그래픽디자이너협회(KOGDA)가 통합해 한국시각정보디자인협회(VIDAK)가 출범한 일 등이 여기에 속한다. 산업자원부는 각 분야별로 통합된 5개 단체[53]에 대해 설립 허가를 하고 각 단체의 활동을 직간접적으로 지원해나갔다. 이어서 한국디자인산업연합회(KODIA, 1994), 한국디자인법인단체총연합회(현 사단법인 한국디자인단체총연합회. KFDA)가 창립(1995)했으며 '실용'에 방점이 찍힌 디자인을 학문적으로 정립하는 데 지속적인 어려움을 겪던 한국디자인학회 역시 1994년 KIDP에서 재발족 모임을 가진 바 있다. 이들은 KIDP와 함께, 우리나라 디자인계를 이끌어 오면서 현재까지도 디자인계의 중추적인 역할을 수행하고 있다.

24

디자인의 해, 디자인 주간:
산업디자인 발전의 원년

1994

디자인진흥원사

- 디자이너의 날 선포(5월 2일)
- 제1회 《전국중고생 산업디자인 공모전》 개최
- 서울 국제산업디자인박람회 개최
- 세계 산업디자인 심포지엄 개최
- 《서울 국제산업디자인교류전》 개최
- 《중소기업지도상품전》 개최

한국 디자인사

- 삼성전자 디자인연구소 설립
- 한국디자인학회 재발족
- 한국시각정보디자인협회 (VIDAK) 창설
- 광복50주년 기념휘장 제정
- 삼성 애니콜 브랜드 사용 시작
- KBS, MBC 디자인 특집 프로그램 방영
- 안그라픽스 『디자인사전』 발간
- 『인서울매거진』 창간

한국 사회사

- 김일성 사망
- 지존파 사건
- 성수대교 붕괴 사고
- 서울1000년 타임캡슐 매설
- 1인당 국내총생산(GDP) 1만 달러 달성
- 다음커뮤니케이션 설립
- 안철수연구소 설립
- 케이블 TV 본방송 개시

산업디자인은 생산 기술과 함께 제조업 경쟁력 강화의 핵심 요소로서 신경제 도약을 위하여는 독창성 있고 우수한 디자인 개발이 절대 필요합니다.

이는 1993년 7월 7일, 상공자원부가 '산업디자인 진흥 대책'을 발표하고 디자인에 대한 범국민적 인식을 높이기 위해 1993년을 산업디자인 발전의 원년으로 삼은 뒤 열린 '산업디자인 주간 선포' 기념식에서 동탑산업훈장을 받은 김교만 전 서울대 교수의 말이다.[52]

정부 차원에서 디자인산업을 장려, 진흥하기 위해 '디자인의 해'를 선포한 사례는 다른 나라에서도 찾아볼 수 있다. 일본은 1973년과 1989년을 각각 디자인의 해로 선포하고 나고야 세계디자인박람회 등 각종 국제 대회를 개최했으며, 대만도 1989년 이후 5월을 디자인의 달로 선정, 각종 국제 디자인 행사를 추진한 바 있다.

우리나라 또한 상공부와 KIDP의 주도로 산업디자인의 발전과 홍보를 위해 1993년 9월 1일부터 약 보름간 디자인 주간을 선정해 다양한 행사를 진행했다. 기념식을 비롯해 산업디자인 분야 발전에 공로가 있는 유공자에 대한 포상, 우수 디자인 수상작 전시, 산업디자인 개발 성공 사례 발표 등을 비롯, 관련 학생 및 일반인이 참가하는 '디자이너의 밤', '한일 공동 산업디자인 세미나' 등 다양한 디자인 행사를 개최해 일반인의 관심을 불러일으켰다. 또한 이듬해인 1994년 5월 2일을 '디자인의 날'로 제정, 선포해 디자인에 대한 관심을 이어나갔다. 이러한 디자인 주간과 디자이너의 날은 이후 '산업디자인의 날'이라는 명칭으로 1997년까지 지속되었다.

한편, 이러한 인식 확산을 위한 행사와 병행해 KIDP는 '산업디자인 발전 5개년 계획'을 수립해 추진하였다. 1993년부터 1997년까지 진행된 '제1차 진흥 종합계획'에서 주안점을 두었던 사업은 크게 다음과 같은 4가지로 정리할 수 있다. '생산 기술을 선도할 수 있는 독창적 디자인 중점 개발', '기업의 독자적인 개발 기반 조성', '산업디자인의 국제화', '디자인 의식 고취를 위한 범국민적 운동 전개'이다. 이를 위해 중소기업의 디자인 개발 지원, 산업디자인전문회사와 인력 육성, 정보에 대한 유통 체제의 구축, 국제 기술 협력 및 교류 강화 등이 세부 업무로 추진되었다.

1 1993년 디자인주간 선포식
2 1994년 디자인의 날 선포식

25

디자인 인재 조기 발굴:
한국청소년디자인전람회

1994

'미래의 주역이 될 청소년들에게 디자인의 중요성을 인식시키고 창의력과 재능을 겸비한 디자인 인재를 조기에 발굴하여 차세대 디자인 스타로 육성'하고자 시작된 《한국청소년디자인전람회》는 1993년부터 계획을 수립해 1994년 첫 행사를 개최했다.

시작은 쉽지 않았다. 디자인 분야의 발전을 위해서 자라나는 청소년들에게 산업디자인의 역할을 이해시키고 재능 있는 학생들을 조기에 발굴해 육성하고자 기획했지만, 기존 디자인 공모전이나 전시와는 대상이나 성격이 사뭇 달라 기획 단계에서부터 성공에 의문이 제기되었던 것이다. 관건은 일선 초, 중, 고등학교와의 네트워킹이었다. 행사를 준비하며 전람회에 대한 가능성을 설문 조사해 보니, 학교 교사들조차 산업디자인에 대해 막연히 이해만 할 뿐 개념조차 제대로 인식하지 못하고 있었다. 더욱이 입시 위주의 교육 제도도 행사에 불리한 여건을 조성했다.

이에 KIDP는 대학 교수, 교사, 교육 관계자 등으로 꾸려진 운영위원회를 통해 산업디자인과 교과 과정의 연관성을 부각시키고, 내실 있는 사업 계획을 수립함과 동시에 교육부장관상 등 교육부의 후원을 성사시키며 일선 학교들의 호응을 이끌어냈다. 또한 언론사와 공동 주최를 모색하면서 일선 학교를 직접 방문해 사업을 설명하고 참여를 독려했다.

1   1999년 제6회《초·중·고등학생산업디자인전람회》개막식
2   2002년 제9회《한국청소년디자인전람회》관람
3   2005년 제12회《한국청소년디자인전람회》개막식

2018년 제25회 《한국청소년디자인전람회》 시상식

어려운 준비 과정을 거친 후 1994년 6월 1일 개최한《제1회 전국 중·고등학생 산업디자인공모전》은 동양권에서는 최초로 청소년을 대상으로 한 디자인 전람회였다. 총 1,157점이 출품되었고 419명의 수상자를 배출했다. 뒤이어 9월에 열린 제1회 전국 초등학생 산업디자인공모전에는 3,221점이 출품되어 792명의 수상자를 배출했다. 준비 과정에서 있었던 우려와 달리 공모전에는 기대보다 높은 다양하고 참신한 아이디어들이 엿보이는 작품들이 출품되었으며, 두 행사를 합쳐 총 7만 4,533명이 전시회를 찾았다. 처음에는 초등학교와 중·고등학교를 분리해 행사를 열었지만, 질적 수준 향상과 내실화를 위해 여름방학 후인 9월 말에서 10월 초에 동시에 개최하는 방식으로 변경하고 명칭도 공모전에서 전람회로 바꾸었다.

이듬해 5,457점이 출품된 이 행사는 이후 해가 갈수록 그 수준이 높아지며 성과를 거두기 시작했다. 2009년 초에 1회부터 15회까지 수상한 학생들을 대상으로 진로 현황을 조사한 결과 213명 가운데 158명(74%)이 디자인학과를 졸업하거나 재학 중일 정도로《한국청소년디자인전람회》는 질적인 측면에 있어서도 좋은 결실을 맺으며 KIDP의 주요 사업 중 하나로 자리 매김하고 있다. 세계 속의 디자인 강국이 되기 위한 다양한 노력 중 기초 단계라 할 수 있는 미래의 주역을 키우고, 디자인 영재 조기 발굴을 위한 노력이《한국청소년디자인전람회》를 통해 이뤄지고 있는 것이다.

26회를 맞이한 2019년은 '나이에 상관없이 초·중·고등학교 재(휴)학 중인 사람'과 '8~19세 사이의 청소년'들을 대상으로 제품디자인, 시각/정보 디자인, 디지털미디어/콘텐츠 디자인, 공간/환경 디자인, 패션/텍스타일 디자인, 서비스/경험디자인, 산업공예 디자인 등 7개 분야로 나누어 공모를 진행했다. 수상자는 KIDP 어워드 통합 멘토링에 참여해 역대 수상자들과 네트워킹의 기회를 갖고, 해외 주요 디자인 거점을 찾아 디자인 선진 사례를 배우는 '해외 디자인 견학', 국내 최대 규모의 디자인 박람회인《디자인코리아 페스티벌 2019》에 작품을 전시하고 홍보를 지원받는 등의 혜택을 받았다.

26

기억에 오래 남는 디자인:
브랜드 디자인

1995

'브랜드'란 과거 소를 구별하기 위해 불에 달군 인두로 찍은 행위인 낙인으로부터 파생되었다. 오늘날 이는 대중들에게 각인시키는 이름이나 상징의 의미로 사용된다. 브랜드가 시장에서 중요한 마케팅 수단으로 사용되기 시작한 것은 20세기로, 미국 마케팅협회는 브랜드를 '판매자나 개인이 시장을 통해 제공하려고 하는 제품이나 서비스를 특징 짓고 경쟁 상황에서 차별화하기 위해 만든 네임, 로고, 상표, 패키지'라고 정의하고 있다. 이후 브랜드의 의미는 더욱 확장되어 제품, 서비스뿐만 아니라 나라, 지역, 개인까지 그 영역을 확장하고 있다.[54]

우리나라도 이러한 브랜드에 대한 중요성을 인식하고 브랜드 디자인의 대표라 할 수 있는 CI(Corporate Identity) 개발에 눈을 뜨기 시작했다. 대표적인 예가 바로 양승춘 디자이너가 진행했던 OB맥주의 CI 개발이다. 양승춘은 1960년대 후반 국내에 진출한 코카콜라의 CI를 보고 충격을 받은 이후, 1970년대부터 1990년대까지 수많은 국내 기업과 상품의 CI 개발 작업에 참여했다. 국내 기업들이 브랜드 디자인에 눈을 뜬 기폭제가 된 88서울올림픽의 엠블럼 디자인도 그의 작품이다. 88 서울올림픽의 마스코트 호돌이를 디자인한 김현 역시 디자인파크를 설립하고 400건이 넘는 기업 CI와 BI(Brand Identity) 개발

에 참여하며 우리나라 브랜드 디자인 발전에 한 획을 그었다.[55]

강현주 인하대학교 교수는 "한국 현대 그래픽 디자인의 황금기를 88서울올림픽 유치가 확정된 때부터 IMF 외환 위기가 발생하기 이전까지의 시기"라고[56] 과감하게 이야기하기도 했는데, 여기에서도 브랜드 디자인은 큰 영향을 미쳤다. 1970년대까지만 해도 CI 디자인은 주로 대학 교수들의 디자인 연구실에서 이뤄졌지만 1980년대 들어서는 디자인 포커스(1983), 디자인파크(1984), 심팩트(1988), 인피니트(1988) 등 관련 디자인전문회사들이 등장하며 양적, 질적 성장을 주도해 나갔다.

또한 랜도 어소시에이츠 한국 사무소(1987), 인터브랜드코리아 (1994) 등 외국계 디자인 회사들도 한국에 진출해 주로 대기업들을 대상으로 브랜드 디자인 프로젝트를 진행하는 일이 많아졌다. 그중에서도 한국의 대표적인 대기업이라 할 수 있는 삼성과 LG의 CI 개발(각각 1993년과 1995년)은 디자인계를 넘어 산업 전반에 큰 영향을 미쳤다. 특히 1995년 발표된 LG의 새로운 CI는 도입 초기 디자인에 대한 논란이 일 정도로 화제의 중심이었다. 당시 화학 분야의 '럭키'와 전기, 전자, 통신 분야의 금성사를 중심으로 분산되어 '럭키금성'이라는 이름으로 운영되고 있었는데, 양대 주력 사업 분야의 브랜드를 포괄하고 기타 사업 분야까지 브랜드 이미지를 망라하는 LG라는 CI를 탄생시켰다. 미래의 얼굴이라는 심벌마크로 알려진 LG의 CI는 전 세계적으로 성공한 사례로 손꼽힌다.

이렇듯 기업을 중심으로 이미지를 일관성 있게 통합 관리하고 고객의 기억에 오래 남을 수 있는 브랜드 디자인 활동들이 활발히 지속됨에 따라, 2000년대 들어서는 서울을 비롯한 지방자치단체에서도 브랜드 디자인의 열풍이 불었다.[57] 또한 2000년, 산업자원부는 디자인브랜드과로 진흥 담당 부서를 개편하여, 1999년부터 매년 대한민국디자인진흥대회를 통해 개최하던 《대한민국디자인대상》이 2001년부터 2004년까지 《대한민국디자인 및 브랜드대상》으로 명칭을 바꾸고 브랜드 경영 기업에 대한 포상을 추가했다.[58]

27

국제적 감각을 지닌 디자인 리더: 국제산업디자인대학원

1996

국제적인 디자인 전문가를 육성하기 위한 산업디자인 현장 실무 위주의 교육 시설에 대한 필요성은 한국 디자인이 어느 정도 단계에 오른 이후 꾸준히 제기된 문제다. 당시 산업디자인이 고유 영역을 확보하고 발전해 온 독일, 영국을 비롯한 해외 디자인 선진국의 경우, 정부로부터 예산 전액을 지원받는 특수 산업디자인 대학교와 대학원을 운영하고 있었다. 이들 학교는 산업계와 학계가 연계해 실무와 관련된 전문적인 교육을 진행하고, 이를 통해 배출된 우수한 인력으로 산업디자인 선진국의 위상을 지키는 데 기여해왔다. 그에 비해 우리나라는 1990년대 중반 대학의 산업디자인 관련 배출 인력은 수만 명에 달하는 폭발적인 양적 증가를 이루어냈지만, 산업디자인 학과의 80퍼센트가 미술대학에 소속되어 있어 업계가 필요로 하는 실무 교육이 미흡했다. 이로 인해 산업디자인을 전공하고 기업에 입사한 인력은 곧바로 현장에 투입되지 못하고 짧게는 6개월부터 길게는 3년까지 재교육 과정이 필요한 실정이었다.

이러한 문제를 인지하고 당시 통상산업부는 예술 성향이 강한 기존 디자인 교육과는 차별화한 공학, 기술, 마케팅, 경영에 대한 지식과 실무를 중시하는 커리큘럼을 설계해 KIDP 부설 국제산업디자인대학원(International Design school for Advanced Studies,

IDAS)을 설립했다. 이 대학원은 학부 과정 없이 산업디자인 석사 학위를 인정하는 단설 대학원으로, 1996년 9월 3일 개원했다. 실무 중심의 엘리트 디자이너, 국제적 감각을 지닌 디자인 리더를 배출하기 위한 교육이 목적이었다.

개원 당시 초대 이사장으로 윤영석 대우그룹 총괄회장이 선임되었고, 학장은 유호민 당시 KIDP 원장이 선출되었다. 진기 및 전자 디자인, 기계 디자인, 가구 디자인, 그리고 유리 디자인, 스포츠화 디자인, 텍스타일 디자인 중 2개 분야를 선택하게 했으며, 기존 대학원과는 달리 연간 3학기제였다. 전임 교원은 외국인 산업 디자이너 및 교수로 강의는 모두 영어로 진행했다. 국제산업디자인대학원의 개원은 이론 중심의 교육으로 산업 현장과 동떨어지고 실무 교육이 부족했던 기존의 산업디자인 교육계에 큰 자극을 주는 계기가 되었다.

이후 1999년 디자인 경영에 대한 인식과 사회적 기반을 마련하기 위해 디자인혁신정책과정(DIP)인 뉴밀레니엄 과정(최고경영자 과정)을 개설했고, 2001년부터 박사 과정을 운영함으로써 본격적인 디자인 전문 대학원의 모습을 갖추게 되었다. 이와 함께 제1호 디자인혁신센터(DIC)와 국제디자인트렌드센터(IDTC)를 개원해 최신의 교육 시스템을 제공함으로써 우리나라 디자인의 국제 경쟁력을 높이는 역할을 수행하고 있다. 2001년에는 한국디자인진흥원 연건동 부지가 홍익재단에 매각됨에 따라 국제산업디자인대학원은 홍익대학교로 합병되었고, 2004년부터 국제디자인전문대학원으로 명칭을 변경해 지금까지 운영되고 있다.

국제산업디자인대학원 준공식

28

디자인 발전의 풀뿌리, 조사와 연구 개발: 디자인 R&D

1997

디자인진흥원사

- 제9대 노장우 원장 취임
- 「산업디자인·포장진흥법」
  「산업디자인진흥법」으로 제명 개정
- 한국산업디자인포장개발원에서
  한국산업디자인진흥원으로 명칭 변경
- 산업디자인정보화프로젝트(MIDAS)
  5개년 계획 착수
- 1차 산업디자인 기반기술 개발
  지원사업(1차년도 15개 프로젝트)
- 공인디자인전문회사 100개 돌파
- KIDP 홈페이지 오픈
- 코리아디자인센터 설계 당선작 발표
- 국제산업디자인대학원 1회 졸업생 배출
- 디자인경영 상담실 개설

한국 디자인사

- 통상산업부, 산업디자인 병역혜택 추진
- 세계디자인총회(ICSID)
  서울 유치 확정
- 2000년 ICOGRADA 총회
  한국 유치 확정
- 제1회 한국산업디자인상 제정
  (한국산업디자이너협회)
- 「디자인네트」 창간
- 이미지드롬의 nixandstorm
  월간디자인 선정 디자인대상
  멀티미디어 부문 수상

한국 사회사

- 대한항공 801편 괌추락사고
- 외환위기 IMF 구제금융 요청
- 네이버 서비스 시작
- 한보그룹 부도사태
- 야후 서비스 개시
- 사이버 가수 아담 탄생

KIDP가 디자인 분야의 기초 자료를 수집하고 연구, 조사한 역사는 설립 초기인 1972년 실시한 '디자인 센서스'까지 거슬러 올라간다. 당시 시급한 과제였던 포장 관련 각종 조사 사업을 비롯해 디자인 분야에서 활용할 수 있는 기초 실태 위주로 조사가 이뤄졌으며, 이렇게 모아진 자료를 분석, 가공해 정부와 유관 기관 및 단체, 기업, 학계 등에 배포하여 연구 개발과 정책 수립의 기초 자료로 활용할 수 있게 하였다. 1980년대에는 점차 해외로까지 조사 범위를 넓혀 해외 시장 동향 및 각국의 디자인 현황, 최신 기술 및 정보, 소비자 기호도 등 기업의 디자인 개발에 필요한 조사 활동을 넓혀 나갔다. 이와 함께 1990년대 중반까지는 국내외 업체, 전문회사, 학교 등 전문 인력에 대한 기초 조사가 주류를 이루었다.

KIDP의 조사 연구 활동에 큰 변화가 온 때는 1993년으로, 이때부터 정부와 산업계, 학계가 유기적으로 협력을 통해 디자인 개발을 추진할 수 있는 토대를 마련하고 중장기적으로 국가 경쟁력을 강화시킬 수 있는 전략을 수립, 체계적인 조사 업무를 수행하게 되었다. 향후 디자인 자립 기술과 디자인 선진국 진입을 위한 기초 기반 연구 개발을 본격적으로 시작한 것도 이 때의 일이다.

이러한 조사와 연구 개발 사업은 2000년대 들어

서서히 가시적인 성과를 내기 시작했다. 먼저 조사사업의 경우 2002년부터 한국 디자인산업, 투자 및 개발 현황, 경쟁력, 인식 및 선호도 등 국내외 디자인 관련 기반 자료에 대한 조사를 강화했으며, 2005년부터 '산업디자인통계조사'로 공식 명칭을 정하고 격년으로 조사를 실시했다. 2011년부터는 디자인의 경제적 가치에 대한 측성으로 범위를 확산해 나갔다. 2014년부터는 조사 주기를 격년에서 1년 단위로 바꿔 좀 더 촘촘한 데이터베이스를 구축해 나갔다. 자료가 누적되자 각종 분야에 대한 입체적인 현황 파악이 가능해지고, 국가 차원의 디자인 정책 수립은 물론 기업의 의사 결정과 중장기적인 디자인 경영 계획 수립이 한층 수월해지는 효과를 가져왔다. 또한 2008년 이후 KIDP가 수행한 조사 자료는 국가 승인 통계로 인정되었으며, 2019년 통계청 국가승인통계 중 정기품질진단에서 높은 점수를 받아 국가통계로서의 공신력을 더하였다. 디자인 인접 산업인 생활소비재산업 현황 파악을 위해 산업분류체계를 연구·기획하였으며 해당 산업 실태조사도 실시하고 있다.

KIDP가 1994년부터 2008년까지 시행한 기초기반 연구개발 사업, 즉 '디자인 R&D'는 디자인 분야의 기술 개발을 통해 국가의 산업 경쟁력을 높이기 위한 목적으로 시작되었다. KIDP의 설립 초기부터 디자인 R&D라고 부를 수 있는 사업이 존재하긴 했지만, 개별 기업에 대한 디자인 지도나 개발 지원 위주로 진행되었고, 예산의 한계로 인해 사업의 혜택을 받는 기업은 수요에 비해 늘 턱없이 부족했다. 특히 1990년대 후반 이후 지식기반 사업의 핵심 분야로 디자인이 부상하면서 산업계의 많은 기업들과 기관, 디자이너들이 함께 공유할 수 있는 디자인 기반의 기술 개발이 필요하게 되었다.

KIDP가 1994년부터 2008년까지 진행한 디자인 기반기술개발 연구의 규모는 1,937억 9,100만 원이다. 연구 개발의 범위는 광범위했는데, 디자인에 대한 학문적 고찰부터 소비자 조사, 공용 데이터베이스 구축, 실용 기술에 이르기까지 다양한 분야의 디자인 관련 연구 과제들을 발굴하고 연구, 개발에 힘을 쏟았다. 특히 이러한 디자인 기술개발에 대해 수요자가 단계별, 상황별로 필요할

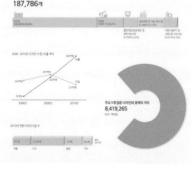

산업디자인
통계조사
2014

2014 KOREA DESIGN
STATISTICAL DATA

2011, 2014, 2018년 『산업디자인 통계조사』 표지.

때 선택해 활용할 수 있도록 '공통 요소 기술', '기초 기반 기술', '전유 기술' 등으로 다양한 단계와 수준으로 나누어 고르게 지원했으며, 학교, 디자인 기업, 일반 기업이 보유하고 있는 모든 형태의 연구 조직이 참여할 수 있도록 하여 연구 결과의 질적 수준을 높이고 디자인계의 연구 역량이 전반적으로 강화될 수 있도록 기획했다.

2009년에는 정부의 공기업 선진화 방안에 따라, 한국산업기술재단, 한국산업기술평가원, 한국부품소재산업진흥원, 한국기술거래소, 정보통신연구진흥원, 한국디자인진흥원, 국가청정생산지원센터 등 기존 R&D 관련 기관 7개의 기능 전체, 혹은 일부를 통합해 한국산업기술진흥원(KIAT)과 한국산업기술평가관리원(KEIT)이 출범함에 따라, KIDP가 전담하던 디자인 R&D 사업 전체가 한국산업기술평가관리원으로 이관되었다.

2010년 디자인 R&D 사업과 인접 분야를 결합하고 확장해 또다른 사업들을 모색한 바, 기존부터 수행해오던 디자인 기술개발사업 중 연구 과제 지원 성격을 지닌 디자인소재·표면처리 기술개발 등의 사업을 통합하여 '토탈디자인기술개발사업'으로 확대, 개편하였다. 이처럼 급변하는 시대 변화에 대응하기 위한 유연성을 확보하고 디자인이라는 개념이 광범위하게 확장되면서 디자인에 대한 연구 개발의 스펙트럼 또한 넓어진 환경을 반영하고 있다.

2018년에는 선행 디자인 연구 과제로 미래 환경 예측 연구 강화, 미래 유망 기술의 디자인 적용, 디자인이 주도하는 제조혁신·공공서비스, 혁신·사회안전망 재구축 등 12대 미래 디자인 아젠다를 기획하여 실행에 나서고 있다. 산업디자인통계조사는 통계청이 시행한 2019 통계품질진단에서 98.9점을 받아 신뢰할만한 통계로 평가받기도 했다.

29

디자인개발지원과 디자인성공사례: 디자인성공사례 베스트 10

1997

상품을 구매하는 소비자 입장에서 상품의 기능이나 성능, 용도의 우수함과 더불어 상품의 디자인이 구매를 하는 데 있어 큰 비중을 차지하고 있음은 과거부터 현재까지 여러 조사와 경험을 통해서 입증된 사실이다. KIDP는 과거부터 우수 디자인 개발 사례를 통해 기업의 상품 디자인의 품질을 높이려는 다양한 사업을 진행해 왔다. 1985년에 시작된 우수디자인(GD) 마크제 실시도 이러한 사업의 일환이라고 할 것이다. 특히 본래 KIDP의 설립 취지였던 디자인 포장 분야의 업무가 1980년대부터 점차 축소되는 대신 한국의 독창적인 디자인 개발이 중요해짐에 따라 1990년대 들어 기업에 대한 체계적인 디자인개발지원사업은 KIDP의 주요 사업 중 하나로 자리매김하게 된다.

때마침 침체된 경기를 회복하고자 정부가 실시한 '신경제 5개년 계획'(1993~1997)은 이러한 흐름에 중요한 계기를 마련해주었다. KIDP는 1993년을 산업디자인 발전의 원년으로 삼아 산업디자인 발전 5개년 계획을 추진한 바, 1993년부터 1997년까지 진행된 '제1차 진흥종합계획'에서 주안점 중 하나가 바로 디자인 개발이었다. 즉 당시 세계 디자인계와 비교해 뒤처져 있던 산업디자인 수준을 끌어올리기 위한 사업이 '디자인개발지원사업'이라는 이름으로 1994

년부터 시작된 것이다.

　구체적으로 사업의 변천 과정을 살펴보면, 사업 초기인 1994년부터 1996년까지는 기업에 대한 '진단 - 지도 - 디자인 개발 - 홍보 및 판촉 지원' 등 4단계로 시행되었고, 이후 효율적인 시간 및 인력 운용, 행정 절차의 간소화를 고려해 1997년부터는 지도 단계를 폐지하였다. 1999년부터는 진단 단계를 디자인 개발 단계에 포함시켜 개발 상품의 실적 향상 및 내실화를 꾀했다. 산업자원부에서 선정하는 '세계일류상품'의 디자인 혁신을 위해 2003년 이후 운영한 '세계일류상품 디자인·브랜드 지원단', 글로벌 시장에서의 국제 경쟁력을 강화하기 위해 2004년부터 시행한 '디자인소재·표면처리 기술개발사업', 한 발 앞선 디자인 개발로 세계 시장을 선점할 수 있는 디자인전문회사 육성을 위해 2007년부터 추진한 '선행디자인개발사업' 역시 이러한 디자인개발지원사업의 연장선상에서 이뤄진 사업들이다. 이렇게 그 전까지 디자인 개발 여력이 없는 중소기업을 대상으로 시행되던 '기술지도 사업'에 체계적인 개발 지원 시스템이 더해지고, 시행 과정을 거치며 사업이 정교화되자 괄목할 만한 성공사례가 나오기 시작했다.

　디자인개발지원사업에 대한 성과는 1994년 7월 개최한 '산업디자인개발 성공사례 선정 및 전시'를 필두로, 1995년 6월 열린 《산업디자인성공사례(SD)전》을 거쳐, 1997년 지원사업의 일환으로 상품화에 성공한 기업들을 대상으로 선정한 《디자인성공사례 베스트10》으로 이어졌다. 특히 당시 IMF 사태로 어려워진 경제 상황에서 이를 극복하고, 소비가 줄면서 판매 부진에 빠진 우리 중소기업의 사기를 진작시키고자 실행한 '베스트 10 선정'을 통해 기업의 디자인 개발에 대한 투자 의지를 확산시키고, 소비자에게도 수준 높은 디자인 상품을 알림으로써 상품의 매출이 오르게 됨을 확인할 수 있었다. 1997년 처음 선정된 '디자인성공사례 베스트10'의 경우 선정된 업체 평균 매출액이 선정 전과 비교해 약 122퍼센트 증가한 것으로 조사됐으며, 그중 단일 품목에 대한 매출액은 평균 295퍼센트 증가한 것으로 나타나 디자인 개발의 중요성을 증명해 주었다.

　지원사업의 규모 또한 사업 시행 이전인 1993년 5개 업체에 10억여 원의 상품화 지원이 이뤄진 반면, 1997년에는 115개 업체에 대해 155억여 원의 지원이 이루어지며 중소기업의 디자인 경쟁력 재고에 기여했다. 디자인성공사례 베스트 10은 이후 2002년부터 2008년까지 '석세스디자인(Success Design) 상품'으로 이름을 바꾸고 선정 제품을 확대했으며, 인증서를 부여하여 디자인성공사례를 널리 홍보하는 데 일조했다. 한편 이와 병행해 1994년 개최한 《산업디자인지도신상품전》, 1995년부터 1999년까지 개최한 《중소기업 산업디자인개발 신상품전》 역시 디자인 지원을 받은 상품의 홍보 및 판촉에 도움을 주기 위한 사업의 일환이었다. 건강·레저용품, 식품, 완구·교육용품, 문구·사무용품, 인테리어·가구·생활용품, 패션·잡화, 산업기계, 문화용품, 가전용품, 기타 산업디자인 개발 관련 상품 등이 총 망라된 이 전시를 통해 KIDP는 기업의 매출을 높이고, 새로운 판로를 개척하는 데 도움을 제공함과 동시에, 디자인 경영의 성과를 확산하는 데 일조했다. KIDP가 수행한 디자인개발지원사업은 현재까지도 디자인 중심의 혁신 성장 모델을 발굴하고 이를 확산시키고자 시행하고 있는 '디자인혁신 유망기업 육성사업'으로 그 맥을 이어오고 있다. 관련하여 정부는 2019년부터 2022년까지 디자인혁신유망기업 240개를 추가로 선정, 육성한다는 방침이다. (2019.9. 산업통상자원부)

1 1999년 'BEST 10 디자인상품 선정'
  심의위원회 광경
2 1999년 《중소기업 산업디자인
  개발신상품전》 개막식

30

세계로 가는 길목:
한국디자이너대회

1998

디자인진흥원사

- 영남지역분원 개원
- 한국디자이너대회 '어울림' 개최
- 《어울림 한국 현대포스터 대전》 개최
- 창업디자인 박람회 개최
- KIDP 법제팀 신설
- 코리아디자인센터 기공식
- 제2차 진흥종합계획 수립 (1998-2002)

한국 디자인사

- 디지털캐스트 세계 최초 상용 MP3 플레이어 개발
- 대우자동차 마티즈 출시
- 제1회 《한국 캐릭터디자인 공모전》
- 진로 참이슬 브랜드 디자인
- 웹디자인 에이전시 FID 설립

한국 사회사

- 금 모으기 운동
- 김대중 정부 출범
- 리니지 서비스 시작
- 일본 대중문화 개방
- 금강산 관광 시작
- 인터넷서점 YES24 개점

'세계화'라는 말이 국제적으로 널리 사용되기 시작한 때는 1980년대로 거슬러 올라가지만, 우리나라에서 화두가 된 것은 김영삼 정부가 들어선 이후의 일이다. 문민정부 출범 후 1년 뒤인 1994년 4월 국무총리실 산하에 설치된 국제화추진위원회와, 12월 그 뒤를 이은 세계화추진위원회는 급변하는 국제 여건 변화에 대응하여 "정치·경제·사회·문화 등 각 분야를 세계적 수준으로 향상시키고, 세계 질서의 확립에 능동적으로 참여하며, 국제 사회와의 협력을 적극적으로 증진시키기 위한 정책 과제를" 추진하기 시작했다. 1996년 6월, 세계화추진위원회가 발표한 '디자인 산업 세계화 방안'은 그 결과물 중 하나였다. 이 연구는 2000년까지 디자인 선진국 진입을 위한 기반을 조성하고자 기획된 다양한 전략을 담고 있었는데, 그중 하나가 2001년을 '디자인의 해'로 선포하고 '세계 디자인 페스티벌'(가칭)을 개최하는 계획이었다. 1997년 세계그래픽디자인대회와 세계산업디자인대회의 서울 유치가 연이어 성공한 배경에는 정부가 추진한 이러한 세계화 정책도 한몫을 한 셈이다. 특히 세계산업디자인대회의 경우 1993년부터 추진한 '산업디자인 발전 5개년 계획'에서부터 대회 유치를 꾸준히 추진해 온 터라 밀레니엄을 맞이해 개최하게 된 데 대한 디자인계의 기대감은 클 수밖에 없었다.

이러한 기대에 부응해 1998년 4월, 연이은 국제적인 디자인 행사를 앞두고 성공적인 추진을 다짐하는 행사가 한국종합전시장 국제회의장에서 열렸다. 바로 KIDP와 한국디자인법인단체총연합회가 주최한 한국디자이너대회 '어울림' 이었다. 이날 행사는 '디자인 혁명, 수출 2배, 경제 르네상스'라는 주제로 김대중 대통령을 비롯, 700여 명의 디자이너, 정부, 문화계, 교육계, 업계, 언론계 인사 등 총 1,000여 명이 참석했다. 이 자리에서 김대중 대통령은 "21세기는 문화와 경제가 하나가 되는 문화 경제의 시대가 될 것이며 두뇌 강국이 세계를 지배하게 될 것이다. 디자인산업은 이 같은 시대적 요구를 가장 충실히 반영하고 있는 핵심적 문화 산업이다. 향후 디자인 정책을 대폭 강화할 것이다"라며 정부 차원에서 디자인의 중요성을 강조했다.

이 행사는 시기적으로 IMF 구제금융으로 국내 경제가 타격을 입고 있던 시기에 수출의 중요성을 더욱 부각하며, 디자인계의 결집과 산업 경쟁력 증진에의 적극적 참여를 독려한 것이다. 동시에, 2000년과 2001년에 열리는 양대 세계 디자인 대회의 주제로 '어울림'을 제시해 디자인계의 적극적인 참여 의지를 다지고, 세계 속에 한국 디자인의 위상을 높이고자 했다는 점에서 의미를 지닌다.

'어울림'이라는 행사의 제목은 우주의 음양 원리를 바탕으로 동양과 서양, 인간과 자연, 기술과 정신, 남과 여, 빈과 부, 남과 북 등 모든 대립적 요소들을 하나로 어우르는, 그래서 새롭게 완전한 하나를 만드는 우리 고유의 사상으로 새로운 천 년을 맞이하는 디자인 이념으로 제시되었다. 이후 이 '어울림'이라는 주제는 양대 세계 디자인 대회의 사전 행사 성격으로 열린 1999년의 《어울림 한민족포스터대전》과 '어울림 국제디자인포럼'에서도 이어졌다.

《어울림 한민족포스터대전》은 분단 이래 처음으로 한국과 북한 디자이너의 작품이 한자리에 모여, 이념과 분단 국가라는 특수한 상황을 극복하고 화합하는 자리를 마련하는 계기가 되었다. 1999년 6월 3일부터 6일간 KIDP 전시장에서 열린 행사에는 한국 측 313점, 북한 측 56점 등 총 369점이 전시되었다. '어울림 국제디자인포럼'은 양대 세계 디자인 대회를 기념하기 위한 환영 행사로서, 세계 최초로 세계 디자인의 3대 기구인 ICSID, ICOGRADA, IFI가 한자리에 모여 서로 화합을 도모하는 자리를 마련했다는 데 의미가 있다. '인터디자인'99', 'x.D 1999', 'WING 1999' 등의 세미나, 현장 워크숍 중심의 3개의 행사로 구성되었다.

이외에도 1990년대 후반, 디자인에 대한 정부 차원의 관심과 흐름은 1999년 제1회 산업디자인진흥대회 및 대한민국디자인대상 도입으로 연결되었다. 국

1 1997년 세계그래픽디자인대회와 세계산업디자인대회 대회 유치 발표 직후 환호하는 장면
2 1999년 《어울림 한민족포스터대전》
3 1998년 한국디자이너대회
4 제1회 산업디자인진흥대회, 대통령 및 디자인계 인사 서명록

내 디자인 공식 행사로는 처음으로 대통령이 직접 주재한 대한민국디자인진흥대회는 21세기 디자인 선진국 진입을 목표로 범국민적인 디자인 붐을 조성하기 위해 시작되었으며, 대한민국디자인대상과 우수디자인(GD) 선정 우수 사례 발표 및 시상식을 함께 진행해 디자이너의 사기를 진작시키고 경영자로 하여금 디자인 경영을 독려함으로써 국가 디자인 경쟁력 향상에 기여했다.

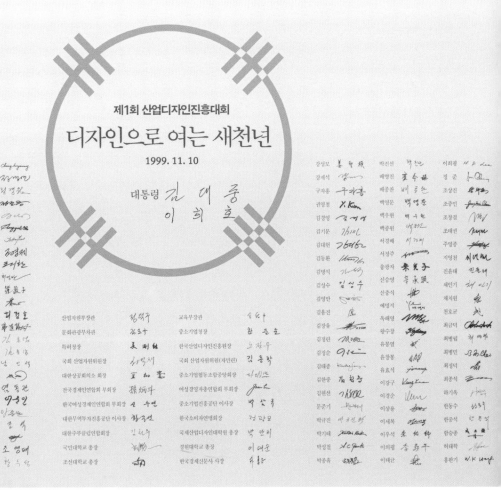

31

기업의 디자인 전략: 디자인 경영

1999

디자인 경영(Design Management)이란 '상품, 서비스, 조직에 디자인의 개념을 구체화해 기업의 생산성과 경쟁력을 높이는 지식 경영 방안'이다. 기업의 각 부문에 디자인 개념을 적용하고 통합하는 디자인 경영은 1920년대에 독일의 아에게(AEG)사에서 처음 시도되었다. 이후 이 개념은 1940년대 이탈리아의 올리베티를 거쳐, 최근 들어서는 세계적 기업들의 핵심 경영 전략으로 채택되어 적용, 운영되고 있다.[59]

우리나라도 1990년대 들어 LG전자와 삼성전자 등 대기업들의 주도로 디자인 경영에 대한 관심이 커졌다. 일찍이 1970년대부터 디자인 연구실을 설치하고 본격적인 산업디자인 개념을 도입한 LG전자는 1990년대 초반부터 디자인을 통한 기업 경영을 시도했으며, 삼성전자는 1996년 '디자인 혁명의 해'를 선포한 이후 가시적 성과가 나오기 시작했다.[60] 좀 더 넓은 시야에서 바라보자면 1990년대 들어 점차 국내 기업들이 해외 시장에서 가격이 아닌 제품의 품질과 디자인으로 세계적인 기업들과 경쟁해야 하는 상황에 처하게 됨에 따라, 디자인 경영은 점차 선택이 아닌 필수 요소가 된 것이다. 1990년대 들어 대기업들이 앞다투어 CI를 정비하고 브랜드 이미지를 재고한 것 역시 같은 맥락으로 볼 수 있다.

이러한 디자인 경영이 국가와 산업계의 화두로

떠오르면서 1999년 3월 24일 KIDP는 제1차 디자인경영포럼을 열었다. 동아 일보사와 공동으로 개최한 이 행사에는 미국의 디자인 전략가 폴 쿤켈과 김영세 이노디자인 대표가 참석해 '애플의 아이맥 컴퓨터 창출 컨셉트 사례를 통해 본 기업의 디자인 전략'과 '기업의 경쟁력 강화를 위한 디자인 전략'을 각각 발표했다.

한편 '디자인코리아'를 표방하며 산업자원부 주최, KIDP 주관으로 1999년 청와대 영빈관에서 대통령 주재로 열린 제1회 산업디자인진흥대회에서는 대한민국디자인대상 시상을 통해 디자인 경영에 대한 성과를 포상했다. 디자인 경영을 실천한 우수 기업을 포상함으로써 기업의 디자인 경영을 유도하고 디자인에 대한 투자와 개발을 촉진하려는 데 시상의 목적이 있었다. 이 상은 디자인이 단순히 제품 생산 과정의 일부가 아닌 기획, 개발, 마케팅을 포함하는 경영 전반으로 확장되었음을 보여줌으로써 기업들이 디자인 경영에 관심을 갖는 데 큰 자극을 주었다. 이외에도 디자인 공로 부문을 두어 디자인산업 발전에 기여한 공로자를 포상하고, 이를 통한 사기 진작, 디자인 경쟁력의 주역인 디자이너들의 자긍심을 고취시키고자 했다. 제1회 대한민국디자인대상 디자인경영 부문 대상은 LG전자가, 제2회는 삼성전자가 수상했고, 조영제 서울대 교수, 박종서 현대자동차 전무 등 한국의 산업디자인이 발전하는 데 큰 역할을 수행한 디자이너들이 훈장과 표창을 받았다.

이듬해인 2000년에는 KIDP 원장으로 KAIST 산업디자인학과 교수이자 디자인 경영 전문가인 정경원 박사가 공채로 선발되어 취임했다. KIDP 설립부터 30여 년간 퇴역 군장성 출신이나 정부 관료들이 원장을 맡았던 관행에서 벗어나 KIDP 역사상 최초로 디자인 전문가가 원장으로 취임한 것이다. 이어 디자인 전문가로 LG전자 부사장 출신 김철호(2003-2006) 원장이, 2018년에는 서울대학교 디자인학부 윤주현 교수가 원장으로 취임하였다. 이는 디자인산업의 중요성이 강조되던 시기에 디자인 진흥에서 전문성을 높여야 한다는 데 정부와 디자인계의 요구가 일치한 결과였다.

32

세계 디자인계 화합의 장:
어울림

2000

디자인진흥원사

- 제10대 정경원 원장 취임
- 디자인디비닷컴(designdb.com) 오픈
- 중국 베이징 산업디자인진흥원 (BIDPO), 이탈리아 디자인협회, 프랑스산업 디자인진흥청과 업무협정 체결
- 디자인혁신센터(DIC) 설립 (부산, 경기, 광주, 대전)
- 2001 대한민국디자인대상 시상식 개최
- 2000 세계그래픽디자인대회 개최
- ASEM III 개최기념 특별전시회 (세계 청소년 디자인대전 Designit, Digital Korea 등) 개최
- 밀레니엄디자인어워드 2000 개최

한국 디자인사

- 디자인전문인력 병역 특례 허용
- 산업자원부 디자인브랜드과 신설
- SBS 디자인 특집 방영
- 신문박물관 개관
- LG전자 디자이너 출신 부사장 선임(김철호)
- 삼성물산 래미안 브랜드 론칭
- 뉴틸리티 창립

한국 사회사

- 분단 이후 첫 남북정상회담 개최
- 서해대교 개통
- 김대중대통령 노벨평화상 수상
- 디시인사이드 개시
- 미디어시티 서울 개최

밀레니엄을 맞아 한국 디자인계는 연이어 열린 국제적인 디자인 행사로 들뜬 분위기였다. 2000년 열린 세계그래픽디자인대회(ICOGRADA Millennium Congress)와 2001년 열린 세계산업디자인대회(ICSID 2001 SEOUL)가 바로 그것이다.

전자의 행사를 주최하는 '세계그래픽디자인협의회(ICOGRADA, 현 ico-D)'는 세계 각국의 시각 디자인 단체들과 기구들이 모여 만든 비영리 국제 민간 조직으로, 1963년 4월 런던에서 설립되었다. 그래픽 디자이너 및 관련 단체들의 교류와 협력, 권익 신장을 목적으로 한 세계 최대 규모의 디자인 단체로, KIDP는 1972년에 가입하였다.

세계그래픽디자인대회는 디자이너들의 국제적인 연대와 정보 교환을 위해 열리는 행사로, 1964년 취리히에서 첫 행사를 가진 뒤 2년마다 세계 각지의 도시에서 열려왔다. 그러나 서울 코엑스에서 2000년 10월에 열린 세계그래픽디자인대회는 이런 관례를 깨고 새천년이 시작되는 2000년에 특별 대회의 형태로 열렸다. 새천년을 맞이하여 열린 대회답게 '큰 조화'를 뜻하는 '어울림'이라는 주제 아래 10월 24일 전야제 행사를 시작으로 3일간 50여 명의 디자이너, 철학자, 경영자, 문화 행동가, 예술가들의 강연과 전시가 이어졌다. 25일 첫째 날 주제는 '동양, 서양', 둘째

1

2

1 1999년 세계그래픽디자인대회(ICOGRADA Millennium Congress) 행사 준비 간담회
2 1999년 「서울국제디자인포럼」 전경

2000년 세계그래픽디자인대회(ICOGRADA Millennium Congress) 행사 포스터

날 주제는 '인간, 기술, 자연', 셋째 날 주제는 '과거, 현재, 미래'였다. 세계 18개 국에서 초청된 40여 명의 강연자를 비롯해 내외국인 1,500명이 참여한 이 대회 는 홍익대 문화벨트에서 마지막 날 열린 '디자이너스 테크노 나이트'에서 다양 한 기원 굿과 공연, 패션쇼, 참가자와 일반 시민이 어우러진 거리 축제로 막을 내 렸다. 이 행사는 정부와 기업, 행사 주체와의 원활한 협력, 규모, 참여 인원, 강연 내용 등 모든 면에서 역대 세계그래픽디자인대회 중 가장 성공적인 대회라는 평 가를 받았다.

2001년에는 서울과 성남에서 10월 7일부터 13일까지 디자인계가 주최하 는 세계 최대 축제인 세계산업디자인대회가 열렸다. 세계 산업디자인계를 대 표하는 비영리 국제단체인 세계산업디자인단체협의회(ICSID, 현 WDO)에서 주최하는 세계산업디자인대회는 '디자인올림픽' 또는 '디자인 선진국 진입을 위한 통과 의례'로 여겨지는 행사다. 1959년 스웨덴 스톡홀름에서 열린 1회 대 회를 시작으로 전 세계 주요 도시를 순회하며 2년마다 한 번씩 개최하는데, 일 본과 대만에 이어 아시아에서는 세 번째로 서울에서 열려 그 의미를 더했다. 주 제는 '새로운 디자인 패러다임을 찾아서, 어울림 (Explorging Emerging Design Paradigm, Oullim)'이었다. 컨퍼런스와 '2001 서울 디자인 현장', '디자인포럼' 등의 콩그레스 이벤트와 함께,《굿디자인페스티벌》,《20세기 디자인전》,《어울 림 디자인잇》,《ICSID 회원전》 등의 전시, '국제디자인워크숍'과 'ICSID/AM-COM' 등의 특별 행사가 열렸으며, 조화와 융합의 미를 강조하는 '어울림'을 화 두로 모든 참가자가 21세기의 새로운 디자인 패러다임에 대한 의견을 공유하는 데 초점을 맞췄다.

2000년과 2001년 국제적인 두 행사를 모두 성공리에 개최함으로써 우리나 라는 국제 디자인 무대에서 그 위상을 떨쳤으며, 동시에 세계에 한국의 디자인 역량과 문화를 알리는 계기를 마련했다. 또한 두 대회를 모두 아우른 '어울림'은 새천년을 맞아 한국적인 사유로부터 세계가 공감할 수 있는 디자인의 이념을 이 끌어냄으로써 국제적인 행사에 걸맞은 주제였다는 평가를 받았다.

33

2001

디자인의 생산지, 확산지, 집결지: 코리아디자인센터

1997년 말 IMF사태라는 국가적으로 유례없는 경제 위기가 닥치자 기업은 물론이고 각종 정부 시책의 시행에도 차질이 빚어졌다. 그러나 한국 디자인의 메카 역할을 담당할 코리아디자인센터를 건립해 디자인을 집중 육성하기로 한 계획은 어려운 경제 상황 속에서도 차근차근 진행되고 있었다. 어려운 경제 위기 상황에서 역설적으로 아이디어를 통한 고부가 가치를 창출할 수 있는 디자인의 가치와 중요성이 커진 것도 사업 진행에 추진력을 더했다.

구체적인 건립 과정을 살펴보면, 1996년 12월 코리아디자인센터의 건립 기본 방향이 정해졌고, 1997년 2월에는 건립사업단이 발족했다. 4월에는 13명으로 구성된 건립추진위원회가 구성되었다. 경기도 성남시 분당구 양현로 322 부지를 10월에 매입하면서 건축물에 대한 건축설계경기를 공모했다. 두 달 뒤인 12월, 희림종합건축사의 작품이 선정되었고 1년 뒤인 1998년 12월, 기공식을 통해 코리아디자인센터 건립의 첫 삽을 떴다. 완공된 것은 그로부터 약 2년 뒤인 2001년 9월이었다. 같은 해 12월 코리아디자인센터에서 개최된 제3회 산업디자인진흥대회에 김대중 대통령 내외가 참석하였고, 대통령이 직접 '한국을 21세기 디자인 강국으로'라는 주제로 연설한 가운데 디자인 진흥을 격려하고 축하했다.

코리아디자인센터

코리아디자인센터가 건립될 때 목표로 했던 주요 역할은 다음과 같다. '디자인의 생산지이자 확산지이며 또한 집결지의 역할', '디자인을 생산하고 정보를 제시, 공유하며 디자이너를 양성하는 역할', '중소기업이 필요로 하는 디자인 산실이 되어 중소기업을 지원하는 역할', '여러 기업이나 단체의 해외 전시 기획 및 알선의 역할', '우리 디자인을 세계에 효과적으로 홍보하는 역할', '일반 소비자들에게 디자인의 가치와 필요를 이해시키고 홍보하는 역할', '어린이와 청소년들에게 디자인을 이해시키는 역할', '국민을 위한 디자인 생활화를 선도하는 역할'.

이를 위해 지어진 건축물은 부지 3,238평, 연건평 14,201평에 지상 8층, 지

코리아디자인센터 1층 로비에 설치된 조각가 이종빈의 〈신인류-신디자인〉

하 4층 규모로 디자인정보센터, 디자인인큐베이터, 디자인영재아카데미, e-디자인아카데미 등을 비롯 통합디자인혁신센터, 전시장이 포함되었으며, 한국디자인진흥원을 포함한 디자인 관련 단체 및 전문회사 등이 입주해 국내 디자인산업의 인프라 역할을 맡았다.

인텔리전트 빌딩으로 지어진 코리아디자인센터는 디지털 시대의 디자인진흥을 위한 길잡이 역할과 뉴 밀레니엄을 항해하는 방주의 이미지로 건립되어 2002년 건축문화대상을 수상할 정도로 건축적으로도 독특함을 띠었다. '노아의 방주'와 같이 희망과 생명을 상징하는 공간으로서 국내외 디자이너의 결집의 중심지'라는 의미를 지니기도 했다. 또한 지상 8층 높이 44미터의 1층 로비에는 조각가 이종빈의 〈신인류-신디자인〉이 설치되었다. 얼굴과 몸통, 꼬리 형태로 가로 20미터, 무게 2.5톤의 거대한 조각상으로, 지상 5미터 높이의 허공에 매달려, 센터를 찾는 사람들에게 깊은 인상을 남겼다. 작가는 작품 제목처럼 디자인을 통해 새로운 시대, 미래를 향해 나아가는 신인류의 모습을 형상화했다.

건립 이후 2001년 10월에 열린 첫 번째 공식 행사는 세계산업디자인대회 및 《이탈리아 디자인전》으로, 이를 통해 코리아디자인센터를 국내외 디자인계 인사들에게 널리 알리는 계기가 되었으며, 2004년 11월에는 지하 1층에 디자인체험관(DEX, 2004-2011)을 설립하여 디자인을 통한 에듀테인먼트(edutainment)의 장으로 활용하였다. 2020년 1월에는 한국 디자인 사료 약 1,000여 점이 전시되는 디자인코리아뮤지엄이 337제곱미터(102평) 규모로 개관했다.

34

디자인 주도 혁신을 외치다: 디자인코리아

2003

디자인진흥원사

- 제11대 김철호 원장 취임
- 글로벌디자이너 육성 프로그램 실시
- 한국전통이미지DB 웹사이트 오픈
- 제1회 《국가상징디자인 공모전》 개최
- 제1회 디자인코리아 개최
- 산자부 일류상품디자인 지원단 출범
- 제3차 산업디자인진흥종합계획 (2003~2007) 수립
- 참여정부 디자인산업 발전 전략 발표

한국 디자인사

- 현대카드 M 출시
- 「뽀롱뽀롱 뽀로로」 방영 시작

한국 사회사

- 대구 지하철 화재 참사
- 참여정부(노무현 대통령) 출범
- 태풍 매미 한국 강타
- 드라마 「대장금」 방영
- 「실미도」 개봉(국내 최초 천만 관객)
- 한해 반도체 수출 200억 달러 돌파
- 청계천 복원 논란

'디자인코리아'는 1999년 처음 열린 제1회 산업디자인진흥대회의 슬로건으로 처음 등장했다. 21세기 디자인 강국을 지향하며 디자인에 대한 범국민적인 공감대를 끌어 올려 한국을 다시 디자인하고, 21세기 디자인 선진국 진입을 목표로 디자인 붐을 조성하겠다는 것이 대회의 목적이었다. 국내 디자인 공식 행사로는 처음으로 대통령이 직접 주재한 이 행사에서 김대중 대통령은 제1회 대한민국디자인대상을 시상하고 디자인산업의 비전과 발전 전략을 발표했다.

이후 2000년 세계그래픽디자인대회와 2001년 세계산업디자인대회를 성공적으로 개최한 자신감과, 이로 인해 조성된 세계 디자인계와의 긴밀한 네트워크를 기반으로 산업자원부와 KIDP는 2003년 12월 국내 최대 규모의 디자인산업 박람회인 제1회 디자인코리아를 개최했다. 1994년과 1996년 《서울 국제 산업디자인 교류전》, 《세계 우수산업 디자인박람회》라는 명칭으로 개최되었던 국제 교류전을 발전시켜 한국 디자인의 우수성과 세계 디자인을 비교·전시함으로써, 세계 속에서 한국 디자인이 활약할 기회를 만들기 위한 장이었다. 2003년 《서울 세계 베스트 디자인전》으로 시작된 이 박람회에서는 세계적 수준의 디자인 제품을 한자리에 모아 비교, 전시함으로써 우리 기업과 산업계에 좋은 자극을 주었다. 이를 통해

우리 기업의 디자인 수준을 높이고 기업 비즈니스와 마케팅을 지원하는 기회를 만들고, 소비자에게 우수한 산업디자인의 세계를 선보였다.

이후 디자인코리아는 매년 하반기에 열리는 국내 최대 규모의 디자인 박람회로 자리매김하면서 세계산업디자인협의회와 세계그래픽디자인단체협의회로부터 국제 행사 인증을 받았다. 2009년 제7회까지는 해외 시장 개척을 위해 중국 베이징(2004), 상하이(2006), 광저우(2008) 등 격년으로 국내와 해외에서 번갈아 열었지만, 2009년부터는 한국에서만 개최된다. 주요 행사로 디자인 전시회, 비지니스 상담회, 디자인 체험, 세미나, 대한민국디자인대상 시상식 등이 이뤄진다. 전시회에는 국내외 500여 개 기업이 디자인 우수 상품 2,000여 개를 선보이며 디자인산업의 트렌드를 제시한다.

2018년부터 3개 년간 '디자인 주도 혁신'이라는 대주제 아래 'K-디자인 DNA'(2018), '디지털 대전환'(2019), '디자인, 데이터를 그리다(Design beyond data)'(2020년 예정)를 주제로 개최된다. 특히 2018년부터는 잡페어를 처음 시도하여 업계와 학생들의 높은 관심을 불러 모았다. 2019년 제17회 행사는 4차 산업혁명 시대에 새로운 가치를 창조하고 혁신을 주도하는 디자인의 역할에 대해 화두를 던진 가운데, 165개의 기업 부스와 기업 50개사 디자이너 약 900명이 잡페어에 참여했다. 2019년부터 '디자인코리아 페스티벌'로 이름을 바꾸고 로고를 새롭게 구축하여 온 국민이 즐길 수 있는 디자인 축제의 장으로 자리매김하겠다는 의지를 담았다. KIDP 50주년을 맞는 2020년에는 코엑스에서 개최된다.

1   2019 DK 페스티벌 전경
2   DK페스티벌 로고(2019)

35

한국 대표 스타 디자이너 탄생 예고: 차세대디자인리더

2004

디자인진흥원사

- GD 선정제 연2회 확대시행
- 『Designdb』폐간
- 차세대디자인리더 선정사업 시행
- 중소기업디자인컨설팅
  지원 실시(디자인홈닥터 운영)
- 디자인체험관(DEX) 개관
- 《디자인코리아》 베이징 개최
- 재학생현장실습 학점인정제
  시범 실시

한국 디자인사

- 현대카드 전용 글꼴 발표
- 리움미술관 개관
- 쌈지길 완공
- 홍익대학교 디지털미디어
  디자인학과 신설
- 삼성, 미국 IDEA상 최다수상 기업 선정
- 어도비 인디자인 한글판 발표
- 디스트릭트 창립
- 디자인여성학회 창립

한국 사회사

- KTX 영업운행 개시
- 서울광장 개장
- 서울시, 중앙버스전용차선제
  본격 도입
- 카트라이더 베타서비스

지식기반 산업사회와 4차산업 시대를 맞이하면서 디자인은 단순히 제품디자인에 국한되는 것이 아닌, 제품의 기획 단계부터 생산, 마케팅, 전반적인 경영까지 모든 과정에서 가장 중요한 요소가 되었다. 이러한 창조적인 디자인 분야를 선도하기 위해서는 시스템뿐만 아니라 디자이너 개개인의 역량이 그 어느 때보다 중요해지고 있다. 특히 시대를 앞서가는 세계적인 스타 디자이너는 국가 경쟁력과 세계 산업, 경제계의 가치 자체를 변화시키고 있다고 말해도 과언이 아니다. 지식기반 산업을 선도하는 해외 디자인 선진국은 20세기 초부터 국가 경쟁력을 높이는 데 큰 기여를 해온 세계적인 스타 디자이너를 배출해왔다.

KIDP가 2004년부터 2012년까지 선정한 '차세대디자인리더'는 이러한 스타 디자이너를 발굴해 체계적으로 성장을 도우려는 시도였다. 한국을 대표하는 세계적인 디자이너를 배출함으로써 국가 이미지 및 브랜드를 제고하고, 한국 디자인의 글로벌 디자인 브랜드 가치를 창출해 새로운 산업 가치 창출을 유도할 뿐만 아니라 인적 네트워크를 구축해 세계 속에서 한국 디자인의 경쟁력을 넓히고 국가 경쟁 속에서 선도할 수 있는 기반이 되도록 하는 것이 목표였다. 약 8년간 총 152명의 디자이너가 선정되었고, 이들은 현재 미국, 영국, 이탈리아, 핀란드, 일본 등 세계 16개국에서 주로 활동하며 한국 디자인의 위상을 높이고 있다.

2012년 사업을 마무리하면서 성과를 집계한 결과, 밀라노 디자인박람회 등 해외 디자인박람회 출품 건수만 556건, 해외 유명 디자인상 수상은 271건(84명), 독일의 'iF 디자인어워드', '레드닷', 미국 'IDEA 디자인 어워드' 등 세계 3대 디자인어워드 수상은 77건(29명)에 달했다. 해외 주요 언론 보도는 210건, 지식재산권 등록은 34건, 출원이 94건이었다. 2012년 수치이므로 현재는 더욱 그 성과가 클 것으로 추산된다.[61] 대표적 인물로는 1기 이돈태 삼성전자 디자인센터장, '모두를 위한 디자인 개념의 세면대'가 중학교 미술 교과서에 실렸던 7기 김창덕 디자이너, 영국에서 디자인내러티브를 설립하고 2010년 영국 디자인뮤지엄이 선정한 올해의 디자인상을 수상한 11기 최민규 디자이너 등을 꼽을 수 있다. 또 4기 이석우 디자이너는 평창동계올림픽 메달을 디자인하여 화제가 되었고 10기 정성모, 11기 윤성문 디자이너는 2019 디자인코리아 페스티벌 큐레이터로 활약하였다.

KIDP는 기존 차세대디자인리더 출신들로 구성된 모임을 결성하거나 세계 속에서 활동하고 있는 한국 디자이너를 중심으로 인적 네트워크를 구축한 온라인 커뮤니티(세계한인디자이너네트워크, KDNEW)를 개설한 가운데, 2018년에는 차세대디자인리더 홈커밍데이를 가졌으며 디자인코리아 잡페어와 연계하여 해외 취업 상담과 세미나 등에 참가하여 후배 디자이너들의 롤 모델이 되고 있다. 2012년 완료된 차세디자인리더 선정사업은 여전히 디자이너라는 인적 능력이 요구되는 현재, 해당 사업에 대한 필요성이 부각되고 있는 가운데, 2020년부터 글로벌 인턴 지원사업으로 새롭게 추진된다.

차세대디자인리더 홈커밍데이(2018)

한국 디자인, 디자이너 연대기: 초기 글꼴 디자이너부터 최근 브랜드 전략 디자이너까지

김신 · 디자인 칼럼니스트

글꼴 디자인

　해방 이후 한국의 제품으로서 처음으로 두각을 나타낸 분야는 한국공예시범소가 발표한 공예품들이다. 하지만 이것은 대량생산을 전제로 한 공업제품이 아닌 말 그대로 공예였다. 산업생산이 대단히 열악하던 시절, 가장 먼저 수준 높은 디자인 결과를 보여준 분야는 글꼴이다. 한글의 기계화는 이미 일제강점기 때부터 이루어져 왔다. 해방 뒤 이 분야에서 두각을 나타낸 대표적인 디자이너인 최정호와 최정순은 초기 글꼴 디자이너라고 할 수 있다. 최정호는 1957년에 완성한 '동아출판사체'를 시작으로 해방 이후 한국 출판계의 본문 글꼴을 꾸준히 제작해왔다. 동아출판사 글꼴 작업의 높은 완성도로 삼화인쇄, 보진재, 금성출판사 등으로부터 주문이 밀려들었다. 이러한 성과로 최정호는 한국 출판업계의 인쇄 기술 혁신에 크게 공헌했다. 1970년대에는 한국에도 사진식자가 보급되었는데, 그것은 일본의 기계들이었다. 일본의 기업은 사진식자기는 수출할 수 있었지만, 소프트웨어라고 할 수 있는 한글 글꼴까지는 만들 수 없었다. 이에 따라 일본의 대표적인 사진식자 회사인 모리사와, 그리고 그 경쟁사인 샤켄이 모두 최정호에게 한글 원도 디자인을 의뢰할 정도로 최정호의 글꼴은 국내외에서 높은 평가를 받았던 것이다. 그렇게 최정호의 원도를 장착한 일본의 사진식자기들이 국내에 수출됨으로써 한국의 출판계에서 사진식자기를 쓰면 필연적으로 최정호의 글자를 쓸 수밖에 없었다. 최정호가 디자인한 한글 원도의 완성도는 대단히 높고 아름다웠다.

최정순은 한국전쟁 기간이었던 1952년, 전시 수도 부산에서 한국은행과 『경향신문』으로부터 목각활자를 새겨달라는 부탁을 받고 글꼴 디자인 작업을 시작했다. 1953년부터 서울신문에 입사해 목각활자를 조각했고, 일본에 가서 자모원도 사용법을 배웠다. 이로써 그는 자모 조각가에서 자모원도 디자이너로 진화한다. 최정호는 글자를 종이에 그려서 글꼴을 개발하는 디자이너라면, 최정순은 조각을 해서 글꼴을 개발하는 디자이너다. 또 최정호가 출판계의 활자를 주로 디자인했다면, 최정순은 신문의 활자를 도맡아 디자인했다. 최정순은 1960-70대에 『중앙일보』활자 자모 5만 종을 비롯해 『한국일보』의 활자 전량, 『경향신문』, 『서울신문』, 『동아일보』, 『부산일보』의 활자를 디자인했다. 아울러 국정교과서의 서체도 개발했다. 그는 50년 동안 31만여 자를 디자인했고, 수정 감수한 글자가 380만 자에 이를 정도로 정력적으로 활동했다. 디지털 시대가 되어 본문용 컴퓨터 폰트를 개발할 때 최정호와 최정순의 원도는 기본 바탕이 되었다. 따라서 오늘날 출판물은 물론 온라인 공간에서 볼 수 있는 바탕체와 돋움체는 모두 두 디자이너의 글꼴에 크게 빚을 지고 있다고 볼 수 있다. 그런 점에서 이 두 디자이너가 한국인의 생활에 미친 영향은 항구적이라고 볼 수 있다.

1980년대 후반부터 디지털 폰트 회사들이 설립되면서 새로운 시대에 맞는 한글꼴 개발이 본격화되었다. 이때 산돌글자은행의 석금호와 윤디자인연구소의 윤영기, 그리고 한재준은 디지털 서체 발전의 주도적 역할을 했다. 한편 김진평은 『리더스다이제스트』를 비롯해 수많은 잡지의 제호를 디자인해 레터링 분야에서 독보적인 성취를 이루었다. 21세기 들어와 이용제는 새로운 시대에 맞는 한글 글꼴을 디자인하는 것은 물론 과거 한글 관련 자료를 수집하고 연구하는 일에도 매진하며 한글 디자인의 계보를 잇고 있다.

시각디자인

　한국의 시각디자인은 1970년대부터 수없이 제작된 관광 포스터에서 그 구체적인 성과가 나타나기 시작했고, 이 분야에서 두각을 나타냈던 디자이너로 김교만이 있다. 김교만은 1976년에 한국디자인포장센터에서 '한국을 주제로 한 관광 포스터'라는 주제로 개인전을 개최했다. 이 전시에서 김교만은 그만의 트레이드마크인 상모를 쓴 민속적인 캐릭터를 주인공으로 농악대, 부채춤, 활쏘기, 석굴암, 첨성대, 돌미륵 등 한국적인 소재를 표현했다. 이런 소재를 표현하는 방식은 기하학적인 형태와 선, 단순하고 평면적인 색채를 이용한 군더더기 없는 간결한 구성이었다. 그의 한국적 소재와 간결한 구성은 그 뒤 많은 디자이너들에게 영향을 주었으며, 한국적 그래픽 이미지를 찾는 다양한 활동의 시발점이 되었다.

　산업적인 차원에서 한국 그래픽 디자인의 발전을 주도한 것은 두 가지 분야다. 하나는 아이덴티티와 광고를 포함한 기업 디자인이고, 다른 하나는 단행본과 잡지의 출판 분야다. 한국의 산업화가 본격화된 1970년대인 만큼 기업들도 기업 아이덴티티 디자인의 중요성에 눈을 떴다. 이때에는 한국의 디자인산업이라고 할 만한 것이 부재했다. 자연스럽게 미술대학의 디자인학과 교수들로 구성된 팀이 기업 아이덴티티 작업을 맡았다. 이때 서울대학교 교수였던 조영제는 이제 막 글로벌 기업으로 발돋움하려는 기업의 가려움을 정확히 긁어주었다. 그는 CI 라는 말 대신 DECOMAS(Design Coordination as a Management Strategy), 즉 '경 영 전략으로서 디자인 통합'이라는 개념을 들고나왔다. 1970년대 수많은 기업이 조영제 교수의 데코마스 개념을 받아들였으며 바야흐로 기업 아이덴티티 디자 인 시대가 열렸다. 1974년에 동양맥주 OB 레이블을 시작으로 1970년대에 제일 제당, 신세계백화점, 한국외환은행, 1980년대에 국민은행, 한국산업은행, 동서식 품, 대림산업, 동아제약, 럭키, 기아자동차, 대우증권 등 한국 기업 아이덴티티 디 자인 초기 시절의 주요 프로젝트 다수를 진행했다. 이어 조영제는 1988년 서울올 림픽을 위해 1982년에 구성된 올림픽디자인 전문위원회의 위원장을 맡았다. 서 울올림픽의 디자인 운영은 최고의 성과로 평가받는다.

기업 아이덴티티 디자인 분야를 주목받게 한 디자이너로는 조영제를 비롯 해 권명광, 안정언이 이끄는 교수 연구팀이 있었다. 조영제의 서울대 연구팀, 권 명광의 홍익대 연구팀, 안정언의 숙명여대 연구팀은 그 뒤 각각 CDR, 서울그래 픽센터, 올커뮤니케이션으로 발전했고, 이 회사들을 통해 조종현, 김성천, 현용 순, 김병진 등이 20세기 말부터 21세기 전반기까지 활약했다.

1980년대에는 교수연구팀과 별도로 아이덴티티 전문회사가 출현했다. 하와 이에서 디자인전문회사를 운영했던 정준은 1983년에 구정순을 파트너로 디자인 포커스를 설립했다. 한편 김현은 1983년에 88서울올림픽 마스코트 디자인에 당선되면서 이듬해에 디자인파크로 독립했다. 이로써 CDR, 서울그래픽센터, 올커뮤니케이션, 디자인포커스, 디자인포커스에서 독립한 심팩트와 크로스포인트, 디자인파크, 그리고 1988년에 설립된 인피니트는 1980년대부터 21세기 초반까지 한국 아이덴티티 디자인을 주도했다. 그 가운데에서 김현은 한국의 산업이 비약적으로 발전한 1980-90년대 프로스포츠산업, 정보통신산업, 대형 유통산업, 그리고 급속도로 확장한 식품산업 등의 굵직한 CI는 물론, 지방자치시대의 주요 지자체 CI, 정부 부처 MI, 공기업 아이덴티티 등 수많은 프로젝트를 수행해 그가 이끈 디자인파크의 포트폴리오 목록은 한국 산업의 발전사를 대변할 정도다. 한편 크로스포인트의 손혜원은 브랜드와 패키지 디자인, 네이밍 분야에서 독보적인 활약으로 많은 히트 브랜드를 낳았다.

　　인쇄 미디어가 비약적으로 발전하면서 1970년대에 수백 가지 잡지들이 발행되고 있었다. 하지만 디자인은 일본의 아류에서 벗어나지 못하고 있었다. 이때 이상철이 아트디렉션을 맡은 『뿌리깊은나무』는 한국 편집디자인 역사의 혁신으로 기록된다. 1980년대에는 단행본 출판 분야에서도 커다란 진보를 이루는데 여기에서는 정병규의 역할이 컸다. 이상철은 1976년에 창간된 『뿌리깊은나무』의 아트디렉터로서 한국 잡지로서는 처음으로 아트디렉션이라는 개념을 도입했다. 그는 체계적인 그리드를 짜고 그 위에서 일관되면서도 가독성 높은 조판을 연구했다. 그가 아트디렉션을 맡은 『뿌리깊은나무』와 『샘이깊은물』은 그 뒤 수많은 한국의 잡지들이 따라야 할 모범이 되었고 한국 잡지 문화가 한 단계 업그레이드되었다. 이상철이 잡지 디자인에서 한 혁신을 북디자인에서 전개한 디자이너가 정병규다. 1980년대까지도 북디자인이라고 하면 그저 외국의 명화를 차용하거나 화가에게 맡겨 회화적인 표현을 하는 것이 대부분이었다. 정병규는 1970년대 말부터 이런 천편일률적인 회화적 표현에서 벗어나 역동적인 러시아 구성주의나 절제된 구성의 데스틸, 포토몽타주 같은 모더니즘의 실험적인 표현을 선보였다. 그는 모더니즘의 형식을 빌려오면서 강한 대비의 호기심을 불러일으키는 표지로 출판계에 일대 새바람을 일으켰다.

한편 안상수는 한글 디자인과 타이포그래피 분야에서 뛰어난 성취를 남겼다. 그는 탈네모꼴 활자인 안상수체를 비롯해 독특한 서체들을 개발했으며, 한글만이 가진 독특한 조형성과 아름다움을 발견하고 그것의 디자인적 가능성을 널리 알렸다. 또한 『보고서/보고서』와 같은 혁신적인 잡지를 선보여 한글 타이포그래피의 새로운 형식을 실험했다. 무엇보다 1985년 그래픽 디자인 회사이자 출판사인 안그라픽스를 설립해 타이포그래피에 충실한 안그라픽스 스타일을 세상에 알렸을 뿐만 아니라 이 회사를 통해 수많은 그래픽 디자이너들을 양성했다. 서기흔은 1982년부터 『한국인』이라는 잡지의 아트디렉터로서 출판 분야에서 일러스트레이션의 활용을 보편화했으며, 1980년대 중반부터는 북디자인 분야로 옮겨 본문 디자인과 연계된 표지 연출로 출판 디자인 분야를 개척했다.

이들 초기 디자이너의 뒤를 이어 최만수, 홍동원, 김주성, 이나미, 홍성택, 박금준 등이 각자 자기만의 스타일로 출판 분야에 지속적인 발전을 이어갔다. 최만수는 차분한 한국적 스타일로, 홍동원과 김주성은 디지털 기술을 십분 활용한 포스트모던한 현란함으로, 홍성택은 엄격하고 미니멀한 타이포그래피를 지키는 정통 스타일로, 이나미는 촉각과 냄새까지 고려한 물질감으로, 박금준은 감각적인 감성 스타일로 각자의 길을 갔다. 21세기에 들어와 한국적 스타일에 집착하지 않고, 또 서구의 모더니즘이나 포스트모더니즘을 따라가야 한다는 강박에서도 벗어난 자유롭게, 그러나 더욱 세련된 스타일로 매우 다채로운 양상의 디자인이 전개되고 있다. 김두섭, 김영철, 조현, 슬기와민의 최슬기와 최성민, 워크룸의 김형진, 이재민, 일상의실천의 권준호, 김경철, 김어진 등이 그들이다.

제품디자인

한국의 제품디자인이 본궤도에 오른 것은 1970년대라고 할 수 있다. 물론 그전에도 산업이 없었던 것은 아니지만, 1960년대까지만 해도 기업의 주요 생산품들은 일본의 부품을 들여와 그 모델대로 조립하는 수준에서 크게 벗어나지 못했다. 그러한 가운데에서도 초기 디자이너들의 역할은 중요했다. 민철홍은 1959년에 미국 일리노이공과대학에서 산업디자인 연수를 받았지만, 한국으로 돌아와서 그 능력을 써먹을 일이 많지 않았다. 그리하여 그는 1960년대에 디자인 교육과 산업디자인을 정착시키려는 계몽 활동에 주력했으며, 체신부의 전화기 디자인 같은 소수의 국책사업을 진행했다. 1970년대에는 산업이 활성화되기 시작해 그는 기업체의 디자인 의뢰를 받았다. 대표적인 것이 민성전자의 전자계산기와 금전등록기 등으로, 대단히 세련된 모던 디자인이 구현되었다. 여전히 열악한 산업으로 인해 그는 디자인 교육의 내실화와 전문협회 창설을 주도했다. 이러한 노력이 바탕이 되어 1980년대 이후 한국의 제품디자인은 제자리를 찾아 가게 된다.

금성사는 1958년에 박용귀와 최병태를 고용해 국내 최초로 제품디자이너를 공개 채용한 회사로 기록된다. 이듬해 박용귀는 독일인 기술고문의 도움을 받아 라디오 A-501을 디자인했다. A-501은 국내 최초의 진공관식 라디오이고, 금성사만의 고유 모델이며, 부품의 국산화율이 처음으로 60%가 넘은 역사적인 제품이다. 박용귀는 1960년에는 국내 최초로 선풍기를 디자인했고, 텔레비전, 냉장고 등 금성사의 초기 전자제품들은 모두 그의 손을 거쳤다. 1969년에 삼성 전자가 설립됨으로써 1955년에 설립된 대한전선까지 3사의 경쟁체제가 확립되었다. 1970년대에 접어들어 각 가전기업들은 디자인실을 마련해 디자이너를 고용했으며, 이로써 한국의 제품디자인은 실질적인 역사를 시작했다.

기업 디자인실이 강화되면서 기업마다 디자인실을 책임지는 경영자로서의 디자이너가 탄생한다. 박종서는 대한전선을 거쳐 1979년에 현대자동차에 입사해 본격적인 자동차 디자이너의 길을 걸었다. 1980년대 중반 쏘나타 디자인을 주도했다. 현대자동차는 그전까지 주로 조르제토 주지아로 같은 해외 디자이너에게 의뢰해왔다. 쏘나타는 국내 디자이너의 힘으로 개발된 차로서 한국 자동차 디자인의 길을 활짝 열었다. 1990년에는 자동차 디자이너로서는 처음으로 이사로 승진해 자동차 개발 프로젝트에서 디자이너의 의사결정권을 강화했다. 1990년대 이후 스쿠프와 엘란트라, 그랜저, 액센트, 아반테, 티뷰론 등의 자동차 디자인 개발을 이끌었다. 부사장까지 승진한 박종서는 25년 동안 현대기아자동차의 디자이너이자 수장으로 활동했다. 산업 디자이너 김철호는 1974년에 금성사에 입사했고, 1987년에 금성사 디자인종합연구소 소장에 취임했다. 그 뒤 줄곧 LG전자의 디자인 수장으로서 1990년대 LG가 글로벌 브랜드로서 자리 매김하는 데 큰 역할을 했다. 정국현은 삼성전자 디자인연구소의 소장을 역임했고, 삼성전자의 인재 양성과 조직을 구축하는 데 큰 역할을 담당했다. 그러한 공로로 2008년 디자이너로서는 처음으로 부사장이 되었다. 2000년대 삼성전자는 TV, 모니터 등의 디스플레이 분야에서 세계적인 두각을 나타냈다. 강윤제는 보르도 TV를 탄생시킨 주역이자 상무로서 영상디스플레이사업부의 디자인을 이끌었다.

아파트가 보편화되고 좌식문화에서 입식문화로 주거문화가 바뀌고 특히 주방의 중요성이 높아지면서 1980년대에는 가전제품뿐만 아니라 가구산업 역시 크게 성장했다. 한샘은 일명 '노랑부엌'으로 불린 시스템 주방가구인 '유로'를 선보였다. 이때 양영원은 한샘의 시스템 주방가구 디자인을 이끌었다. 그는 사무 가구로 특화한 퍼시스가 한샘으로부터 독립했을 때 창립 멤버로 참여했다. 수년간에 걸쳐 시스템 사무 가구 개발에 주력한 끝에 1986년에 국내 최초의 시스템 사무 가구인 '유로테크'가 발표되었다. 그가 디자인한 사무 가구는 국내 사무실을 지배했던 칙칙한 철제 책상과 책장, 의자를 밀어냈고, 밝고 화사한 분위기의 인테리어 시대가 펼쳐졌다.

세계적인 수준의 대기업뿐만 아니라 크고 작은 중소기업까지 산업의 활력을 불어넣었다. 이에 따라 산업디자인 컨설팅 회사들도 1980년대부터 조금씩 생겨나 1990년대에는 폭발적으로 늘었으며, 21세기 전반기에는 중국 특수까지 겹쳐 전성기를 누렸다. 그 시작은 김영세의 이노디자인이다. 김영세는 서울대를 졸업한 뒤 미국 일리노이공과대학에서 석사 학위를 받았다. 그 뒤 미국의 산업 디자인 회사에 입사해 근무하다가 1984년, 미국에서 ID 포커스를 설립했다. 이 노디자인으로 이름을 바꾼 뒤 1991년에는 '프로텍 골프 백'으로 미국 『비즈니스 위크』가 선정하는 디자인상을 받았다. 1997년에는 이노디자인 한국지사를 설 립했다. 1990년대 후반, 21세기 초반 한국 중소기업의 IT 비즈니스는 글로벌시 장에서 각광 받았다. 이때 김영세의 이노디자인은 아이리버의 MP3 플레이어를 연속적으로 디자인하면서 크게 히트시켰다.

　이러한 성취는 이노디자인만 이룬 것은 아니다. 1989년에 산업디자인 회 사 212를 설립한 은병수는 1992년, 미국 모토로라 무선호출기 디자인을 맡아 디자인을 미국에 수출한 뒤 300여 개가 넘는 수많은 디자인 프로젝트를 진행했 다. 21세기에 들어와서는 문화상품인 비움을 통해 한국적인 디자인을 선보였 다. 1994년에 코다스디자인을 설립한 이유섭은 산업디자인전문회사로서 특히 의료기기 분야와 용기 디자인 분야에서 두각을 나타냈다. 디자인 컨설팅 사업을 하면서 대중적인 가격대의 세련된 디자인 가구 개발에 전념한 끝에 '두닷'을 론 칭했다. 송민훈은 모토디자인을 설립한 뒤 1990년대 패션 감각을 가미한 호출 기 '씽'을 크게 히트시켰다. 1990년대 말부터 외국 회사의 의뢰가 들어오기 시작 해 21세기에는 중국 기업들의 주문이 쏟아져 디자인 수출에 앞장섰다. 디자인모올의 조영길, 디자인와우의 유승현, 다담디자인의 정우형 등도 이러한 한국의 디자인 수출을 주도했다.

21세기 들어와 산업디자인 컨설턴트는 급진적이라고 할 만큼 다양한 변화의 시기를 맞이하고 있다. 수많은 중소업체들이 사라졌고, 제품은 단지 매력적인 외관만이 아니라 브랜딩과 연계한 전략적 접근을 필요로 한다. 이 시기 두각을 나타낸 디자이너를 꼽으라면 SWNA의 이석우를 들 수 있다. 그는 엄격하고 미니멀한 IT제품, 감각적인 트로피, 유희성이 가미된 라이프스타일 제품들, 그리고 아파트 마스터플랜에 이르기까지 다재다능을 자랑한다.

2005–2012

2005	아태경제협력체(APEC) 정상회담 개최
2007	태안원유유출 사고
2008	4대강사업 시작
2008	세계금융위기
2012	한미자유무역협정(FTA) 발효
2012	총인구 5천만명 돌파

2005 서울세계베스트디자인전시회 개막식
2006 디자인코리아 상하이 개최
2006 디자인코리아 상하이 전시장
2008 코리아디자인포럼 톰피터스 초청 특별강연
2008 디자인코리아 광저우 개최
2009 세계디자인경영포럼 개최
2011 한국디자인DNA세미나 (이순인 본부장)
2012 디자인분쟁조정위원회 출범식

36

2005

디자인진흥원사

- 디자인기술 로드맵 개발
- 광주디자인센터 설립
- 제1회 《국회 공공디자인전시회》 및
  세미나 개최

한국 디자인사

- 「디자인보호법」 시행(의장법을
  디자인보호법으로 개정,
  글자체 디자인보호법 보호 대상 포함)
- 제1회 광주디자인비엔날레 개최
- LG 초콜릿폰 출시
- 삼성 이건희 회장 밀라노선언
- 아모레퍼시픽 '아리따 돋움' 개발
- 4대궁 안내판 디자인 개선사업 시작
- 국회공공디자인문화포럼 창립
- 한국여성디자이너협회 창립

한국 사회사

- 청계천 복원 사업 완료
- 국립중앙박물관 용산 개관
- APEC 정상회담, 부산 개최
- 황우석 줄기세포 논문 조작 사건
- HD TV 송출 개시
- 문화부 공간문화과 신설

디자인 권리 보호 '디자인보호법': 디자인권

　　디자인권(The Right of Industrial Design)이란 '디자인권자가 업(業)으로서 등록 디자인 또는 이와 유사한 디자인을 실시할 권리를 독점할 수 있는 권리'를 말한다. 여기서 '디자인'은 '예술 저작물이 아닌 상품에 관한 심미적 창작을 지칭하는 것'으로 산업디자인 창작자에게 일정 기간 동안 독점·배타적인 권리를 부여해, 창작 의욕을 고취시키고 상품거래 질서를 세워 산업 발전에 기여하고자 부여된 권리이다.[62] 우리나라에서 이러한 디자인 권리를 처음 보장한 법은 일본의 의장법을 모델로 1961년 12월 31일 제정된 「의장법」이다. 이 법은 1990년 1월 전면 개정을 포함해 여러 차례 개정되었지만 '의장'이란 용어는 그대로 사용되었다.

　　2005년 7월 1일 시행된 「디자인보호법」은 여기서 한걸음 나아간 것으로 '국민의 기본적인 이해도를 재고하고 디자인의 창작이 장려될 수 있도록 하기 위하여 종전의 의장이라는 용어를 국민에게 친숙한 디자인으로 변경'한 것이 그 입법 배경이다. 또한 글자체를 디자인의 범위에 포함시켜 디자인권의 대상이 되게 한 것도 큰 변화였다.[63]

　　KIDP는 이러한 디자인 권리를 보호하고 디자인 산업에서의 불공정 거래 관행을 근절함과 동시에 창의적인 디자인 개발을 장려하기 위해서 이와 관련한 다양한 사업을 2012년부터 시행해 오고 있다. 순차적으로 디자인법률자문서비스 시행, 디자인분쟁조정위원회 설치 및 운영, 디자인표준계약서 개발·보급, 디자인공지증명제도 운영, 디자인용역 대가기준 수립 추진 등이 여기에 포함된다.

우선 디자인법률자문서비스는 디자인 관련 거래 과정에서 발생하는 불공정거래 및 지식 재산권 분쟁 등을 대상으로 법률 상담과 자문을 해주는 서비스다. 변리사, 변호사, 회계사 등 7명의 관련 분야 전문가로 구성된 자문단이 무료로 서비스를 제공하고 있다.

디자인분쟁조정위원회는 디자인 사업자와 이용자 사이에 발생하는 다양한 산업디자인과 관련한 분쟁을 신속하고 공정하게 해결하는 조정 기구로, 조정 신청이 있는 날부터 3개월 이내에 분쟁에 대한 조정안 작성이 이루어진다. 조정이 성립되면 이는 재판상 화해와 같은 효력을 지닌다.

디자인표준계약서 또한 디자인산업계에서 발생하는 불공정 관행을 개선하기 위해 개발한 결과물이다. KIDP는 제품디자인, 시각디자인, 멀티미디어 디자인과 제품디자인과 관련된 성과 보수 등 총 4종의 디자인표준계약서를 온라인(drights.kidp.or.kr)을 통해 제공하고 있다.

디자인공지증명은 권리화되지 않는 디자인이라도 간단한 신청 절차, 저렴한 비용으로 디자인 창작물을 공지하여 타인이 무단으로 디자인권을 등록하는 것을 방지하고 불필요한 분쟁에 대응할 수 있는 제도다. 이와 함께 2019년에는 디자인권리보호에 대한 웹 드라마 '신박컴퍼니'를 제작해서 온라인으로 제공하고 있다. 디자인산업에 대한 공정 거래 환경을 조성하고 디자이너의 건강한 창작 활동을 장려하기 위한 콘텐츠로 웹 드라마와 애니메이션을 활용해 '디자인권리보호 온라인교육 콘텐츠'를 제작한 것이다. 여기에는 디자이너가 알아야 할 디자인 권리 보호 이슈에 관한 내용을 디자인 기획, 디자인권 출원, 등록, 해외 디자인 출원, 등록, 디자인 계약, 분쟁 시 대응이라는 단계별 교육 콘텐츠로 담았으며, 실제 피해 사례 등을 웹 드라마로 구성해 시청자가 쉽게 접근하는 데 주안점을 두었다.

디자인의 가치를 존중하고 디자인 권리가 보호받는 문화를 정착시켜 궁극적으로 건강한 디자인 생태계를 이루고자 KIDP가 운영하는 이러한 디자인권리보호 제도는 2018년 문을 연 디자인통합민원센터(drights.kidp.or.kr)를 통해 손쉽게 접할 수 있다. 2019년 3월에는 제값 받는 디자인 공정거래 환경 조성을 위한 「산업디자인 개발의 대가기준(안)」을 마련하여 공청회를 열었으며, 2019년 12월 실비정액가산방식을 적용한 직접 인건비, 직접 경비, 제경비, 창작료 등을 내용으로 하는 '산업디자인 개발의 대가 기준'이 고시되었다.

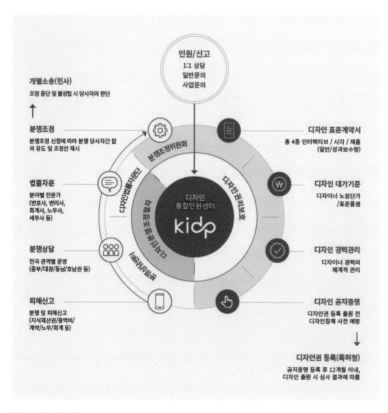

디자인통합민원센터

디자인권리보호에 관한 웹 드라마 「신박컴퍼니」 장면, 2019

37

지역 디자인 발전 이끄는 허브: 지역디자인센터(RDC)

2006

디자인진흥원사

- 제12대 이일규 원장 취임
- 공공디자인개선사업 확대
- GD, 호주 굿디자인(AIDA)와 상호인증
- 《디자인코리아》 상하이 개최
- 지자체 디자인행정 매뉴얼 개발
- 디자인 정책 연구파트 신설

한국 디자인사

- 산자부, 미래생활산업본부 디자인브랜드팀 조직 개편
- 한샘 키친바흐 론칭
- 한국공공디자인학회 설립
- LG전자 꽃무늬 아트디오스 출시
- 삼성전자 보르도 TV 출시
- 이상봉, 한글 패션쇼(프랑스 파리)

한국 사회사

- 백남준 사망
- 화성연쇄살인사건 공소시효 만료
- 반기문, UN사무총장 선출
- 경부선 서울부산 전구간 전철화 완전 개통

현재 운영되거나 건립되고 있는 각지의 디자인센터는 2001년 시행된 디자인혁신센터 운영 사업으로부터 시작되었다. 고가의 첨단 장비를 구축하거나 선진 디자인 기술을 운영하기 힘든 중소기업과 영세 디자인 업체가 활용할 수 있는 기관의 필요성이 제기된 이후, 지방에서도 쉽게 접근할 수 있도록 지역 중심의 디자인혁신센터(Design Innovation Center, DIC)를 건립하는 디자인 기반 구축사업으로 확장 발전한 것이다.

먼저 2001년부터 2007년까지 디자인 조사와 분석, 디자인 개발, 시제품 제작 및 홍보에 필요한 최첨단 디지털 장비를 구비한 산학 연계 방식의 디자인혁신센터가 운영되었다. 서울대학교를 비롯한 다양한 대학과 기관들이 이들 디자인혁신센터의 한 축으로 참여했다. 디자인혁신센터는 디자인으로부터 도출한 신개념의 부가가치 창출과 경쟁력 높은 디자인 개발, 효율적인 디자인 인프라와 체제의 구축을 위해 필요한 기업들이 첨단 장비와 소프트웨어를 공동으로 활용하고 전문 인력의 교육, 정보 축적 및 보급 등을 받을 수 있도록 다양한 사업들을 펼쳤다. 더불어 주요 지역을 거점으로 KIDP가 관여하여 관리 운영하는 지역디자인센터(Regional Design Center)의 건립이 진행되었고, 완공 이후에는 지역별 디자인센터로서 각 지자체 산하 조직으로 운영되고 있다.

2006년 개원하면서 첫발을 내디딘 광주디자인센터(현 광주디자인진흥원)는 광주첨단국가산단 내 연구 부지 3만 300제곱미터에 지하 1층, 지상 7층의 연건축 면적 1만 7,354제곱미터의 규모로 지어졌다. 디자인 전시장, 디자인체험관을 통해 새로운 디자인에 대한 경험을 가능하게 했고, 디자인 기업의 입주 사무실과 교육실, 회의실, 정보 자료실, 장비 지원실 등을 갖추었다. 이후 부산 해운대구 지방산단 내에 2004년 착공해 2007년 개원한 부산디자인센터(현 부산디자인진흥원), 대구 동구에 2004년 11월 착공해 2008년 6월 개원한 대구경북디자인센터 등이 그 뒤를 이었다.

2009년 3월에는 시민 삶의 질 제고 및 서울의 디자인 경쟁력을 국제적 수준으로 향상시키는 것'을 목적으로 서울시 산하 서울디자인재단이 출범하였고 2013년에는 세계적인 건축가 자하 하디드(Zaha Hadid)가 디자인한 동대문디자인플라자(DDP)가 완공되어 오늘에 이르고 있다. 이후 한동안 소강 상태에 머물던 지역디자인센터의 개원은 2018년부터 다시 시작되었는데, 대전대덕테크노밸리에 2020년 개원한 대전디자인진흥원, 춘천일반산업단지내 강원디자인진흥원 등이 그 주인공이다. 이러한 지역 디자인센터를 통해 전국에 퍼져 있는 디자인센터 사이의 네트워킹이 이뤄지며 각 지역과 더욱 가깝게 소통하는 다양한 활동을 가능케 하고 있다. 각 디자인센터는 공통적으로 지역의 디자인 관련 업체가 자유로이 사용할 수 있는 장비 지원실과 다양한 교육과 연구, 전시를 할 수 있는 기반 시설을 두루 갖추고 있다.

광주, 부산, 대구, 대전, 강원 등 전국 주요 거점에 지역디자인센터를 건립함으로써 지역 속 디자인 창업과 혁신을 위한 지원센터로서의 기능을 수행할 수 있었고, 중소기업 및 디자인 기업의 디자인 관련 기술 장비 활용과 운영을 통한 고부가 가치 창출과 디자인 개발, 공동 장비 사용을 통한 경비 절감도 이루어졌다. 디자인 기반 기술의 개발과 교육, 종합 디자인 컨설팅 지원 또한 지역 밀착형으로 이루어짐으로써 전국적으로 디자인 관련 사업과 업무 수행이 좀더 수월하게 이루어질 수 있다는 데 그 의미가 크다.

38

디자인의 사회적 가치 실현: 사회 공헌

2007

현대사회에서 디자인은 경제적 가치를 창출하는 지식기반 산업으로 자리매김하고 있지만, 그 역사를 거슬러 올라가면 보다 나은 사회를 만들기 위한 비전이 그 안에 깊숙이 뿌리내리고 있다. 오늘날에도 유니버설 디자인을 비롯해 디자인 분야 곳곳에서 사회를 위한 디자인 개념은 여전히 강력한 힘을 지닌다.

KIDP는 디자인이라는 핵심 역량을 가진 기관의 특색을 살려 과거부터 디자인 재능 기부와 디자인 체험 무료 교육 등 디자인을 활용한 사회 공헌 활동을 펼쳐왔으며, 지역 사회에 봉사하고 상생을 도모하는 활동을 매년 시행해왔다. '디자인 나눔'은 이를 좀 더 체계화, 조직화해 2007년부터 시행하고 있는 사회 공헌 활동으로, 디자인을 통해 사회적 약자인 '장애인, 노인, 어린이'의 권익 보호와 사회 공공 이익을 위한 인권, 환경 운동 등 시민사회 운동의 활성화를 돕는 사업이다. 이를 통해 재정이 열악한 지역 풀뿌리 단체와 NGO 단체 등을 지원하고 있으며, 사회복지 단체의 사업 홍보, 후원자 개발, 시민 캠페인 등 여론 형성에 필요한 홍보 리플릿 및 브로슈어, CI 개발, 모금함 기부 등의 활동을 진행하고 있다.

2007년 첫해에는 4월부터 12월까지 서울을 비롯한 전국에 있는 장애인, 인권, 노인, 아동 관련 단체에 CI와 리플릿을 비롯한 각종 홍보물에 대한 디자인 기부를 진행했으며, 이후 BI, 캐릭터, 패키지 등 다양한 디자인 분야로 확장하며 지원 대상을 늘려갔다. 수혜자 중심의 사업을 개발하고 이를 위한 전문 기관과의 네트워크를 구축함으로써 소상공인이나 복지 단체가 생산하는 제품디자인을 개선하고 실질적인 도움을 제공하는 데 중점을 두었으며, '해외디자인나눔단'을 구성해 국내뿐 아니라 베트남이나 말레이시아 등 해외로까지 그 범위를 확장하고 있다.

이 밖에 2018년에는 윤리헌장을 선포하고 디자인을 통한 '사회적 가치' 실현을 위한 활동에도 나서고 있다. 윤리경영, 반부패, 사회적 가치 등을 주제로 개최한 세미나 및 국회포럼 등을 들 수 있다. 양산에 위치한 한국디자인진흥원 부설 미래디자인융합센터는 지역주민을 위한 개방형 공간도 운영하며, '디자인은 학문이 아니라 실용 영역'이라는 신조로 시민이 직접 디자인을 경험해 삶의 질이 높아질 수 있도록 다양한 창의 디자인 교육을 진행하고 있다. 디자인 지원사업과 관련해서는 2019년부터 사회적기업이 디자인으로 경쟁력을 높여 스스로 성장할 수 있도록 '디자인 주도 사회적기업 혁신역량강화사업'을 추진하고 있는데, 이 사업은 궁극적으로 고령화 및 환경오염과 같은 사회문제 해결을 목적으로 한다.

39

도시 재생을 위한 자양분:
공공디자인

2008

정부의 제1차 국가균형발전 5개년 계획(2004~2008)이 발표된 이후, 지역 사이의 불균형을 해소하고 균형 발전을 도모하기 위한 부처 간 공공디자인 관련 사업이 본격화되었다. 그러나 초기 지방 자치 단체의 공공디자인 추진 과정은 지엽적인 개발로 인해 전체적인 이미지 통합이나 통일성이 결여되는 등 사업이 지지부진했다. 이에 따라 불균형하고 낙후된 지역 환경을 개선하기 위한 효과적 방법을 찾고, 전문적인 컨설팅과 단발성 지원이 아닌 지속적인 지방 자치 단체의 공공디자인 사업의 추진 동력을 구축할 필요성이 제기되었다. 또한 다양한 분야의 전문 지식이 융복합된 통합적인 컨설팅 지원에 대한 요구 역시 점점 커져 갔다.

KIDP는 이러한 요구에 부응해 2008년부터 정부, 지방 자치 단체, 공공기관 등에 대한 공공디자인 컨설팅 사업을 시작했다. 디자인 컨설팅을 통해 공공디자인 개발에 대한 지방 자치 단체의 장기적인 전략과 함께 종합적이고 체계적인 공공디자인 추진 시스템에 대한 전략과 로드맵을 개발하고 지원하는 것이다. 이에 따라 지역과 기관의 특성에 맞는 디자인에 대한 전략적인 접근을 제시하고 공공디자인, 공공브랜드, 도시 설계, 마케팅, 리서치, 색과 빛에 대한 다양한 분야의 전문 지식을 통해 맞춤형 통합 컨설팅을 제공했다. 지역 이미지 개선은 물론 지역 경제의 활성화를 꾀하고 나아가 국가 경쟁력 향상의 기반을 마련하는 것이 목적이었다.

사업 과정을 살펴보면, 먼저 공공디자인 컨설팅을 수행할 수 있는 디자인전문회사를 모집하고, KIDP 인력과 지역 전문가 등으로 공공디자인 컨설팅 지원단을 구성한 후, 현장 진단을 통해 필요한 사항을 도출하는 과정이 이어졌다. 이어서 워크숍을 거쳐 실제적인 사업 추진을 위한 토털 컨설팅 지원 시스템을 구축하게 된다. 이러한 과정을 통해 효율적이고 효과적인 공공디자인 개선이 이루어지는 데 주안점을 두었다.

도시 개발의 물리적인 환경 개선과 급속한 성장 위주 중심에서 이제 도시의 문화자원을 보존하고 활용할 수 있는 종합적인 도시재생에 대한 사회적 공감대가 형성되면서, 정부는 2013년 도시재생에 대한 특별법을 제정했다. 도시재생이 노후화된 주거 환경을 개선하고 구도심의 경제적 활력을 회복시킬 새로운 패러다임으로 인식되기 시작한 것이다. 이에 따라 도시재생 뉴딜사업이 본격적으로 추진되었고 KIDP는 2018년에 도시재생지원기구로 지정되었다. 디자인이 범국가적 도시재생 추진을 위한 자양분으로서 사업 현장과 도시 정책 수립에 적극 활용되었다. 2018년 전국 9개 지역을 대상으로 도시재생뉴딜 주민참여 프로젝트팀을 운영하였고, 2019년에는 15개 팀으로 확대되었다. 이러한 공공디자인 사업은 디자인으로 지역간 균형 발전과 도시재생의 결실을 맺을 것으로 기대를 모으고 있다.

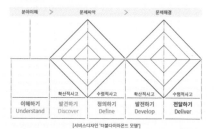

더블다이아몬드프로세스

40

창의적 역량을 갖춘 다학제 전문가: 융합형 인재 육성

2009

디자인진흥원사

- 제13대 김현태 원장 취임
- 디자인 R&D 평가관리 기능 한국산업기술평가관리원 이관
- 융합형 디자인대학 육성사업 시작
- 《한국일류상품전》 GD홍보관 운영 (폴란드 바르샤바)
- 《코리아디지털디자인 국제공모전》 개최
- IT기반 디지털디자인 지식인프라 구축사업 실시

한국 디자인사

- 서울디자인재단 출범
- 코리아 디자인 위크 개최
- 삼성 첫 갤럭시 시리즈 출시
- 『디플러스』 창간
- 디자인 직무제 시행
- 제1회 언리미티드 에디션 개최

한국 사회사

- 5만 원권 지폐 발행
- 노무현 전 대통령 서거
- 광화문광장 일반 공개
- 아이폰 국내 출시
- 신종플루 유행, 국가 전염병 재난 단계 심각

1996년 설립된 국제산업디자인대학원이 2001년 홍익대학교와 병합되어 홍익대의 관리를 받게 된 이후, KIDP는 또다른 형태의 인재 육성 시스템 개발에 착수했다. 새로운 산업 플랫폼과 기술, 정보의 연이은 등장에 따라 21세기 지식기반 서비스 산업을 선도할 수 있는 '창의적 역량을 갖춘 다학제 전문가'의 필요성을 감지하고, 특정 분야에 국한된 전문가가 아닌, 기술, 인문, 사회, 환경 등을 통합적으로 이해하고 새로운 가치를 창조할 수 있는 인재를 육성하기 위한 준비를 시작한 것이다.

이에 KIDP는 2007년부터 '캡스톤디자인' 교육 프로그램을 준비하여 대학교에 보급하였고 그 성과를 바탕으로 2009년부터 '융합형 디자인 대학' 육성으로 확대 발전시켜 디자인을 중심으로 하는 다학제 디자인 리더 육성 프로그램을 만들었다. '융합형 디자인 대학'이란 디자인학과를 중심으로 이공계, 상경계, 인문사회 계열 등의 다양한 학문 분야가 함께 참여하여 통합적 문제 해결 능력을 갖춘 다학제적 디자인 전문 인력 양성을 목적으로 하는 프로그램이다. 이를 위해 대학의 융합형 디자인 교육 과정 및 제도 구축을 위한 마스터플랜 수립 및 운영을 지원하는 사업으로, 디자인대학(학과)이 개설되어 있는 전문대학 이상의 학사 조직을 대상으로 지원을 했다.

2018 디자인융합전문대학원 통합캠프

　　2009년 이 사업에 참여한 학교는 단국대, 서울대, 성신여대, 연세대, 영남대, 조선대, KAIST, 홍익대, 국제디자인전문대학원이었다. 지원 규모는 선정 대학별로 연간 약 3억 원 이내였으며, 사업 기간은 최대 5년이었다. 이러한 지원을 바탕으로 각 학교는 디자인 중심의 혁신 융합 교육, 글로벌 통합 디자인 교육 등 저마다 특색 있는 커리큘럼을 개설하게 되었다.

　　2017년부터는 KIDP가 주관하고 산업통상자원부 주최, 한국산업기술진흥원 전담으로 또다른 사업을 진행하였는데, 바로 '디자인융합전문대학원' 육성사업이다. 디자인과 공학을 모두 이해하고 현장에 바로 투입이 가능한 실무형 석·박사급 전문 인력을 양성하기 위한 사업으로 2018년에 국민대, 서울과학

기술대, 연세대, 한국산업기술대, 한서대, 홍익대, UNIST 등 총 7개 학교가 참여했다. 학생에게 글로벌 교육의 기회와 국내외 취·창업 지원 프로그램 등을 제공할 뿐만 아니라, 국제디자인융합캠프, 영국 RCA 등과의 공동 워크숍, 해외 취업과 창업 상담회 및 세미나, 디자인코리아 성과물 전시 등 다양한 통합 행사를 운영하고 있으며, 수혜 학생들에게는 장학금, 디자인-기술 융합 교육 커리큘럼, 기업 수요 기반의 산학 프로젝트, 해외 대학과 복수학위제 등을 제공하고 있다. 2018년에는 국제디자인융합캠프를 개최, 디자인융합전문대학원 수혜 학생과 전 세계 10개국, 15개 학교, 5개 기업, 총 87명이 참여한 디자인-공학 융합 교육 프로그램을 진행했다.

이와 함께 KIDP가 진행하는 또 다른 주요 인재 육성 사업으로, 코리아디자인멤버십(Korea Design Membership, KDM)이 있다. 이는 산업통상자원부가 주최하고 광주디자인진흥원, 대구경북디자인센터, 부산디자인진흥원, KIDP 중부센터가 진행하는 지역 디자인 인재양성 프로그램이다. 통합적 문제 해결 능력을 갖춘 실무형 디자이너를 육성하기 위해 지방 대학 출신의 디자인 및 관련 전공 학생들에게 24시간 디자인 창작공간, 실무형 디자인 교육, 산학 프로젝트, 상품화 전주기 교육, 해외 디자인 워크숍, 국제 디자인 어워드 출품 지원 등 다양한 기회를 제공한다. 2008년부터 2019년까지 11년간 600여 명 이상의 학생들이 수혜를 받았다. 2018년에는 시제품 개발 84건, 국제 디자인 어워드 73건 수상, 디자인권 20건 등록 등의 성과로 KDM 교육 프로그램의 우수성을 입증했다.

41

소프트파워 '해외디자인나눔사업': 한국 디자인 해외 진출

2010

디자인진흥원사

- 한국 디자인 DNA 발굴·정립사업 시행
- 해외디자인나눔사업 시행 (베트남, 말레이시아)
- GD 선정회수 연1회로 축소
- 5대 디자인트렌드 발표
- 대전충청지역 KDM(코리아디자인 멤버십) 사업 추진
- 디자인 권리보호를 위한 디자이너 교육
- 디자인 보호 육성을 위한 정책 토론회

한국 디자인사

- 조관현, 천지인 자판 특허권 기부
- 서울시, 세계디자인수도로 선정
- 디자인모올(조영길) '백만 불 수출의 탑' 수상
- 『글짜씨』 창간
- 디지로그 사물놀이 4D 공연 <죽은나무에 꽃피우다> 초연

한국 사회사

- 아동 성범죄자 신상정보 인터넷 공개
- 카카오톡 출시
- 천안함 침몰
- 북한 연평도 포격 사건

2010년 1월, 한국은 경제협력개발기구(Organization for Economic Cooperation and Development, OECD) 산하 개발원조위원회의 회원국이 되었다. 이는 다른 나라의 원조를 받는 입장에서, 반대로 도움이 필요한 나라에 원조를 제공하는 공식 후원국이 됐음을 의미한다. 한국전쟁 후 오랫동안 선진국 진입을 염원했던 우리나라로서는 국가적 긍지를 가지기에 충분한 사건이었다.

KIDP는 아세안 회원국 등 미래 디자인 수출 시장으로 진입할 신흥 경제 성장국을 대상으로 한국 디자인의 수준과 역량을 알리고 인식을 높여 현지 시장 진출을 위한 기반을 마련하겠다는 취지 아래 디자인 나눔 사업을 추진했다. 바로 2000년 개도국 디자인 인재 양성을 위해 한국국제협력단(KOICA)과 진행한 '디자인 연수 사업'이 그것이다. 과테말라, 온두라스, 컬럼비아 등 남미와 몽골, 방글라데시, 베트남, 스리랑카, 인도네시아, 파키스탄, 필리핀 등 아시아에서 온 디자이너와 기업 임원, 공무원을 대상으로 한국 디자인산업과 정책, 한국 기업의 디자인 성공 사례에 대한 교육을 추진하였다. 이후 중국, 베트남, 인도네시아 등 떠오르는 시장을 대상으로 국내 디자이너로 구성된 해외 디자인 봉사단을 파견해 한국에 우호적인 분위기를 조성하고 잠재 시장을 확대하기 위한 기

초를 마련했다.

이후 디자인 연수 사업은 2010년 '해외디자인나눔사업(신흥시장 개척 비즈니스 교류 사업)'으로 이어졌다. 철도, 다리 등 사회 기반시설을 구축하는 방식으로 공적 개발 원조(ODA)를 해온 다른 나라들과 달리, 디자인이라는 소프트파워를 전면에 내세워 문화적 감수성을 자극하고 K - 디자인의 영향력을 높인다는 전략을 세웠다. 해외디자인나눔사업은 베트남과 말레이시아를 시작으로 태국, 필리핀 등 아세안 4개국에서 추진됐다.

처음에는 각국의 필요에 따라 세미나와 워크숍 등 지식 교류가 주류를 이뤘지만, 점진적으로 한국 디자인 기업과 디자이너의 현지 시장 진출을 위한 방향으로 전환되었다. 국내 디자인 전문가를 모집해 현지 수요에 부응하는 디자인나눔 활동을 펼쳤고 국내 중소기업의 우수 디자인 제품 및 브랜드 사업과 연계하여 현지 제조 기업과의 실질적 협업을 위한 글로벌 포럼을 개최하기도 했다.

태국과는 서비스디자인 공동 시범사업을 위한 업무 협정을 맺고 노후화된 방콕 중앙역 및 태국 철도에 서비스디자인 방법론과 한국의 선진 디자인 노하우를 입히는 개선 가이드라인을 제안하였다. 또한 말레이시아의 수요를 반영, 현지 디자이너들과 함께 말레이시아의 풍부한 목재를 활용하여 고부가가치를 창출해내는 가구 디자인 개발 워크숍을 추진하였다. 이외에도 2013년 필리핀 마닐라페임 한국관에 국내 디자인 회사 8개사가 참여해 현지 판매와 더불어 샘플 계약을 맺거나, 2014년 베트남 엑스포에 '한 - 베 디자인 교류관'을 구성하여 베트남 기업을 대상으로 무료 디자인 컨설팅을 진행하기도 했다.

2014년까지 지속된 이 사업은 이후 동남아 주요 국가에 KIDP 해외지사 개소 추진으로 이어졌고, 2011년부터 시작된 아시아디자인나눔협의회(유관기관 대표급 연례회의) 등이 꾸준히 개최되고 있다. 2020년에는 KIDP 50주년을 기념하여 말레이시아, 태국, 베트남 등 약 7개국 9개 기관이 참여한 가운데 아시아디자인나눔협의회가 한국에서 개최되며 나눔 세미나, 머티리얼 전시 및 동남아 디자인산업 현황조사 등을 계획하고 있다.

한국 디자인 DNA:
K-디자인

2011

1990년대 말 드라마에서 불기 시작한 한류 열풍은 K-팝을 거쳐 이제 한국 대중문화 전반을 물론 한국 제품에 대한 선호로 확산되고 있다. 지역적으로 처음에는 중국과 일본을 비롯한 베트남, 인도네시아, 필리핀 등 동남아시아 지역이 중심이었지만 이제는 전 세계적으로 한국 문화의 파급력이 확산된 상태다. 여기에 제품은 물론이고 문화 곳곳에 깃든 K-디자인, 즉 한국의 디자인이 기여한 바는 적지 않다. K-디자인은 우리 고유의 정체성을 토대로 국내외에서 기획·생산된 우수 디자인을 말한다. 여기에는 우리만의 미적·철학적 정체성인 '한국 디자인 DNA'가 담겨 있다. 즉, 세계인이 인지하고 있는 한국 디자인만의 특성이 한국 디자인 DNA이며, K-디자인은 한국 디자인 DNA에서 출발한다고 할 수 있다.

KIDP는 막연히 한국적 정체성을 규정하기보다 한국적 디자인 키워드를 활용해 현대 산업 사회에서 국제적 경쟁력을 가지면서도 문화적 파급력을 가진 디자인이 어떤 것인지 구체적으로 규명하는 것이 중요하다고 판단, 그 개념과 특성을 확립하고 이를 위한 정책적 방향, 인프라 조성과 함께 한국적 디자인 개발이 활성화되고 세계 시장에서 성공적 디자인으로 인정받을 수 있도록 전략적, 전문적 연구를 시행했다. 구체적으로 한국 디자인 DNA를 통해 K-디자인을 전

세계에 알리고자 한국 디자인의 특성 개념을 정리하고 건축, 가구, 도자유기, 의복, 인문 정신, 예술 정신, 산업디자인 등 7개 분야로 분류하여 '전통 사회와 디자인' 그리고 '현대 사회와 디자인' 두 가지 측면에서 2010년부터 2012년까지 3년간 연구를 진행했다.

먼저 1차 연도인 2010년에는 한국 디자인 DNA 발굴 사업에 관한 기획 과제를 확정하고 디자인 풀을 구축하여 50개 주제의 기초 연구를 진행하였고, 7개 분야에서 안동 하회마을(건축), 백자달항아리(도자유기), 당의(의복), 훈민정음(인문정신), 인왕제색도(예술정신), 삼성 LED TV(산업디자인) 등 한국을 대표하는 디자인 141선을 선정했다.

2011년 2월 코엑스에서 열린 한국 디자인 DNA 세미나는 이러한 연구 결과를 발표하고 총 29명의 각 분야의 연구자가 대표 사례를 발표함으로써 한국 디자인 DNA에 대한 관심을 이끌어내고 향후 그 활용 방안을 토론하는 자리였다. 이어서 2차 연도인 2011년에는 한국의 대표 디자인 91선에 대한 메타 데이터 추출을 진행해 심화 연구로 체계화했으며, 2012년에는 대표 디자인 141선에 대한 더욱 심화된 연구를 실시하고, 한국 디자인 DNA 홈페이지를 구축해 성과를 공개했다. 2013년에는 각계 각층의 국내외 오피니언 리더들의 인터뷰를 거쳐 『왜? K-Design인가』라는 책을 발간하고 토론회를 개최하는 등 공감대 형성과 K-디자인 인식 확산을 위한 노력을 기울였다. 또한 2018년 《디자인코리아》 주제를 'K-디자인 DNA'로 정하고 관련 포럼과 주제관 전시를 진행하기도 하였다.

한국 디자인에는 공감과 배려, 유연성과 창의성, 통합과 융합, 정교한 구현력 등의 특징이 곳곳에 배어 있다. 특히 전통적인 측면에서 한국 디자인 DNA는 여백, 소박, 조화 등의 미적 DNA와 홍익인간, 민본사상, 애민사상, 실사구시 등 철학적 DNA가 융합되어 있다. 이제 한국의 디자인은 과거 근대 서구 문화에서 파생된 디자인 개념을 넘어 우리 안에 자생한 디자인 DNA와 융합, 더욱 창의적인 영역으로 나아가고 있다.

한국 디자인계의 증인: 디자이너 명예의 전당

2012

KIDP는 2012년부터 우리나라 디자인산업 발전에 헌신하고 기여한 원로 디자이너를 선정해 그 명예와 공로를 인정하기 위한 '디자이너 명예의 전당' 제도를 운영했다. 다른 분야와 달리 오랫동안 실용 분과로만 인식되어온 탓에 역사 정립이 제대로 되어 있지 않은 디자인 분야에 필요한 사업이었다.

2012년부터 2019년까지 헌액된 디자이너는 모두 15명으로, 1대 봉상균(1932-2917), 조영제(1935-2019), 한도룡, 2대 권명광, 민철홍, 박대순, 3대 부수언, 최승천, 4대 안정언, 양승춘(1940-2017), 정시화, 5대 이상철, 6대 박종서, 7대 김교만(1928~1998), 이영혜가 그 주인공이다.

한국시각디자이너협회 회장 등을 역임한 권명광 교수는 전인 교육과 사회 참여를 강조한 디자인 교육자이자 시각 언어의 이야기꾼으로, 민철홍 교수는 공업 디자인을 우리나라에 도입하고 발전시킨 대한민국 공업 디자인의 아버지로 불린다. 박대순 교수는 40년간 디자인 교육 현장에 몸담으며 디자인의 학술적 체계화를 위해 노력하였다. 봉상균 교수는 디자이너 겸 화가이며 비슷한 시기에 활동한 여러 디자이너가 대학을 중심으로 교육과 현업을 병행해온 것과 달리 1970년대 KIDP에 근무하며 디자인 진흥 기관의 실무자로서 당대 한국 디자인 진흥 정책에 직접 기여한 인물이다. 조영제 교수는 1950-1960년대부터 활동한 디자이너로 디자이너의 사회적 위상이 상대적으로 낮았던 시기에 디자인 분야가 독립된 전문 직종으로 자리매김하는 데 큰 기여를 했다. 88 서울올림픽 엠블럼을 디자인한 양승춘은 디자인 교육자이자 현역 디자이너로서 50여 년 동안 1,000점이 넘는 그래픽 디자인 작품을 남긴 거장이다.

15명의 헌액자는 모두 한국 디자인계의 산 증인이자, 그들이 걸어온 길이 한국 디자인의 역사를 만들어왔다고 할 만큼 큰 족적을 남겼다. 그들의 주요 활동과 작품 일부는 네이버캐스트에 '디자이너 열전'이란 이름으로 연재되어 많은 이목을 집중시켰다.

KIDP 홈페이지(www.kidp.or.kr) 명예의 전당에서는 KIDP 창립이래 디자인계 주요행사에 참여했던 헌액디자이너들의 역사 기록 사진과 주요작들을 볼 수 있다. 이와 관련하여 KIDP는 약 37명의 국내 디자인 원로들이 기증한 디자인 도서 및 연구자료 약 3,000점을 보관(d.shelf) 하고 있으며 홈페이지(www.kidp.or.kr)에 해당 리스트를 선보일 계획이다.

1 2019년 한국디자인진흥원 2층에 구축된
   디자이너의 서재(d.shelf)
2 2017년 한국디자인진흥원 1층 로비에 전시된
   '디자이너 명예의 전당'

디자이너
명예의 전당
헌액자

역대 헌액자

2012년(1대) 故봉상균, 故조영제, 한도룡

2013년(2대) 권명광, 민철홍, 박대순

2014년(3대) 부수언, 최승천

2015년(4대) 안정언, 故양승춘, 정시화

2017년(5대) 이상철

2019년(6대) 박종서

2020년(7대) 故김교만, 이영혜

봉상균 (1932~2017)

1959 서울대학교 미술대학 응용미술학과 졸업

1959-1962 문화공보부 국립영화제작소 미술실장

1965-1977 계명대학교 미술대학 객원 교수

1965-2009 12회에 걸쳐 개인전 개최

1968-1970 대구상공회의소 전문위원

1968 일본 도쿄 학예 대학 산하 구성학 연구실 교환 교수

1970-1978 효성여자대학교(현 대구가톨릭대학교) 미술대학 교수

1970 한국디자인포장센터 연구상무이사

1977-1979 경희대학교 대학원 미술과 석사

1978-1979 영남대학교 미술대학·대학원 교수

1980-1982 한국디자인학회 초대 부회장 역임

1982-1995 서울과학기술대학교 조형대학 교수

1993-1995 한국디자인진흥원 전문위원 역임

1994 한국디자인트렌드학회 설립, 이사장 역임

1998 대통령표창

2003 근정포장

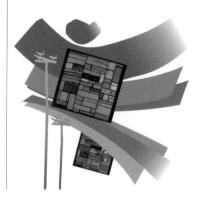

조영제 (1935~2019)

1958 서울대학교 미술대학 응용미술과 졸업
1965-2000 서울대학교 미술대학 디자인학부 교수
1966 대한민국상공미술전람회 심사위원 및 추천작가
1972-1985 (사)한국시각디자인협회 2, 3, 7대 회장
1982-1988 '88서울올림픽대회조직위원회 디자인전문위원회 위원장
1986-1989 서울대학교 미술대학 학장
1987-1989 세계그래픽디자인단체협의회(ICOGRADA) 이사
1990-1993 '93대전세계박람회 디자인전문위원
1994 (사)한국시각정보디자인협회 초대 회장
1994 동탑산업훈장
1995 (사)한국디자인단체총연합회 초대 회장
1999 국민훈장 모란장
2001 동서대학교 명예 디자인학 박사
2001-2007 동서대학교 디자인전문대학원 대학원장
2002 베이징이공대학 디자인예술학원 객좌교수
2015 국제디자인협회(ico-D) 디자인공로상
2019 국제그래픽연맹(AGI) 'Legacy Member' 선정
대한민국산업디자인전람회 심사위원 및 초대작가, 대우그룹, 제일기획 등 자문

한도룡 (1933-)

1958 서울대학교 미술대학 응용미술과 졸업
1959 한국공예시범소 디자인 부장
1960 대한민국미술전람회 문교부장관상 및 추천작가
1961 서울시문화상
1965 '스페이스디자인연구소(인타디자인연구소 전신)' 설립
1966-1998 홍익대학교 미술대학 산업디자인학과 교수
1966 대한민국상공미술전람회 심사위원 및 추천작가
1976 홍익대학교 미술대학 학장
1979 한국현대디자인학회 회장
1980 홍익대학교 산업미술대학원 원장
1982 서울지하철 사인 계획
1984 독립기념관 상징탑 '겨레의 탑' 디자인
1987 '88서울올림픽대회 사인시스템 및 환경장식 디자인
1992 세비야엑스포 '한국관' 디자인
1993 '93대전세계박람회 '한빛탑' 디자인
1994 동탑산업훈장
2000 현대자동차 디자인 고문
2010 은탑산업훈장
2017 대한민국 예술원 회원, 대한민국산업디자인전람회 초대작가, 외교통상부, 통일부, 문체부, 한국공항공단, 서울시, 전주시 등 자문

권 명 광 (1942-)

1965 홍익대학교 공예학부 도안과 졸업
1965-1972 한일은행 근무
1968 제3회 대한민국상공미술전람회 대통령상
1972-2001 중앙광고대상 심사위원 및 심사위원장
1973-2006 홍익대학교 미술대학 시각디자인과 교수
1974 홍익대학교 대학원 시각디자인과 석사
1978 프랑스조형예술협회(IAA) 주최 디자인공모전 은상
1980-1982 (사)한국시각디자인협회 회장
1984-1988 한국그라픽디자이너협회 회장
1995 (사)한국시각정보디자인협회 회장
1997 (사)한국디자인단체총연합회 회장
2001-2003 홍익대학교 광고홍보대학원 원장
2001 황조근정훈장
2002 상명대학교 명예 철학 박사
2004-2006 홍익대학교 산업미술대학원장 원장
2006-2009 제15대 홍익대학교 총장
2009- 상명대학교 디자인대학 석좌교수
2010 제4회 대한민국 미술인상
2014 인천아시아경기대회 디자인위원장,
대한민국산업디자인전람회 심사위원 및 초대작가, 서울시, 제일기획,
엘지애드, 동방기획, 코래드, 대홍기획, 대웅제약 자문위원 등

민 철 홍 (1933-)

1958 서울대학교 미술대학 응용미술과 졸업
1958-1959 미국 일리노이공과대학 디자인학부 공업디자인 연수
1959 한국공예시범소 수석 디자이너
1963 '체신1호' 전화기 디자인
1963-1998 서울대학교 미술대학 디자인학부 교수
1964 서울시문화상
1966 대한민국상공미술전람회 심사위원 및 추천작가
1967-1970 대한민국미술전람회 공예부 심사위원 및 초대작가
1972 삼성전자 흑백 텔레비전 '마하 505' 디자인
1972 한국인더스트리얼디자이너협회(KSID) 창립 및 초대 회장
1973 대한민국 훈장 디자인
1973 일본 도쿄국제조명디자인 지명 콤페'73 동상
1983 민산업디자인연구소(MIDA) 설립
1986-1988 '88서울올림픽대회조직위원회 디자인전문위원
1989 '88서울올림픽대회 기록조형물 '영광의 벽' 디자인
1994 국립현대미술관 초대전시회 <빛의 형상> 개최
1998 국민훈장 석류장
2005 은탑산업훈장
대한민국산업디자인전람회 심사위원 및 초대작가, 대우전자 디자인 고문 등

박대순 (1929-)

1955 서울대학교 미술대학 응용미술과 졸업

1972-1994 한양대 사대 응용미술과 교수, 산업미술대 교수

1974 한양대학교 대학원 응용미술과 석사

1978-1994 한국디자인학회 회장

1980-1983 한양대학교 사범대학 학장

1981 석탑산업훈장

1983-1988 서울올림픽조직위원회 디자인전문위원,
공식행사 전문위원

1985-1990 우수디자인상품선정 심사위원장

1986-1995 한양대학교 산업미술학과 교수

1986 대한민국산업디자인전 초대작가상

1988 서울올림픽대회 공로 표창

1988 한양대학교 대학원 응용미술과 이학박사(국내최초
디자인학 박사)

1989 국제기능올림픽대회 공로 표창

1994 교육공로훈장 석류장

1994 대전엑스포 공로 표창

부수언 (1938-)

1961 서울대학교 미술대학 응용미술과 졸업

1964-1968 한일약품 근무

1967 제4회 조선일보 광고대상 대상

1968-1970 한국공예디자인연구소 연구원

1969 제4회 대한민국상공미술전람회 대통령상

1974-1977 국민대학교 조형대학 조교수

1977-2004 서울대학교 미술대학 교수

1978-1980 한국인더스트리얼디자이너협회(KSID) 회장

1985 '86아시아경기대회 사인시스템 디자인

1986 LG국제디자인공모전 심사위원

1992 산업디자인회사 '코다스디자인' 설립

1994-1998 (사)한국산업디자이너협회(KAID) 회장

1998-1999 서울대학교 미술대학 학장

1998 환경디자인회사 'EDI 환경디자인연구소' 설립

2000-2001 (사)한국디자인단체총연합회 회장

2004 옥조근정훈장

대한민국산업디자인전람회 심사위원 및 초대작가

최승천 (1934-)

1965 홍익대학교 미술대학 공예학부 졸업

1970-1975 한국디자인포장센터 개발실장

1978 제13회 대한민국산업디자인전람회 초대작가

1984 한·일 나전칠기 목공예전

1988-1990 홍익대학교 산업미술대학원 원장

1991 제3회 목강공예상

1993 한·일 현대조형작가 교류전

1994-1996 홍익대학교 미술대학 학장

1995 이태리 삐갈리 스컬퓨전 빠도바 '95

1996-1997 한·일 목공예 가구 교류전

1996 국무총리표창

2000 교육공로표창

2000 대통령표창

안정언 (1942-)

1969 서울대학교 미술대학 응용미술학과 졸업

1972 대한민국산업디자인전 국회의장상

1974 대한민국산업디자인전 한국디자인포장센터 이사장상

1981 한국어린이도서상

1987 서울올림픽조직위원회 디자인 전문위원 역임

1992 대전국제무역박람회 조직위원회

1993 동탑산업훈장

1999 가톨릭미술상

2008 서울시 한강르네상스프로젝트 MP위원 역임

2009 동남상권개발프로젝트 MP위원 역임

2010 자전거길 조성프로젝트 MP위원 역임

양 승 춘 (1940~2017)

1965 서울대학교 미술대학 응용미술과 졸업

1965-1968 동양맥주주식회사 근무

1966-1971 '프리즘' 디자인그룹 창립 및 활동

1966 제3회 조선일보광고대상 대상

1969 대한민국상공미술전람회 추천작가

1970-2005 서울대학교 미술대학 디자인학부 교수

1977-1979 (사)한국시각디자인협회 회장

1983 '88서울올림픽대회 공식 휘장(Emblem) 당선

1984-1986 '88서울올림픽대회조직위원회 디자인전문위원

1994-1997 '97무주,전주동계유니버시아드대회
디자인전문위원

1994-1999 (사)한국시각정보디자인협회 부회장

1995-2000 조선일보 광고대상 심사위원 및 심사위원장

2000-2002 제14회 부산아시아경기대회 디자인전문위원

2000-2005 서울대학교 조형연구소 부소장 및 소장

2006 황조근정훈장

2020 한국가톨릭미술가협회 특별상

대한민국산업디자인전람회 심사위원 및 초대작가, 체신부,
엘지애드, ㈜한샘 자문위원 등

정 시 화 (1942-)

1965 서울대학교 미술대학 응용미술과 졸업

1967 서울대학교 교육대학원 예술교육전공 석사

1969-1970 서울대학교 부설 한국디자인센터(현
한국디자인진흥원의 전신) 『계간 디자인』 편집연구원

1972-1975 수도여자사범대학(현 세종대학교) 응용미술과 교수

1972 서울대학교 대학원 응용미술전공 석사

1972 한국그래픽디자인협회(약칭 KSGD, 후에
한국시각디자인협회KSVD로 개칭) 창립 멤버

1973-1974 덴마크 정부 지원 국비 유학 프로그램 선발, 덴마크
그래픽대학(The Graphic Arts Institute of Denmark) 유학

1975 <현대 디자인 연구: 현대 디자인의 이론적 배경> 저서 발간

1976 <한국의 현대 디자인> 저서 발간

1976-2007 국민대학교 조형대학 시각디자인학과 교수

1989 영국 런던 Central School of Art & Design(현 Central
Saint Martins College of Arts and Design) 연수 교수

1991 <산업디자인 150년> 저서 발간

1992-1995 ㈜한샘 서울디자인박물관 초대 관장

이 상 철 (1944-)

1962-1971 한국산업은행, 디자인·홍보 담당
1971-1973 한국브리태니커회사, 아트디렉터
1973-1996 이가솜씨 어소시에이츠 설립, 대표
1975-1997 '뿌리깊은나무' 전통문화사업 프로젝트 프로듀스
아트디렉터
1976-1980 월간 종합문화잡지 '뿌리깊은나무' 아트디렉터
1978 '월간디자인' 재창간작업 아트디렉터
1982-1983 출판사 뿌리깊은나무, 인문지리지-한반도와
한국사람 '한국의 발견' 미술편집위원
1984-1997 월간 여성종합지 '샘이깊은물' 미술편집위원
1987-1988 88서울올림픽조직위원회 편찬전문위원
1995-1998 한국아트디렉터스클럽 부회장
2008 문화체육관광부 장관표창
2008 올해의 미술인상 디자인부문 본상((사)한국미술협회)
2011-2012 (재)한국공예디자인문화진흥원 '공예트랜드페어'
총괄감독
2012 제14회 대한민국디자인대상 디자인공로부문 산업포장
2013 독일 공예박물관(MAK) 'Korean Power' 전시 Korean
Advisor
2016 한국문화재재단 '대한민국 무형문화재대전' 총괄감독

박 종 서 (1948-)

1974-1979 대한전선㈜ 전자전기 사업부 의장디자인과
1979-2004 ㈜현대기아자동차 연구개발본부 부사장(포니,
스텔라, 엑셀, 소나타, 그랜져, 그레이스, 포터, 스쿠프,
엘란트라, 갤로퍼, 액센트, 아반떼, 마르시아, 티뷰론,
다이너스티, 스타렉스, 카티, 에어로버스, 베르나, 에쿠스
싼타페, 라비타 외 다수)
1993 대통령 표창
1999 동탑산업훈장
2004-2006 국민대학교 테크노디자인 대학원장
2006-2013 국민대학교 공업디자인학과 교수
2013- 현재 에코폼 디자인연구소 소장
2016- 현재 포마자동차디자인미술관 관장

김 교 만 (1928~1998)

1956 서울대학교 미술대학 응용미술과 졸업

1965-1994 서울대학교 미술대학 디자인학부 교수

1966 대한민국상공미술전람회 심사위원 및 추천작가

1968 서울시문화상

1971-1993 조선일보 광고대상 심사위원 및 심사위원장

1972 (사)한국시각디자인협회 초대회장

1976 대한민국상공미술전람회 대회장상

1980 <한국의 가락> 출판 및 전시

1980 대한민국미술전람회 공예부 초대작가

1982 유네스코주최 노마(NOMA)국제콩쿨 특선

1985 서울일러스트레이터협의회 회장

1988 한국출판미술가협회 부회장

1993 동탑산업훈장

1996 '한국의 산업디자이너 100인' 선정(최다 득표)

2004 한국가톨릭미술가협회 특별상

대한민국산업디자인전람회 심사위원 및 초대작가, 체신부

자문위원 등

이 영 혜 (1953-)

1976 홍익대학교 응용미술 졸업

1977 월간디자인 편집부 기자

1980 월간디자인 발행인

1993 서강대학교 경영전문대학원

1994 디자인하우스 발행인

1998-2002 동덕여자대학교 산업디자인학과 겸임교수

1998 제33회 잡지의 날 국무총리 표창

2002 제4회 산업디자인 진흥대회 동탑산업훈장

2008 이탈리아정부 최고문화훈장

2012-2013 제5회 광주디자인비엔날레 총감독

2015- 백남준문화재단 대표이사장

서비스디자인이 그려낸 미래,
미래가 그리는 서비스디자인

최민영 · 성신여자대학교 서비스디자인공학과 교수

2014년 12월 30일 「산업디자인진흥법」 개정안에서 서비스디자인이 디자인 영역으로 포함·분류되어 법적 효력을 가지게 되었다. 2015년 대한민국을 대표하는 《대한민국 산업디자인전람회》에서는 '행복한 노후를 위한 지식 나눔 프로그램: 락화'가 대통령상을 받으며 서비스디자인 분야로서는 첫 번째 대상수상작으로 선정되었다. 2016년 독일 뮌헨에서 열린 'iF 디자인어워드 2016' 시상식에서는 대한민국 정부의 '국민디자인단'이 최고상인 금상을 수상하는 쾌거를 이루어내었다.

2015년 《대한민국 산업디자인전람회》 대통령상 수상작:
행복한 노후를 위한 지식 나눔 프로그램 '락화', 손지영

서비스디자인, 뿌리를 내리다!

'서비스디자인', 최근 산업의 경쟁력 강화를 위한 혁신의 수단으로서 제일 많이 언급하는 단어이며, 동시에 수요자 중심 디자인, 프로세스의 변화, 비즈니스 혁신, 지속 가능한 사회, 공유가치 등 개념들이 함께하는 새로운 디자인 분야이기도 하다. 특히 디자인에 있어 형태와 기능을 넘어 시장과 산업의 혁신을 주도하는 비즈니스와 프로세스를 개발하는 것이 중요하다는 것을 의미한다. 우리나라 산업의 패러다임 또한 정보화 사회로 진입하여 제조업에서 서비스 산업으로 중심이 이동되었으며, IT기술과 미디어 혁명은 이러한 변화를 더욱 가속화하고 있다.

국내에서의 서비스디자인 분야는 KIDP가 주도적인 역할을 하며 성장하고 확산되고 있다. 2010년부터 산업통상자원부와 KIDP는 R&D 과제와 시범사업을 통하여 다양한 서비스디자인의 선도적 사례를 발굴했으며 이를 통해 금융산업과 의료서비스 부문에서 서비스디자인에 대한 큰 관심을 불러일으켰다. 현대카드, 신한은행, 삼성생명보험, 대한병원협회, 서울아산병원, 삼성서울병원의 선도적인 서비스디자인 사례를 바탕으로 에너지, 보건의료, 복지, 산업단지, 전통시장, 학교 등 다양한 공공 분야의 서비스디자인 시범사업을 실행하였다. 이러한 서비스디자인의 도입은 2014년 12월 30일 「산업디자인진흥법」 개정안의 공표를 통하여 법 제도화되었다. 또한 국가인적자원 양성의 표준이 되는 국가직무능력표준에 서비스경험디자인이 추가되어 디자인 사업 영역의 표준 모형으로 개발되었다. 법과 제도적 측면에서 서비스디자인은 새로운 디자인 영역으로 서 자리매김하며, 미래 혁신산업과 인재 양성 측면에서 탄탄하게 뿌리를 내려가 고 있다.

구분	공예 Craft	산업디자인 Industrial Design	서비스디자인 Service Design
누가	장인	산업디자이너	다양한 이해관계자
언제	농업혁명이후	산업혁명이후	정보화혁명이후
어디서	개인 공방 스튜디오	기업 디자인전문회사	서비스디자인전문회사 및 개인, 기업, 공공기관, 사회단체 등
무엇을	도구	시각, 제품, 공간, 환경 등	서비스 구현의 비즈니스와 플랫폼
어떻게	시행착오와 만들기	시각화, 도면, 모델	리서치, 관찰, 참여, 협업
왜(목적)	도구의 사용성과 예술성	기업의 이익, 경쟁력 창출	수요자 경험 가치와 공유 가치 창출

패러다임에 따른 디자인의 변화

고부가가치의 산업 혁신을 만드는 서비스디자인

서비스디자인의 활용은 제조 기반의 기업을 고부가가치의 서비스가 융합된 혁신기업으로 변화시키는 데 큰 역할을 한다. 2016년 가정용 주방 후드를 만드는 하츠(Haatz)는 사이픽스, 큐브, The DNA, 인큐브 등 서비스디자인전문회사와 함께 주방 후드 관리 렌탈 서비스 비즈니스를 디자인하였다. 유해가스 안전과 사용성, 가격에 대한 소비자의 요구를 크게 만족시키는 서비스를 개발하고, 제품디자인부터 비즈니스모델까지 새로운 고부가가치를 창출한 사례라고 할 수 있다.

복잡한 시스템 제품뿐만 아니라 일상생활의 소비재 역시 서비스디자인을 통하여 혁신되고 있다. 2016년 ㈜더클락웍스는 대기오염에 따른 현대인의 라이프스타일 변화를 반영하여 새로운 마스크를 디자인하였다. 서비스디자인을 통

마스크 제조기반의 대기오염 대응 서비스모델(왼쪽)과 제품-시스템-서비스 융합의 렌탈서비스 디자인(오른쪽)

해 저가의 마스크 제품이나 단순한 경보 서비스의 한계를 극복하고 개인별 맞춤형 제품을 디자인하였으며, 대기오염 정보의 수집과 빅 데이터를 활용하여 신규 비즈니스를 통합적으로 개발하였다. 또한 패션산업과 IT산업, 관광산업, 헬스케어산업을 융합하여, 국민건강증진의 사회적 문제를 해결함과 동시에 고부가가치의 비즈니스 창출이 가능토록 하였다.

산업의 미래를 선도하다

2016년 한국디자인진흥원 주관으로 알마덴디자인리서치가 진행한 '청정 관광마을 전기차 활성화 서비스디자인'은 미래 신사업에 선도하는 서비스디자인의 대표적 모델을 제시한다. 친환경 산업은 2020년 2천조 원에 육박하는 규모로 성장하는 신산업으로서 영국에서는 이미 E-on 에너지공급서비스혁신 등을 통하여 에너지 신사업모델 개발에 서비스디자인을 활용하였다. 전기자동차 또한 2025년에 3조 원에 이르는 시장 규모를 예측하고 있으나, 실제 보급은 충전 서비스와 안전제도 등 수요자 중심의 다양한 문제를 해결하지 못해 정체되는 상황이다. 이러한 문제를 해결하기 위해 서비스디자인은 한국에너지평가원, 포스코 ICT, 울릉도 주민 등과 함께 제도에서부터 운영 방법, 일자리 창출, 사용자 서비스, 지역 관광 서비스까지 통합하는 것을 시도하였으며, 관광콘텐츠에서부터 서비스 프로모션과 공유 비즈니스까지 개발을 가능하게 하였다.

노르웨이 어느 섬마을
오후 2시 , 영하 15℃

만약
전기차를 필요한 시간만큼만 나눠 쓴다면?

전기차활성화 충전인프라 서비스디자인

서비스디자인은 단순히 개별기업과 산업뿐만 아니라 산업단지의 전체 변화도 이끌어낸다. 산업단지는 양적 성장 중심에서 소프트웨어와 클러스터 활성화를 위한 많은 체질 개선의 노력에도 불구하고 청년층 기피 현상과 시설 노후화 안전 문제 등으로 혁신 동력이 저하되는 큰 위기상황에 직면해 있다. 2016년 한국디자인진흥원과 김현선디자인연구소는 창원산업단지를 대상으로 '산업단지 서비스디자인패키지모델'의 서비스디자인 사업을 수행하여 '원격 버스정류장', '캐주얼 카풀', '푸드트럭', '산단맨에게 부탁해' 등의 참신한 아이디어를 제안하고, 산단 근로자 중심의 정책 개발과 서비스가 가능하도록 하였다. 또한 같은 해에 산업단지 서비스디자인패키지(SDP)를 디자인하여 한국산업단지공단, 지자체, 국토부 등 타 부처의 관련 사업에 서비스디자인 방법론을 활용할 수 있도록 하는 발판을 만들었다.

행동의 변화를 만들어내다

서비스디자인은 비즈니스 혁신뿐만 아니라 사회문제를 해결하고 사회를 변화시키는 방법으로도 큰 역할을 하고 있다. 유럽에서는 건강과 복지, 식품과 영양, 학교, 에너지와 환경, 관광사업, 교통 등 사회문제 해결에 서비스디자인을 활용하고 있으며 국내에서도 디자인 주도의 공공서비스 혁신을 위한 다양한 시범사업이 추진되고 있다. 2010년 한국디자인진흥원은 한국디자인지식산업포

럼과 함께 '아파트 관리비 고지서 리디자인'을 통하여 에너지 문제에 서비스디
자인 방법론을 적용하였다. 서비스디자인의 활용은 고지서에 표기된 요금과 정
보의 가독성을 높였을 뿐만 아니라, 에너지 서비스의 전체적인 정보의 질을 향
상시키고 효율적인 커뮤니케이션을 가능하게 하였다. 또한 참여한 이용자들이
15.09%의 에너지를 절약하는 행동 변화를 보이는 등 놀라운 성과를 이끌어냈으
며, 이를 통해 2011년 'IDEA Excellent Awards'를 수상하게 되었다.

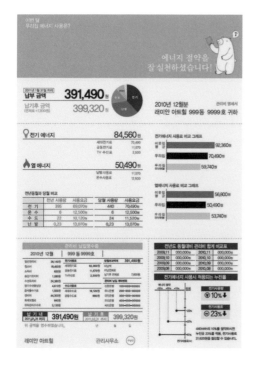

전기요금 고지서 개선 서비스디자인

- 2011 '행정제도선진화 우수사례
  경진대회', 국무총리상
- 2011 IDEA국제디자인공모전
  서비스디자인부문 파이널리스트 선정
- 2014 '에너지절약촉진대회', 대통령 표창

  2013년부터 아파트전기요금 고지서의
  일부 아이디어가 적용,
  에너지관리공단에 의해 전국 아파트로
  전기요금 고지서에 활용중임

삶을 건강하게 만드는 서비스디자인

　　노령화에 따른 건강과 복지 문제 역시 대표적인 사회 이슈이다. 서비스디자인은 이러한 복잡한 사회문제를 해결하는 데 큰 역할을 하고 있다. 2016년 '고령자 생활안전 달력'은 사회 취약 계층인 고령자의 정보 전달을 위하여 공공기관과 기업, 사회적 단체에서 활용하는 표준 플랫폼에 대한 서비스디자인 사례이다. 달력의 시각적 디자인을 넘어서 노인의 안전 정보와 생활 정보를 프로그램으로 제공하였으며, 노인 재활센터나 복지관 등과 연계하여 확장이 가능한 서비스로 개발함으로써 중복되는 복지예산의 사회적 비용을 줄이는 동시에, 지역과 연령, 계층에 맞는 맞춤형 사회복지 서비스가 가능하도록 하였다.

어르신 생활안전 '스마트달력'

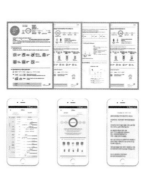

건강관리/건강검진 서비스디자인

건강검진표

2016년 ㈜디맨드와 ㈜이노파트너스가 한국디자인진흥원의 지원으로 개발한 국민건강보험공단의 '건강신호등'은 이를 스마트 서비스로 확장한 사례이다. 검진 결과의 사후관리와 만성질환자의 건강 관리가 가능하도록 보건-의료서비스를 예방부터 임종까지의 생애 전체의 관점으로 개편하고, 수요자에 맞는 건강 관리 서비스를 디자인하였다. 국민건강보험공단은 이러한 서비스디자인의 성과를 지역 자원 연계 문자 서비스, 상담 관리 정보디자인, 건강 관리 안내문, 맞춤형 건강 관리 애플리케이션 등으로 확대하여 매년 660만 명의 건강관리 대상자가 쉽게 사용할 수 있는 시스템으로 발전시키고 있다. ㈜사이픽스 역시 한국디자인진흥원과 함께 건강과 의료 분야에 다양한 서비스디자인을 수행한 대표적 서비스디자인 전문기업이다. 2012년 자신의 건강 상태를 쉽게 이해하고 건강한 생활을 유지할 수 있도록 개발된 '건강검진결과표 서비스디자인'은 88%의 신뢰도와 93% 이해도라는 괄목할만한 서비스 개선의 성과를 창출하였고, 이에 보건복지부는 2015년부터 개선된 검진표를 고시하고 2017년부터는 '환자 경험 평가'를 도입하여 서비스디자인을 통해 제도를 개선했다. ㈜사이픽스는 이러한 의료 분야의 서비스디자인을 '일산명지대학의 정형외과 외래 진료실 서비스디자인'과 'CPR 확산을 위한 서비스디자인'으로 확대하였다. 이를 통하여 수요자의 만족을 넘어선 의료서비스 공급자의 경쟁력과 서비스의 질을 높이고, 의료시스템의 내부 조직 혁신과 서비스디자인의 방법론을 활용하는 문화를 전파하였다.

어린이부터 노인까지 모두를 위한 서비스디자인

　미래 세대인 어린이와 청소년을 위한 교육 분야에서도 다양한 서비스디자인이 이루어지고 있다. 2013년 ㈜디맨드는 '정자중학교 학습개선 서비스디자인'을 실행하였고, 2015년 ㈜김현선디자인연구소에서는 '행복한 학교 만들기 서비스디자인'을 실행하였다. 학교의 교육 환경과 학생 관리 시스템, 성적 관리 시스템을 서비스디자인으로 개선하여 학생들의 심리적 안정, 교사 관계, 학습 활동의 실질적인 향상을 이끌어냈다. 학교뿐만 아니라 인터넷과 게임 중독 등 청소년이 흔히 겪을 수 있는 문제도 서비스디자인을 통해 해결하려고 시도했다. ㈜바이널엑스는 '인터넷 게임 디톡스 서비스디자인'을 통하여 초등학생의 디지털기기 활용의 바른 생활습관 형성과 또래 문화 형성, 학습 성취도 향상을 가능하게 하였다. 이러한 서비스디자인은 가정뿐만 아니라 상담사와 교사 그리고 다양한 사회기관에 보급되는 커뮤니티서비스로서 발전하고 있다.

　'액티브에이징을 위한 고령자 자립생활지원 서비스디자인'은 의료 분야를 넘어 고령자를 위한 서비스디자인을 실행한 사례이다. 한국디자인진흥원과 ㈜디맨드, 디자인와우앤파트너스, ㈜디자인뮤의 서비스디자인 전문기업, 대구디자인센터, 광주디자인센터(현 광주디자인진흥원), 지역 디자인센터가 함께 협업한 프로젝트로서, 이러한 협력 구조 덕분에 웰패밀리하우스 애플리케이션, 기능성의자, 서비스 모니터링 로봇, 이동기기 등 고령자 특화 제품에서부터 생활지원 서비스까지 통합된 플랫폼이 개발되었다. 또한 고령자의 자립과 관계 증진

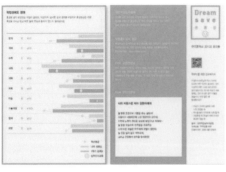

1

2

3

1 행복한 학교 만들기 서비스디자인 정자중학교 - 꿈통장
2 세모달-자기 주도적 핸드폰 사용관리 앱
3 액티브에이징을 위한 고령자 자립생활지원 서비스디자인-웰패밀리하우스 모바일 어플리케이션

을 이끌어내고, 수익 창출이 가능한 비즈니스를 개발할 수 있었다.

지역 문제를 해결하는 서비스디자인

공공서비스 및 지역 문제를 해결하는 데 있어서도 서비스디자인의 역할은 크다. 정부는 2008년부터 5년간 전통시장 활성화를 위해 1조 1천억 원의 정부 예산을 지원하였지만 시장 매출은 오히려 35% 감소하는 어려움에 봉착했다. 한국디자인진흥원은 이러한 정부 지원 사업의 한계를 넘어 고객 중심의 매력적인 전통시장을 만들기 위하여 알마덴디자인리서치와 함께 '전통시장 서비스디자인 패키지 모델'을 개발하고 이를 부여시장에 시범 적용하는 서비스디자인을 수행하였다. 수요자 중심의 서비스디자인을 통하여 전통시장의 본질적 역량과 고객 특성을 분석하고, 부여 연꽃 도깨비빵과 같은 지역특화상품을 디자인하였으며, 청년 아티스트 초청과 전시·판매 행사를 실행하였다. 그 결과 방문객이 31% 증가하고 점포 평균 매출이 67% 증가하였다. 이러한 성과를 바탕으로 2017년부터 모든 문화관광형 시장 지원 사업에 서비스디자인이 도입되었고, 한국디자인진흥원은 수유마을시장(지역선도시장)과 안동 구시장(글로벌명품시장)의 서비스디자인사업을 추진하였다.

삶의 중심이 되는 지역사회와 마을 역시 서비스디자인을 통하여 새로운 공유가치를 창출해낼 수 있다. 부산 사하구에 위치한 '감천문화마을 서비스디자인'은 이러한 지역 혁신의 대표 사례이다. 단순히 마을의 환경 개선에 머무르지 않고 지속 가능성과 주민 참여를 바탕으로 주민해결사, 꽃할배기념품, 길찾기시스템 등의 새로운 비즈니스 모델을 발굴하였으며 주민 주도의 협력 커뮤니티 디자인과 서비스 매뉴얼을 만들어냈다.

국민과 세계와 함께하는 서비스디자인

행정안전부와 산업통상자원부, 한국디자인진흥원은 2014년부터 서비스디자인 기법을 공공정책 기획 방법으로서 적용하는 '국민디자인단' 사업을 추진하였다. 국민디자인단은 의제 설정, 정책 결정, 집행, 평가 및 환류의 정책 과정 전반에서 공무원, 국민, 서비스디자이너가 함께 참여하여 공공서비스를 제안 및 개선하고 디자인하는 정책워킹그룹이다. 2019년까지 모든 부처와 지자체는 총 1,000개 이상의 국민디자인단 과제를 운영했으며 이를 통해 국민 참여형 정책기획 프로그램에 1만 명 이상의 국민이 참여하였다. 이 노력의 성과로 2017년 4월 행정절차법 시행령이 개정되었고, 국민의 정책 참여 방법으로서 '공공서비스디자인'을 활용할 수 있는 법적 근거가 최초로 마련되었다. 서비스디자인은 국민 모두가 참여하는 혁신의 방법이고 함께 국가의 미래를 디자인하는 수단이 되었다.

2014년 태국 철도청은 한국디자인진흥원과 함께 철도교통서비스와 MICE 산업발전을 위한 정책과 관광서비스 개발에 국제 협력 서비스디자인 프

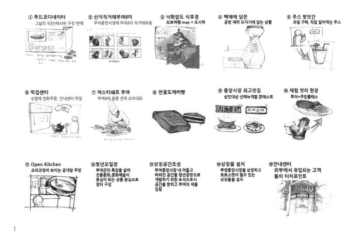

1

2

1 부여중앙시장에 제안된 최초 15개 제품, 서비스 개발 아이디어
2 전통시장 서비스디자인 패키지 모델 보고서

로젝트를 실행하였다. 서비스디자인을 통하여 태국의 다양한 교통수단과의 연계서비스를 만들고 입국 서비스를 개선하였으며, 여행객을 위한 새로운 물류 서비스를 도입하였다. 특히 지역 비즈니스 활성화를 위하여 OTOP(One Tambon, One Product), 즉 지역을 대표하는 특산품을 개발하고 홍보하였다. 이러한 서비스디자인의 결과는 지역 주민과 지역의 수익을 창출하고 중소기업을 육성하며 지역 경제를 개발하는 데 큰 역할을 하였다. 대한민국의 서비스디자인이 K-디자인의 주역으로 세계인과 함께하는 성공사례가 만들어진 것이다.

서비스디자인의 미래

지난 10년간 서비스디자인은 한국디자인진흥원을 중심으로 다양한 영역에서 새로운 가치를 만들어내며 지속적으로 성장하였다. 2015년 기준 국내 서비스디자인 분야는 2조839억 원으로 동기대비 20.7%씩 성장하고 있으며, 산업 인력 규모 또한 매년 16.7%씩 증가하고 있다. 또한 서비스디자인은 자동차, 전자, 출판, 엔터테인먼트의 전통적인 산업뿐만 아니라 금융, 교육, 복지, 의료, 치안, 국방 분야까지 확장되고 있으며, 앞으로도 더욱 복잡해지는 다양한 사회문제를 해결하고 기술발전에 따라 변화하는 산업 혁신을 선도하며 사람 중심의 포용적 성장을 실현하는 핵심 도구로서 역할 할 것이다. 또한 서비스디자인은 스마트시티와 친환경기술, 에너지산업, 자율주행자동차, IoT기술, 증강현실, 지능

형 서비스 등 우리나라의 미래 성장 동력으로 언급되는 분야에서 새로운 비즈니스를 창출하고 혁신을 만들어내는 데 주도적 역할을 하며, 나아가 공유경제, 안전과 환경, 젠더와 1인 가구, 고령화와 지속 가능한 성장 등 주요한 사회적 이슈에 문제해결 방법으로서 다양하게 활용될 것이다. 모두의 참여와 협력을 기반으로 하는 서비스디자인은 인간 중심의 미래를 함께 만들어가는 공유지식으로서 더욱 빛날 것이다.

감천문화마을 서비스디자인 결과물 중 제품사례 예시

2013—2016

2013 KIDP 중국사무소 개소(베이징)

2013 디자이너 명예의 전당 헌정 기념 초대전 (봉상균)

2013 디자이너 명예의 전당 헌정 기념 초대전 (조영제)

2013 디자인영재아카데미 개원식

2014 K-디자인나눔 재능기부단 발대식

2014 국민디자인단 최초 성과발표회

2014 한-아세안 관광서비스디자인워크숍

2015 KIDP 중부(대전) 창업보육센터 개소

2015 미래디자인융합센터 개관

44

2013

디자인진흥원사

- 『K-DESIGN』발간
- KIDP 중국사무소(KIDP China) 개소
- 서비스디자인 전담조직 개설
  (서비스디지털융합팀)
- 디자인표준계약서 개발 및
  디자인공지 증명제도 운영
- 디자인서바이벌 <K디자인> 제작
  발표회(MBC드라마넷)
- 디자인 영재 아카데미 개원
- 한·중 디자인 포럼 개최

한국 디자인사

- 홍익대학교 실기고사 폐지
- 현대카드, 디자인 라이브러리 개관
- 국가디자인정책포럼,
  세계디자인정책포럼 개최
  (한국디자인단체총연합회)

한국 사회사

- 나로호 3차 발사 성공
- 박근혜 정부 출범
- 이석기 의원 구속
- 성년 기준 연령, 만 20세에서
  만 19세로 하향 조정
- 삼성전자 한국 최초 분기 이익
  10조원 돌파

KIDP는 우수 디자인 제품을 보유한 기업과 역량 있는 디자인 기업이 해외의 신흥 디자인 시장에서 펼치는 비즈니스 활동을 돕고 있다. 한국 디자인의 우수성을 알리고 해외 진출 기회를 확대해 디자인산업을 발전시키고 국제 경쟁력을 강화하기 위해 2009년부터 디자인 기업의 해외 진출 사업을 지원해왔다. 동시에 해외지사를 설립해 전략적인 진출 거점을 마련하고 있다.

2013년 3월 베이징에 KIDP 중국사무소(KIDP China)를 열어 한국 디자인의 해외 진출을 위한 현지 디자인 거점을 설립한 것이 그 시작이다. 중국은 당시 한국 디자인 회사의 주요 교류국이었으며 베이징은 디자인산업 발전 기반이 풍부하고 다른 지역에 비해 디자인 기업 수가 많은 편이었다. 또한 베이징시 산하의 베이징산업디자인센터, 중국산업디자인협회 등 디자인 관련 협력 기관이 위치해 공동 사업 추진과 중국 전역으로의 사업 확대가 쉬워 1호 디자인 거점 구축 지역으로 선점됐다. 당시 중국사무소 개소를 기념해 '디자인과 창조 경제, 한중 협력의 새로운 장을 연다'라는 주제로 한중디자인포럼이 개최되었다. 조동성 서울대 교수가 주제 강연을 진행했고, 김영준 삼성전자 전무는 '융합 디자인을 통한 혁신 추구'를 주제로, 천동량 베이징산업디자인센터(BIDC) 대표는

'자주 창신의 중국, 관건은 디자인'이란 제목으로 발표를 진행했다.

2015년 10월에는 세계적인 소상품 도매시장으로 알려진 중국 이우시에 한국디자인 이우센터를 개관했다. 한국 디자인 회사의 용역 수주를 비롯한 생활상품 판로 개척 등 한국 기업의 중국 시장 진출을 위한 시장 조사와 정보를 제공한다. 현재 인디자인, 퍼셉션, 디자인네오그룹, 컴포지션 등 약 11개의 한국 기업이 입주해 있다. 이어서 K - 팝과 드라마 등 한국 문화에 호의적인 베트남에도 해외의 한국 디자인 거점을 마련했다. 2018년 10월, 하노이에 문을 연 한베디자인센터에는 플랫팜, 샘파트너스 등 국내 디자인 회사 4개가 입주해 한국 기업과 디자이너가 베트남을 무대로 활약하는 전초 기지 역할을 하고 있다.

2019년에는 가전, IT 등 첨단·창의 산업 특화 단지로 유명한 광동성 순더에 한국디자인순더비즈센터가 들어섬으로써 중국 내 한국 디자인 거점은 3개로 늘어났다. 광동 지역 디자인산업 단지인 광동공업디자인성에 위치한 이곳에는 국내 디자인 회사 10여 개가 입주했으며, 사무실을 포함하여 교육장과 전시 공간 등을 두루 갖췄다. 광동 지역은 중국 정부가 실리콘밸리에 버금가는 첨단 산업지구로 키우겠다는 의지를 밝힘에 따라 디자인 수요가 크게 늘 전망이다.

현재 중국은 과거 우리나라가 그랬듯이 후발 주자의 이점을 누리며 디자인 발전을 단계적으로 거치지 않고 바로 건너뛰는 비약적 발전의 회오리 속에 있다. 비록 근래 들어 성장 동력이 떨어지고 국제 정세 또한 가늠할 수 없는 상황이지만, 중국은 우리나라 경제는 물론 정치, 문화를 비롯한 모든 분야에서 밀접한 관계를 맺을 수밖에 없는 나라이다. 이에 KIDP는 중국에 진출한 한국 기업이 개별 역량으로는 진행하기 어려운 심층적인 시장 조사를 추진해 기업에게 맞춤형 정보를 제공하기 위해 노력하고 있다.

한베디자인센터 외부 전경

내가 만드는 정책: 국민디자인단

2014

디자인진흥원사

- 「산업디자인진흥법」 개정 (서비스디자인 포함)
- 국민디자인단 출범
- ISC(디자인문화콘텐츠 산업 인적자원개발위원회) 사업 시작
- 중기 디자인인력지원사업 발대식
- 한국디자인상품, 미국·독일 팝업스토어 지원

한국 디자인사

- 환경부, 도시 내 생태휴식공간 '자연마당' 조성 확대 발표
- 동대문디자인플라자(DDP) 개관

한국 사회사

- 도로명주소 법적 전면 사용
- 세월호 참사
- 인천아시안게임 개최
- 대한항공 086편 회항, 일명 '땅콩 회항' 사건

국민디자인단은 이해 관계자들이 정책 기획 단계부터 참여함으로써 맞춤형 공공 서비스를 개발하기 위한 취지에서 출범했다. 2014년부터 KIDP와 행정안전부, 산업통상자원부가 협력해 말 그대로 정부가 시행하는 정책에 국민이 직접 참여해 관련 기관, 디자인 전문가 등과 함께 의제 설정부터 설계, 집행, 평가까지 전 과정에 관여함으로써 '국민이 주인인 정부'를 만들고자 기획되었다. 수요자 중심의 정책 개발을 목적으로 하는 이 사업의 중추에는 '서비스디자인' 방법론이 존재한다. 의견의 수렴과 확산을 반복적으로 수행하는 디자인적 사고를 기반으로 분석과 직관이 통합된 사고방식을 사업의 중심에 두기 때문이다.

KIDP는 사업 참여를 희망한 26개 기관과 팀을 구성하여 2014년 5월부터 7월까지 약 6주간 시범적으로 '국민디자인단'을 운영하여, 서비스디자인이 공공 부문에 적용되면 어떤 시너지 효과를 가져올지 지켜보았다. 최종 발표회에서 개선안이 도출된 19개 과제 중 15개 정책이 공유되었고, 그중 최우수 사례로 주민들이 참여해 도시 환경 문제와 사회 문제를 해결하는 광주광역시의 사회적 네트워크 구축사업 '다(多)가치 Green 서비스'가 채택되었다.

이러한 시범 사업의 성공을 바탕으로 2015년에는 시범 사업보다 10배 커진 규모로 사업이 진행되었

다. 각 중앙부처와 지방 자치단체가 대거 참여한 가운데 248개의 다양한 정책들을 '국민디자인 과제'로 선정한 후, 정책 수요자 의견이 효과적으로 반영될 수 있도록 디자인 전문가인 서비스디자이너와 학생, 시민 등의 정책 수요자, 정책 공급자인 공무원이 함께 워킹 그룹을 구성했다. KIDP는 서비스디자이너의 주도 아래 1,500여 명에 달하는 이들 참여자들이 서비스디자인 방법론을 충실하게 적용할 수 있도록 각종 팀 미팅, 현장 조사, 전문가 자문, 보고 등 다양한 공동 활동을 지원했다.

대상이 된 정책들은 사회복지, 안전/생활/편리, 어린이/교육, 마을 공동체, 문화/관광, 지역 환경 개선 등 시민들의 생활과 직접적으로 연관된 분야가 대부분이었다. 오랫동안 위험한 공간으로 방치되었던 공간이 시민을 위한 공원으로 거듭난 '서피랑 음악공원'(통영 명정동)이 한 예다. 그 밖에도 '행복한 인생 2막, 할머니 학교'(서울 금천구), '우리 동네 대피소 지도 만들기'(울산 중구), '북한이탈주민 맞춤형 농촌생활 정착 서비스'(전남 강진군), '감염제로 우리동네 안심병원'(서울 중구), '당신의 자진 신고를 칭찬합니다'(관세청), '주민 밀착형 탄력순찰 추진'(경찰청) 등도 국민디자인단을 통해 시민들과 직접 소통하고 신뢰를 쌓음으로써 좋은 결과를 낳은 사례로 꼽힌다.

2016년 독일의 'iF 디자인 어워드'에서 '정부3.0 정책 디자인 그룹(Government 3.0 Policy design group)'이란 제목으로 국민디자인단의 운영 사례가 서비스디자인부문에서 세계 최초로 최고상인 금상을 수상하였고, 이를 통해 서비스디자인을 통한 혁신이 사회적으로 어떤 효과를 가져올 수 있는지 직접 체험하게 했다. 당시 iF 디자인 어워드 심사위원단은 "이 특별하고 대담한 프로젝트는 국가의 새로운 거버넌스 구조를 만들고, 국정 운영의 중심에 국민이 앞장서는 역할을 했다. 이 프로젝트는 서비스디자인의 활용을 통해, 한국 국민들을 위한 사회혁신을 개발하는 것을 목표로 한다. 공공 영역에서 서비스디자인 프로세스를 멋지게 설계하였고, 결과는 설득력이 있었다. '정부3.0 정책 디자인 그룹'은 정책 입안자, 전문가와 시민들이 함께 공공서비스 개선에 참여하는 창조적인 역할 모델을 제시하고 있다."[64] 라고 평했다.

실제로 국민디자인단 구성원 중 정책 가이드 역할을 하는 서비스디자이너는 대학 교수 또는 서비스디자인 전문업체 대표 및 임직원 등 전문성을 갖춘 인력들이 참여하고 있으며, 시민단체, 학생, 주부 등 일반인들도 각자의 생활과 관련되는 정책을 개선하는 데 열정을 가지고 참여한다.

"디자인이 문제해결형 공공서비스에 표준화된 모델을 제공하는 것이 가능하다는 것을 배웠다."라거나, "정부 정책은 현장과의 소통이 중요하지만 그 방법을 잘 몰랐다. 이번 경험을 통해 서비스디자인이라는 과학적 접근 방법을 이해하게 되어 정책 수립 및 집행 과정에 많은 도움이 되었다.", "국민디자인단 활동은 가깝지만 먼 당신인 국민이 과연 정책을 어떻게 인식하고 경험할까라는 고민을 하게 했다. 늘 국민을 위해 정책을 만들지만 '국민의 경험을' 구체적으로 고민하기는 어렵다. 국민디자인단 활동은 물리적으로 정서적으로 사무실 세계에서 나와 국민의 세계로 들어가게 만들었다."[65] 라고 참여자들이 국민디자인단의 사회적 가치 실현 효과를 강조하는 것도 이러한 이유에서다. 특히 생활 밀착형 정책의 경우 다른 부처나 지역으로 확산될 가능성이 크다는 점에서 정부 혁신을 주도할 캠페인이 될 수 있다. 지금까지 전국적으로 1만 명 이상의 국민들이 정부 정책 개선에 나서는 등 공공 분야를 수요자 중심으로 혁신하는 역할을 하고 있다. 이에 발 맞춰 KIDP는 2015년부터 매년 『국민디자인단 성과 사례집』을 펴내고 온라인 카페를 개설하는 등 캠페인에 힘을 보태고 있다.

1 동대문디자인플라자에서 개최된 '정부3.0 국민디자인단 정책 발표회(2015년 6월 18일)
2 코리아디자인센터에서 개최된 '국민디자인단 운영과제 워크숍'(2019년 6월 3일)

46

한국을 대표하는 디자인 씽크탱크: 미래디자인융합센터

2015

경남 양산은 울산과 부산 사이에 위치해 전통적으로 한국 경제에서 중추 역할을 하는 두 도시의 기능을 분담하는 연담 도시권을 형성한 지역이다. 2015년 2월 이곳에서 문을 연 '미래디자인융합센터'는 한국을 대표하는 디자인 씽크탱크이자 지역의 혁신 발전소로서 역할을 수행하는 곳이다. 우리나라에서 과학 기술 및 산업 관련 연구센터가 아닌 정부 차원의 미래 디자인 연구와 전략을 위한 연구센터가 들어선 것은 미래디자인융합센터가 처음이다.

양산시가 제공한 약 1만 제곱미터의 부지에 연면적 6,311제곱미터, 지하 1층, 지상 2층 규모로 건축된 이 센터는 창고 8개를 붙여 놓은 듯한 외관으로 완공되자 큰 관심을 끌었다. 미래디자인융합센터 건축물은 실제로 디자인 창고라는 콘셉트에서 출발했는데, 건축설계 공모에 당선된 김찬중 건축가는 이에 대해 "앤디 워홀, 잭슨 폴락, 비틀즈, 그리고 스티브 잡스에 이르기까지 인류에게 혁신적 사고와 메시지를 전달해 주었던 그들이 주로 머물렀던 공간의 성격 자체는 자유로움이었으며 확장성이었다. 젊은 시절 그들에게 헛간, 창고 등의 공간은 비일상적이지만 웅장하고 때론 포근하며 창의적 사고를 불러일으킬 수 있는 영감의 원천이었다. (...) 끊임없이 창의적이며 혁신적 사고에 도전을 해야 하는 디자인을 다루는 연구소의 타이폴로지로서 새롭게 해석된 디자인 헛간을 제안한다. 이곳에서 일하며 연구하고, 방문하는 모든 사람들에게 현재와 다음 세대를 위한 혁신적 사고들의 탄생과 반응을 기대해 본다"[66]고 말했다. "외관만 보고도 이건 병원, 저건 학교, 이렇게 확신할 수 있는 건물이 많은 사회는 건조해지고 정형화하는데 이런 곳에선 창의성을 기대할 수 없다"[67]는 것이다.

　　창의성의 산실로서 미래디자인융합센터는 상대적으로 소외된 지역 디자인산업의 발전을 견인함과 동시에 디자인관련 연구실 및 연구 인력을 제대로 갖추지 못해 체계적인 디자인 연구 개발에 어려움을 겪는 중소기업을 지원하는 역할을 수행한다. 제품 개발 과정에서 고가의 장비를 갖추지 못해 중소기업이 수행하기 힘든 디자인 연구는 물론, 다른 분야와의 다학제적 융합을 위한 네트워크 구축, 디자인 개발이 성과로 이어지도록 돕는 디자인 경영 노하우 전수 등 기업 혁신을 위한 전반적인 연구 지원 기능이 그 핵심 내용이다. 또한 국내외 우수 대학, 기관 등과 협업하여 양질의 디자인 연구 개발 및 지식 기반을 구축하고, 연구 결과의 사업화 연계는 물론 축적된 정보의 공유와 제공 등으로 국가 디자인산업의 구심점 역할을 수행할 전망이다. 그 밖에도 2016년 개최한 《디자인, 우리 삶을 변화시키다》와 같은 전시를 통해 지역 시민들을 대상으로 디자인 문화 확산에 기여하고 있고, 2018년에는 서비스디자인 방법론을 활용하여 범어초등학교(양산) 인근 안전마을만들기 사업을 추진하여 보행자 안전 및 범죄예방 시설물 설치 등의 환경개선으로 92%의 주민 만족도를 이끌어내기도 하였다. KIDP 연구성과 확산을 위하여 기관 및 대학, 기업을 대상으로 연구 및 우수 사업결과를 공유하는 '디자인 에필로그'도 진행한다. 이와 함께 2019년 7월에는 일본디자인진흥원(JDP) 등과 함께 개관 이후 첫 국제행사인 '서비스디자인 학술대회(ISIDC, International Service Innovation Design Conference)'를 개최하였다. 미래디자인융합센터는 전시장, 컨벤션 홀, 커피숍 등의 개방형 공간과 VR 품평실, 디자인 스튜디오, 사용자 테스트 룸 등의 연구 공간으로 구성되며, 2019년 12월 기준 10명의 직원이 근무하고 있다.

47

사용자 중심 디자인:
서비스디자인

2016

디자인진흥원사

- 디자인혁신전략 발표 (산업통상자원부)
- 『d.issue』발간(디자인이슈리포트, 웹진)
- 『디자인 트렌드 2017』발간

한국 디자인사

- LG전자 가전 통합 브랜드
  'LG 시그니처' 공개
- 정부 상징체계 통합
- SK텔레콤 인공지능 스피커 누구
  (NUGU) 출시
- 애플 워치 국내 출시
- <그래픽 디자인, 2005~2015>
  전시회
- 여성 디자이너 정책 연구 모임
  Woo 발기
- 『공공디자인의 진흥에 관한 법률』
  제정 및 시행(법률 제13956호)

한국 사회사

- AI 알파고와 이세돌 바둑 대결
- 김영란법 시행
- 경주 부근 규모 5.8 지진 발생
- 촛불집회(박근혜 대통령 퇴진운동)
- 문화계 성폭력 폭로 사태

현대 사회에서 디자인은 제품의 심미적인 스타일링에서 벗어나 산업, 경제, 사회 등 시대가 안고 있는 문제를 해결하는 역할로 그 영역이 확장되었다. 즉, 상생과 행복을 도모하는 사람 중심의 사회 혁신 영역으로 고도화된 것이다. 따라서 제품 자체의 품질 향상은 물론, 디자인의 '차별화'가 중요해짐에 따라 이제는 사용자 경험을 고려한 사용자 중심 디자인, 서비스디자인이 각광 받고 있다.

서비스디자인은 서비스 제공자와 사용자 간의 상호작용을 고려해 총체적인 과정과 시스템을 디자인하는 것이다. 사용자가 제품 혹은 서비스를 이용할 때 발생되는 여러 요소를 알맞게 창조하고 관리하는 것으로 공급자와 수요자의 잠재된 욕구를 찾아 이를 만족시킬 수 있는 제품과 서비스를 개발하는 방법이다. 다시 말해 서비스가 지닌 무형성을 디자인을 통해 유형적으로 표현하여 사용자에게 전달하고, 디자인 사고와 방법을 활용해 문제를 해결하여 사용자의 경험을 최적화하는 과정이라 할 수 있다.

KIDP는 서비스디자인이 사회 전 분야로 보급·확산될 수 있도록 정책 연구와 제도 도입에 앞장서왔다. 특히 수요 확대를 위한 도시 재생과 전통 시장, 산업 단지 환경 개선, 사회 문제 해결 등 공공 분야의 디자인 활용을 주도하고 있다.

먼저 서비스디자인 수요를 확장하기 위한 기획 연구 및 선행 사업을 통해 서비스디자인 확산과 고도화 기반을 마련하려는 목적으로 '다부처 사회 문제형 R&D 기획 연구', '서비스디자인 혁신 기획 연구', '제조 서비스디자인 융합 과제 기획 연구', '서비스디자인 교육 방법론 연구' 등 정책 기획 및 기반 연구를 시행하고 있다. 또한 다양한 분야에서 공공·산업 기반의 서비스디자인을 확산하기 위해 2011년부터 다양한 신규 사업을 진행해왔다. 2012년 11월에는 조직 차원에서도 디자인개발실 서비스디지털융합팀을 신설하여 서비스디자인 관련 사업을 전담하여 추진하였다. 이 조직은 2015년 12월 서비스디자인실로 확대됐다.

2016년 독일 iF 디자인 어워드에서 서비스디자인 부문 최고상인 '금상'을 수상한 '정부3.0 국민디자인단'은 이러한 노력이 결실을 맺은 결과였다. 더욱이 서비스디자인 부문이 iF 디자인 어워드에 새로 신설된 해에 유수 디자인 강국 및 기관을 제치고 세계 최초로 수상함으로써 더욱 뜻깊은 의미를 지닌다.

이 밖에도 서비스디자인 역량 강화를 위해 디자인씽킹 기반 맞춤형 교육 컨설팅 프로그램(2017-)과 중소기업·디자인 기업을 대상으로 서비스디자인 프로세스 활용 혁신 지원을 위한 역량 강화 교육 및 컨설팅을 지원하고 있으며, 전문가 양성을 통한 서비스디자인 고도화와 소개 및 활용 매뉴얼, 교육 콘텐츠, 운영 지침 보급 확산 활동 등 공공 및 민간 수요 시장에 대한 서비스디자인 인식 확산을 위해 노력하고 있다.

서비스디자인은 사회 전 분야에서 서비스디자인을 활용한 공공 디자인 프로젝트와 같은 사용자 경험을 토대로 새로운 가치 창출을 실현하는 다양한 방법론으로 적용되며, 점차 활용 범위를 넓혀가는 중이다. KIDP는 사회 전 분야에 적용될 수 있도록 디자인 전문 기업 맞춤형 서비스디자인 교육 프로그램을 개발하고, 서비스디자인을 통해 비즈니스 모델이 확산되도록 지원을 아끼지 않고 있다. 이와함께 2020년 하반기부터는 국가기술자격법 시행규칙에 따라 '서비스경험디자인기사' 자격증이 신설된다.

불확실한 시대의 디자인,
코로나 충격을 성장으로 이끌다
FUTURE DESIGN CODE 4.0

손정민 · 글로벌퓨처그룹 대표, 대통령 소속 국가지식재산위원회 전문위원

미래 디자인은 숨어있는 가치 창출을 연결해주는 통합적 문제 해결자로서
소비 체인저들의 미묘한 생활 변화를 발견하고 창조적으로 접근하여
불확실성과 충격을 성장으로 이끄는 역할을 해야한다.

　　2020년 경제 회복을 희망하는 새해를 맞이한지 얼마되지않아 우리는 1929
년 경제 대공항, 1970년대 스태그플레이션, 2008년 리먼사태에 이어 또 한번의
'블랙 스완' 현상을 경험했다. WHO가 코로나바이러스감염증(COVID-19)을
전 세계 감염 유행 단계인 '팬데믹(pandemic)'을 선언하면서 글로벌 경제 위기가
현실화되고 있다. 전세계 사망자 352,237명, 확진자 5,650,349명, 치사율 6.23%
라는[68] 코로나 충격으로 세계 증시는 시가총액이 52일 만에 1경9천조가 증발하
고 미국에서만 2천만명이 넘는 실업자가 발생하며 패닉상태로 접어들었다.[69]
2008년 '블랙스완'의 저자 나심 탈레브는 "그 어떤 뛰어난 위험관리 모형도 블
랙 스완을 예측할 수 없다. 우리가 할 수 있는 것은 위기의 형태나 크기를 예측하
기보다는 작은 실패를 통해서 큰 위기가 왔을 때 오히려 이익을 볼 수 있는 강한
체질로 변모하는 것이다"라고 주장하였다. 그는 충격을 가하면 깨지고 손해보
는 '프래질'한 위치를 벗어나야 하고 오히려 더 혜택을 보고 더욱 좋은 상태가 되
어 결국 곤경에 과잉반응해 엄청나게 많은 에너지를 분출하는 혁신의 기회를 찾
게 된다는 '안티프래질'의 필요성을 강조했다. 1970년대 유가 폭등(오일쇼크)은
세계 제조업의 동반 침체를 불러왔다. 그 위기를 정면으로 돌파한 것이 일본의
경소단박(輕小短薄)전략이었다. '더 가볍게, 더 작게, 더 짧게, 더 얇게'를 앞세워

에너지 효율을 높인 일본 제품은 20여 년간 세계 시장을 지배했다. 제너럴모터스 씨티은행 AIG 같은 거대 기업을 휘청거리게 한 글로벌 금융위기 이후의 승자는 개인 생활의 많은 측면을 손안에서 구현하는 애플과 삼성이었다.[70] 포스트 코로나 시대에는 바이오 산업, 비대면(untact) 비즈니스(스마트 오피스, 키오스크, e-commerce 등), 방역 산업 등이 안티프래질의 속성을 보일 것이라고 기대해 볼 만하다.

생산 절벽, 소비 절벽, 성장 절벽, 인구 절벽이라는 경제 현상 속에서 객관적 데이터를 통해 발견되는 0.1%의 가능성을 면밀하게 분석하여 창조적 가치를 통합적으로 창출해 나가야 한다. 산업 생태계의 재구성이 불가피한 포스트 코로나 시대의 미래 디자인은 4차 산업 혁명 기술에 대한 규제 완화 요구로 스마트화가 가속화되면서 불확실성과 가변성을 담아내고, 테크놀로지의 부정적 요인들을 최소화하면서 편안한 삶을 제공하는 역할이 요구된다. 특히 제품을 구성하는 기술은 인간 중심적인 사고에 완전히 녹아들어야 하며, 숨은 모습으로 디자인 요소인 외관, 기능, 인터렉션, 서비스 등을 시장 관점에서 최대한 지원해야한다.

DESIGN 1.0	DESIGN 2.0	DESIGN 3.0	DESIGN 4.0
1970~ 대량생산 시대 쓰임새의 시대	1990~ 디자인 감성 시대	2005~ 디자인 기술 융합 시대	2020~ 인간중심 디자인 시대
공급자 위주로 소비자에게 '쓰임새' 가치를 제공하던 시기	디자인의 비주얼 요소를 통해 인간 감성 가치를 제공하던 시기	기술이 주도하여 제품의 편리가치를 극대화한 시기	기술은 숨은 조력자로서 편안 가치를 제공하는 시기

우리앞에 펼쳐진 팬더믹 블랙 스완 현상 속에서 성장 엔진으로서 충격을 받을수록 강해지는 미래 디자인 코드 4.0 가치 창출 방향을 네 가지 관점에서 정리해 보고, 이를 뒷받침해줄 수 있는 정부의 역할을 제시하고자 한다.

DESIGN CODE 1_디자인, 안심을 담아내다.

영국의 바스대학교(Bath University)의 푸닛 샤 박사는 "인간에게 통제를 한다는 것은 매우 중요하다"며 "스트레스를 받는데 이를 어찌할 수 없다고 느낄 때 다양한 대응기제가 나올 수 있다"고 말했다(뷰티헬스신문. http://www.bhealthnews.co.kr). 코로나19로 우리의 일상은 '멈춤' 상태이다. 외부 활동을 자제하고 가급적 타인과의 접촉을 피하고 다중시설을 회피하는 일상 생활은 '언택트 경제(Untact Economy. 비대면을 의미. 2020년 나타난 신조어)'를 촉발시켰다. 온라인 수업, 재택 근무 등으로 '집'에 머무는 시간이 늘면서 온라인 쇼핑과 홈쇼핑시장, 배달 앱과 온라인 콘텐츠 시장은 성장하는 반면 오프라인 쇼핑과 유통, 영화 및 공연, 전시, 놀이 공원, 여행 등 여가 산업은 상대적으로 급감하였다. 모바일 앱 조사업체 앱토피아에 따르면 월마트그로서리, 인스타카트, 십트 등 미국 내 식료품 배달앱 다운로드는 3월 15일 기준 전월 대비 각각 218%, 160%, 124% 급증했다. 인스타카트의 경우 비접촉식 배송 서비스를 추가하면서 3월 둘째 주 매출 증가율이 전주 대비 10배 이상 상승한 것으로 알려졌다. 그 외의 건강과 미용, 엔터테인먼트 산업과 레스토랑, 교통, 쇼핑, 관광 산업은 지속적으로 하락 추세를 보이고 있다. 뉴욕타임즈는 4월 1일을 기준으로 관광 관련 산업의 전년 동기 대비 매출이 무려 85%의 급격한 감소율을 보였다고 밝혔다.

코로나19 사태가 장기화되면서 스트레스가 건강한 일반인에게도 악영향을 미치고 있다. 외부활동이 줄고 대인 관계가 축소되고, 감염 스트레스로 인한 우울감을 호소하는 사람이 증가하고 있다. 우울을 상징하는 블루를 합쳐 '코로나 블루'라고 하는 신조어까지 생겨났다. 일상생활에서 발견되는 군집·격리·접촉·먹거리·여가 스트레스 등 부정적 요소들을 덜어내면서 '안심'을 디자인에 담아낸다면 코로나 충격의 위기를 오히려 성장으로 이끄는 기회를 찾게 될 것이다.

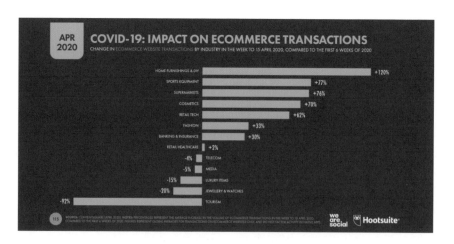

Coronavirus Pandemic's Impact on Ecommerce Website Traffic by Category April 2020, Ihttps://datareportal.com/reports/digital-2020-april-global-statshot

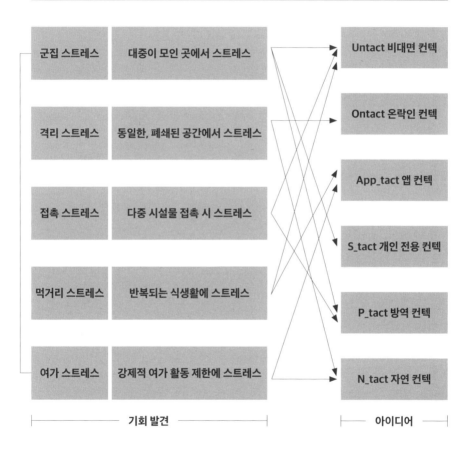

S: Self, P: Prevention, N: Nature을 의미한다.

이탈리아 항공기 인테리어 기업 Aviointeriors과 영국 디자인 스튜디오 팩토리디자인(Factorydesign)은 좌석 디자인 'Janus'과 '아이솔레이트(Isolate)를 통해 사람과 사람의 직접 접촉을 최소화하기 위해 좌석 간 투명한 벽(플라스틱)으로 유연성있게 구분한 포스트 코로나 디자인을 제시했다.

베를린 디자이너 마틴 빈더와 심리학자 리멜레는 림빈이라는 어린이 놀이터를 선보였다. 아이들은 별도의 경로를 통하여 포드에 접근할 수 있고, 음성 튜브를 사용하여 서로 대화할 수 있어 군집, 접촉 스트레스로부터 벗어나 보호자가 안심할 수 있도록 개발되었다.

 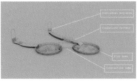 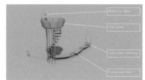

DESIGN CODE 2_디자인, 기술로 숨기고, 기술을 감싸다

　　1978년 노벨경제학상을 수상한 미국의 경영학자 허버트 사이먼 교수는 "모든 조직이 혁신한다며 모든 것을 바꿔 보지만 결국 근본적인 차이(difference)는 없다. 가장 효율적인 방법은 바로 디자인 혁신"이라고 단언한 바 있다. 지난 50년 동안 디자인계에서 가장 뜨거웠던 화두 중 하나는 '인간중심(Human-centered)'으로 사용자 관점에서 외관, 기능, 콘텐츠, 경험, 서비스 등의 이슈를 고민하며 디자인 혁신에 매진해왔다. 1970~1980년대 공급자 위주의 생산 시대를 지나 1980~1990년대 외관 중심 디자인, 2000년대 이후 소비자의 본성을 자극하는 감성 디자인, 경험디자인, 서비스디자인으로 진화하면서 인간을 이해하고 그 삶을 담아내는 디자인 방향으로 진화하고 있다.

　　인터넷이 도입되기 시작한 90년대 후반을 기점으로 정보화 시대, 디지털 시대를 거치며 우리의 삶은 기술로 혁신되면서 급격한 변화를 맞이했다. 2000년 전후 외환위기를 겪으면서 고급·재미·공정 소비 문화는 우리 생활에 확고하게 자리 잡았고, 2000년 중반 IT 기술을 기반으로 시공간의 경계가 사라지면서 평범한 개인들이 주목받기 시작하며 그들은 고급과 저급, 글로벌 문화 속에서 혁신의 주체로 부상하였다. 하지만 기술의 긍정적인 측면만 존재했던 것은 아니다. 파괴적인 기술 발전은 사회를 지배하는 가치 척도로서 존재하면서 부정적인 문제의식을 야기했다. DVD와 VCR의 복합 제품인 DVD Combi, MP3 플레이어, 디지털 TV, 카메라가 내장된 이동단말기, 인터넷 게임기 등 다양한 기술 융합 제품들이 짧은 시간 동안 소비자의 요구와 상관없이 시장에 쏟아져 나왔다. 이러한 제품들의 면면을 보면 소비자의 필요에 의해 동기 유발된 제품이라기보다 공급자들의 끊임없는 시도로 출시된 지배 제품이라 인정받지 못하는 경우가 많았다. 에이씨닐슨코리아가 국내 5,000여 개 소비재 제품을 대상으로 3년간 조사 분석한 결과, 최신 기술을 과시하는 제품과 서비스들이 연일 쏟아져 나오지만 출시된 후 24개월 이내에 사라지거나 실패하는 경우가 약 80%에 육박한다고 한다.

　미래는 인간 중심의 적정 기술이 디자인을 통해 불필요한 요소를 숨기고, 기계적인 느낌을 최소화하는 방향으로 사용자에게 편안한 가치를 제공하고, 기술로 드러내지 않는 미니멀한 가치를 구현할 것을 요구한다. 인간과 환경에 내재된 불평등과 불편함을 해결하는 최적화된 '편리한 기술'과의 융합으로 '편안한 디자인'을 창출하는 성장 엔진으로서 역할을 기대한다.

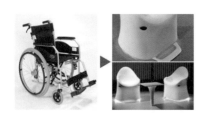

기술을 감싸는 디자인.
왼쪽: CL3000, 메디컬나인.
오른쪽: ILY-I, Aisin Seiki&Shinobu, ITO

기술로 숨기는 디자인.
왼쪽: Pop-JP Laundry Mcahine, 윤지연.
오른쪽: Hidden Cooker, behance.net

DESIGN CODE 3_디자인, 생활을 재창조하다

포스트 코로나 시대는 규제로 막혀 있던 기술의 상용화와 확산이 빨라지며 일상생활의 디지털화가 가속화될 것이다. 디지털화는 사람과 사물 그리고 환경과 연결되는 접점에서 불안감 없이 서로 소통하며 경험할 수 있는 긍정적인 가치를 제공하는 한편 기술의 가속도에 힘겨워하며 인간이 '원래의 나'를 찾으려는 움직임이 확산되면서 나와 가족, 그리고 건강 등을 챙기며 개개인의 소소한 행복을 찾으려는 관심으로 그 욕구가 표출되고 있다. 언번들링(unbundling), 탈중계화(disintermediation) 이후, 디자인 R&D 기획에 있어 인간 생활 속에서 발견되는 새롭거나 반복적으로 일어나는 행위를 심층적으로, 때로는 디커플링(decoupling : 전형적인 고객가치 사슬(CVC. customer value chain) 연결고리 중에서 고객이 부담을 느끼거나 불편해하는 가장 약한 고리의 일부분을 깨뜨리고(끊고), 그 자리를 차지하기 위해 하나 이상의 단계를 훔쳐가는 방식)하여 관찰하고 분석하면서 시장을 창출하는 것이 필요하다.

일상에서 발견되는 인식의 변화 중 시장 판도에 영향을 줄 수 있는 이슈는 '건강·소유·경험·노동' 등으로 이를 중심으로 새로운 비즈니스가 창출될 가능성이 높다. 식음료 마케팅 커뮤니케이션 회사 헌터 (Hunter)에 따르면 미국인의 54%가 코로나 사태 이전보다 집에서 요리를 3배 더 한다는 통계를 발표했다. 이와 함께 가정식 대체 식품(HMR, Home Meal Replacement), 가전제품, 인간 대체 서비스 등 노동·비용·시간 절약형 상품 시장이 성장하고 있다. 유로모니터인터내셔널의 「세계 가공식품 시장 분석과 2023년 전망」에서 국내 HMR 규모는 2018년 2.2조 원이며, 2023년은 3.7조 원으로 예측한다. LG전자는 코로나19 사태 속에서도 건강과 위생에 대한 소비자 관심이 높아지면서 건조기, 스타일러, 식기세척기 등 스팀가전 판매가 호조를 보이며 홈어플라이언스&에어솔루션 (H&A) 사업본부는 1분기 매출 5조4180억원, 영업이익 7535억원, 영업이익률 13.9%를 각각 기록하였다. 감염 공포로 일시적으로 주춤하겠지만 장기적으로 불확실한 환경의 변화, 합리적 소비 트렌드 확산, 인구 구조 변화 등으로 '최소한의 소유', '전문가 관리', '다양한 경험'을 요구함으로써 '렌탈' 산업은 지속적으로 성장할 것이다. 다만 위생 안전 및 비대면 서비스(Hygiene+Untact)와의 결합이 필수적으로 요구됨에 따라 정부와 기업 차원에서 이에 따른 대응 전략을 준비해야 한다.

가정·건강·이동·여가생활 속에서 소비자들의 유의미한 관심, 활동들을 제품과 서비스 접점에서 면밀하게 발견하고, 그 니즈를 반영한 제품과 서비스를 속도감 있게 제공할 수 있는 비즈니스 모델 창출 지원이 시급하다.

먼저 가정생활을 중심으로 살펴보도록 하자. 포스트 코로나 시대 '집'이라는 공간은 '먹다(eat), 자다(sleep), 일하다(work), 여가생활을 즐기다(leisure), 휴식을 취하다(relax), 운동하다(exercise) 등 다양한 행위가 일어나는 멀티 공간으로서 위험으로부터 안전하면서도 제한된 규모 안에서 유연한 형태로 진화될 것이다. 특히 집이 일터이며 주거공간인 '직주일체'(職住一體)라는 현상은 Co-living의 확산을 의미하며 공동체의 이익이 아니라 공동체 구성원들의 삶의 질 향상에 중점을 두고 기획해야 한다(디지털 기술의 발달에 따른 일과 직주 공간의 미래, 2017.09. 여시재 연구보고서). 이러한 변화에 따라 새롭게 요구되는 공간, 가구, 시스템, 서비스를 집과 공동 커뮤니티 시설에 적절히 배분하여 가정 내 청결, 안전, 여유 공간과 시간을 제공한다. 주민공동시설(Community Facility) 내부에 노동 절감(공동 세탁소, 식사 제공), 보관 창고, 에너지 충전, 문화 체험, 반려 동물 관리 등을 위한 공간을 제공하는 것이 시장 관점의 핵심 디자인 콘셉트이다. 쾌적하고 안전한 환경, 재택 근무와 엔터테인먼트를 위한 시스템, 다양한 활동에 필요한 물건들을 수납할 수 있고 공간과 가구, 유연한 형태의 공간 및 가전과 가구, 프라이버시 공간, 발코니 같은 자연 친화 공간(Green·Water Premium), 가사 노동(청소, 세탁, 식사)과 파킹 및 에너지 충전, 위생 소독 관련 컨시어지(concierge) 서비스 및 인간 대체 기기와 서비스 요구를 반영하는 것이 중요하다.

미래 가족의 형태는 과거 및 현재에 비해 훨씬 다양한 형태가 공존할 것이다. 1인 및 부부만의 가구, 부부와 자녀 1인으로 구성된 소규모 가족과 함께 새로운 형태의 확대 가족도 예상된다. 미래 확대 가족은 같은 공간에 거주하지는 않지만 가까운 곳에 두 가구 이상이 거주하고, 사생활을 지켜주면서 공동 육아 외에 여가 및 문화생활 등 다양한 소비 활동을 함께하는 모습이 예측된다. 한편 지속적으로 증가할 노매드 가구는 하이테크 시스템, 고품질의 서비스, 렌털 형식을 선호할 것이다.

둘째, 건강 생활에 있어 진단, 원격진료, 소독, 방역 등 바이러스 감염 스트레스에서 벗어날 수 있는 제품에 대한 관심은 지속적으로 높을 것이다. 진단 키트 개발과 치료제 개발은 물론, 보다 빠른 감염자 선별 지원과 감염경로의 예측에 이르는 다양한 부문에서 인공지능 기술의 활용이 더욱 증가할 것이다. 도시경제신문에 따르면 바이두는 초당 500건의 통화 기록 및 내용을 분석할 수 있는 AI 기반 전화 플랫폼을 활용해 주민들의 건강과 여행 이력을 조사하고 의료진이 이를 이용할 수 있도록 했고, 알리바바는 AI 알고리즘을 개발하여 바이러스 탐지까지 단 20초의 시간이 소요되는 것으로 알려졌다.

신체, 기억 약자이면서 기기 컨트롤 미숙자인 실버 세대에게 육체·정신 건강의 치료, 예방, 관리를 위한 제품과 서비스를 쉽게 사용할 수 있도록 제공함으로써 웰다잉(Well-Dying)을 지원해주는 것이 중요하다. 특히 치매나 파킨슨 등 기억 약자, 근육, 관절 보조, 보행 지원, 자세 교정 등 신체 약자들을 위한 차별적인 디자인이 절실하다. 한편, 디지털 사회에서 스마트폰, 소음 등으로 약해진 감각 약자와 질병은 없으나 일상생활에서 불편을 느끼는 미병인(未病人)들을 위한 에너지 충전 디자인 역시 주목해야 한다.

셋째, 코로나19로 인한 급격한 소비 활동의 변화는 전통적인 기반 산업의 위기 상황을 초래했으며, 기존의 여가 활동과 관련한 산업 또한 비필수 생활로 인식되면서 관련 산업에 타격을 주고 있다. 따라서 주어진 환경에 맞춘 새로운 패턴의 놀이 문화에 대한 전반적인 관심과 개발이 필요한 시점이다. 반면, Walmart, Amazon 및 Uber Eats와 같이 생활에 꼭 필요하거나 인간의 기본 활동과 관련된 소비는 급증하는 추이를 보이고 있다. 영화, 스포츠 관람과 같은 문화 활동의 제한으로 집에서 즐길 수 있는 여가 활동이 각광받고 있다. 대표적으로 Twitch 및 Nintendo와 같은 비디오 게임 회사의 지출은 급증하고 있으며, 대표적인 스트리밍 서비스인 넷플릭스 및 Spotify의 이용률도 증가하고 있다. 시장 조사업체 센서타워(Sensor Tower)에 따르면 2020년 2월 기준 전 세계적으로 모바일 게임 다운로드 횟수는 지난해 같은 기간보다 약 40% 증가했다고 한다. 여전히 스포츠, 문화 체험, 쇼핑, 여행 등의 활동이 여가 생활의 중심이지만 코로나 사태로 통제된 생활을 하며 소극적인 활동으로 스트레스 받는 소비자들을 위해 이를 대신할 수 있는 가상 체험의 제공이 요구되고, 각자의 공간에서 새로운 경험을 쉽고 편안하며 즐겁게 하도록 지원해주는 디자인과 서비스가 속도감 있게 개발 되어야 한다.

쇼핑은 구매한다는 행위와 함께 게임을 하듯 즐거움을 경험하는 여가 활동으로 진화하고, 4차 산업혁명을 뒷받침하는 기술들로 유통, 제조, 판매 방법의 혁신을 이끄는 새로운 변화가 예측된다. 특히 e-commerce 시장은 실제 상품을 만져보고 살펴볼 수 있는 'Click & Collect', 'Physical store', 'Experiential Lounge', 소비자들이 직접 디자인하고 만들 수 있는 '3D Printing' 숍 등 오프라인 공간 및 서비스와의 연계로 경쟁력을 강화해야 한다. 최적의 신체 상태를 유지하며 여가 활동을 편안하게 지원해주는 아이템, 나만을 위해 지원되고 하나로 해결되는 '원스텝(One-Step)' 서비스는 일상생활에 활력을 제공할 것이다.

넷째, 미래 이동 생활에 있어 가장 큰 변화는 당분간 인적 이동은 감소하는 반면 인간을 대체하는 사물의 이동은 증가한다는 것이다. 한국무역협회 주최로 열린 '포스트 코로나19 전기전자·모빌리티 산업 전망 온라인 세미나'에서 정구민 교수는 "스마트팩토리의 확산으로 제조공정에 투입되는 모빌리티의 무인화가 확대되고 배송 효율화, 자율주행, 차량관리 서비스 등에 대한 수요가 증가할 것"이라고 말했다.

하나의 운송 수단을 다양한 목적으로 사용하는 현재와 달리 비즈니스, 레저, 휴가, 쇼핑, 통근 차량 등 용도에 따라 다른 운송 기기를 사용할 것이다. 충전, 자동차 호출, 데이터 연결, 애프터 마켓 등 온디맨드(On-Demand) 서비스로 자동차 수익 구조가 창출될 것이다. 편리한 이동수단은 '움직이는 나만의 생활공간'으로 확장되어 쇼핑, 휴식, 건강, 집안일, 업무도 지원할 것이다.

다섯째, 코로나19 사태는 급속도로 오피스의 형태를 공유 오피스에서 재택근무를 할 수 있는 미래형 자택 오피스 형태로 변화를 시켰다. 구글(Google)에서는 약 10만 명의 직원들이 세계 50여 개국 150개 이상의 도시에 분산되어 근무를 하고 있고, 전체 회의 중에서 2개 이상의 도시에서 회의에 참석하는 경우는 약 39%에 이른다고 한다. 구인구직 플랫폼 사람인이 국내 기업 1,089개사를 조사한 결과에 따르면 조사대상 10개사 중 4개사(40.5%)가 코로나19로 인해 재택근무를 시행 중이었다.[71] 사무 공간은 스마트 워킹과 재충전을 제공하는 장소로 진화해가면서 생체 인식 출입, 나노 및 그래핀(graphene) 기술 적용 디스플레이, 개인 맞춤 가구, 가변형 및 모듈 구조, 텔레프레즌스(telepresence), 스마트 충전 등 기술 혁신을 선보이는 공간이 요구된다. 또한 시공간의 제약 없이 일하는 노매드 워킹(Nomad-Working)의 모습이 일반적일 것이다. 2030년 세계 인구의 65%가 소셜 미디어에 접속되면서 가상현실 공장에서 생산하고, 2035년 인간과 기계 비율이 1:100으로 기계가 인간의 노동을 대체할 것으로 예측한다. 이번 코로나19 사태로 인해 불가피하게 선택한 재택근무가 장기화 조짐으로 이러한 상황은 시간과 공간의 제약 없이 근무가 가능한 미래형 근무형태를 테스트하는 기회가 되고 있기도 하다.

DESIGN CODE 4_디자인, 다름을 맞춤화하다

과거의 혁신 방향이 '더 빠르고, 더 좋고, 더 싼' 제품을 만들려는 것이었다면 미래는 제품 자체에 대한 비전이 아닌, 개개인의 서로 다른 성향과 요구를 맞춤화하는 방향으로 진화될 것이다. 소비자의 다름을 인정하고 디지털 자본을 통해 생태계를 재구성할 소비 전환자들에 대한 면밀한 탐구는 시장 성공률을 높여줄 것이다.

미래 핵심 세대는 베이비부머, X세대, 밀레니얼 세대, Z세대들로 특성이 명확한 소비 플레이어들로 디자인 생태계가 리셋(reset)될 것이다. 미래 디자인 개발은 이들의 '다름'을 발견하고, 이를 기회 요소로 연결시키는 횡적 연구 과정이 보다 요구된다. 우리나라 2019년 전체 인구수 대비 밀레니얼 소비자 비중은 약 22.2%, Z세대는 약 21.7%를 차지하고, 밀레니얼과 Z세대는 전체 인구의 43.9%에 달할 것으로 예상되면서 그들만의 문화와 사고·가치관, 소비 패턴에 대한 숙지는 그 어느 때보다 중요한 과제이다.(「新소비 세대와 의·식·주 라이프

트렌드 변화」, 『Samjong INSIGHT』 Vol.66, 2019, 삼정KPMG 경제연구원)

세대별 소비플레이어들의 특징

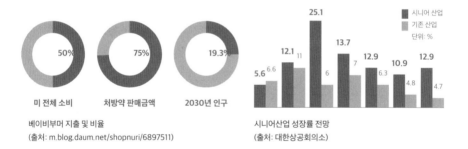

베이비부머 지출 및 비율
(출처: m.blog.daum.net/shopnuri/6897511)

시니어산업 성장률 전망
(출처: 대한상공회의소)

2030년 60세 이상 베이비부머 세대는 선진국 전체 인구의 29%에 육박할 것으로 본다. 베이비부머 세대는 정치적 갈등을 경험하면서 초반은 확대된 기회와 폭넓은 선택으로 시작하였으나 생애 중반의 땀과 노력에도 불구하고 후반은 축소된 기회, 비자발적 퇴장으로 굴곡이 많은 생애를 살았다고 평가된다. 지난

20년간의 유럽연합통계국(eurostat) 자료에 따르면 이들의 소비는 50% 이상 빠르게 증가하여 글로벌 소비 파워 계층으로 부상하고 자신의 건강을 유지하는 데 쉽게 사용할 수 있는 제품과 서비스 품질에 대한 요구가 높은 것으로 나타났다. 특히 재생·재활, 무인 자동차, 여행 등 건강을 유지하면서 삶을 즐길 수 있도록 지원할 수 있는 제품은 그들의 우선 관심 대상이다.

밀레니얼 세대는 기술의 변화·성장 속에서 다양한 디지털기기를 경험, 체득하면서 미디어 콘텐츠를 소통, 소비, 정보 습득 행위 등 일상생활 전반에 활용하며 새로운 습관을 장착해 왔다. 이들은 카세트테이프, CD플레이어, 비디오플레이어, 삐삐, 2G폰에서 5G폰, 스마트 워치 등 다양한 디지털기기를 사용한 최초의 멀티 스크린 유저(Multi-screen User)로서 디지털 개척자(Digital Pioneer)라고 지칭하기도 한다. 전 세계 25억 명, 전체 소비 시장의 30%, 연간 매출액 2조 4천억 달러(약 2,807조 원) 이상의 영향력을 가진 세대로서, 글로벌한 사고를 지니고 자선활동에 적극적이며 정보 수용을 넘어 콘텐츠를 직접 제작하기도 하며 건강하고 친환경적인 에코 및 공익 운동을 중요시 여기는 특성을 가지고 있다.[72]

Z세대는 태어났을 때부터 디지털 환경에 노출돼 '디지털 네이티브(Digital Native)'나 스마트폰을 쥐고 자랐다고 해서 '포노사피언스(Phono Sapiens)'라고도 불린다. 기술의 영향을 많이 받은 밀레니얼 세대와 유사한 성향을 보이면서도 미묘한 차이를 발견할 수 있다. 하루 디지털기기를 사용하는 시간은 10시간 19분으로[73] 온라인 정보와 오프라인 경험을 동시에 중요하게 생각하며, 즉각적인 자극에 반응하고 집중 시간이 짧은 '스낵 미디어'를 선호하는 성향을 지니고

있다. 옷이나 신발, 책, 음반은 물론 게임기 등 전자기기의 온라인 구매 비중이 50%에 육박했으며,[74] 소셜 미디어를 적극적으로 활용하면서도 신중하게 구매하는 경향이 발견된다. 물질적으로 풍요로운 시대에서 자랐지만 부모 세대인 X세대가 금융위기로 경제적 어려움을 겪는 모습을 목격했기 때문에 안정성과 실용성을 추구하는 특징을 보인다. 이러한 경제적 태도에 있어 밀레니얼 세대와 확연한 차이를 보인다.

'욜로(YOLO)'나 '소확행(소소하지만 확실한 행복)'으로 대표되는 Z세대는 막연한 미래보다 오늘 하루를 생각하는 현재 가치가 의사결정의 기준이 되고 있다. 미래의 불확실성보다는 현재 '나'에게 만족감을 줄 수 있는 일, 즉 지금의 확실한 삶에 집중하는 것이다. 은퇴 후 재정 계획을 확실히 하면서도, '먹다, 입다, 머물다'라는 행복한 행위를 통해 소소한 행복을 추구한다. 온라인 매체『비즈니스 인사이더』에 따르면 X, 밀레니얼 세대가 이상주의적인 반면 Z세대는 개인적이고 독립적이며, 경제적 가치를 우선시하는 등 이전 세대와 다른 소비패턴을 보인다고 한다. 콘텐츠를 직접 참여하고 제작하며 적극적이면서 주체적인 성향을 가지고 복잡하고 불편한 것, 느린 속도를 가장 부정적 가치로 여기는 세대로 분석된다. 따라서 즉각적인 반응과 짧은 집중, 긴 설명보다 단번에 각인시키는 이미지 마케팅 효과가 높아, 시각적 요소를 반영한 제품디자인과 홍보의 활용이 필요하다. 밀레니얼 세대와 마찬가지로 탈출 본능이 있어 현실에서 벗어나 심신의 안정과 소소한 즐거움을 VR/AR 기기, 도심 속 자연, 과거를 재해석한 레트로를 통해 충족하려는 성향이 있다.

베이비부머부터 Z까지 세대별 제품 구입 포인트를 비교한 데이터 중 의미 있는 내용을 살펴보면 다음과 같다. Z세대는 상대적으로 보기에 좋은(Good looking), 고가처럼 보이는(Expensive looking), 패셔너블한 외관(Fashionable Designs)이, 베이비부머 세대는 고기능(Functional), 고품질(High Quality)이 제품 구입에 있어 중요한 판단 기준이라고 답변했다.[75] 시그니처 제품을 살펴보면 베이비부머 이전 세대는 자동차, 베이비부머 세대는 텔레비전, X세대는 개인용 컴퓨터, 밀레니엄 세대는 태블릿 또는 스마트폰, Z세대는 구글 글라스, 무인 자동차, 3D 프린팅 등으로 구분되었다.(www.marketingcharts.com) 세대별 지출 항목을 살펴보면 X세대는 옷과 엔터테인먼트, 가구 구입, 밀레니엄 세대는 음식(가정과 외식 관련 포함)과 교통(이동 수단 구입) 면에서 가장 많이 지출한 것으로 조사되었다. 주거에 있어서는 연령대가 높을수록 구입을, 밀레니얼 세대들은 상대적으로 임대를 선호하는 것으로 나타난다.

경영 컨설팅 기업 베인앤컴퍼니(Bain & Company)의 리포트에 따르면 1980년대 이후 태어난 밀레니얼 세대와 Z세대 소비자가 현재 명품 소비 시장의 30%를 차지하고 있으며, 2017년 한 해 동안 전 세계 명품 시장 성장의 85%를 이끌었다고 한다. 또한 2018년 초 발행된 맥킨지 리포트에서는 오늘날 명품 소비의 80%가 디지털 기기의 영향을 받고 있으며, 2025년까지 럭셔리 브랜드 매출의 1/5에 해당하는 740억 파운드(약 100조 원)가 온라인을 통해 발생할 것으로 예측했다. 코로나 사태로 국내 백화점 및 유통업체는 2020년 2월 전체 매출이 급감한 반면 명품 브랜드와 같은 사치재 부문은 일시적으로 두 자리 수의 성장률을 거두었다고 발표했다. 오픈 마켓 사이트인 옥션은 지난 2월 명품 전체 매출이 전년 동기 대비 59% 증가하였으며 신발 의류 및 패션 소품 부문은 각각 173, 117, 110% 큰 폭의 성장률을 보였다고 발표했다. 기존 오프라인 채널에서 눈에 띄던 소비양극화 현상이 온라인으로까지 이어짐에 따라 다수의 기업이 사치재 부문의 온라인 전략 재편에 노력을 기울이고 있다.

'나를 위한' 맞춤 소비를 선호하는 밀레니얼 세대와 Z세대들의 가치관과 생활방식 등을 다양한 측면에서 면밀하게 관찰하여 그들이 요구하는 그 '다름'의 포인트를 선제적으로 파악하고 정교한 전략을 통해 창조적으로 파고드는 것이 절대적으로 필요하다.

미래는 불확실한 환경, 글로벌화로 인한 경쟁 심화, 개방형 혁신 패러다임의 도래로 빨라진 기술 발전 속도와 짧아진 기술 수명, 새로운 세대들의 부상 등으로 미래 시장을 전망하고 그 니즈를 만족시킬 수 있는 디자인 개발 여건이 녹록치않다. 그동안 국내 기업들은 '빠른 추격자' 전략으로 시장에서 살아남았지만, 이제는 '혁신적 도전자'가 되어야 할 때이다. 구글과 아마존, 애플, 다이슨의 사례도 기업의 끊임없는 노력의 결과물이라고 할 수 있다. 단기적인 수익 창출을 위한 제품, 서비스 개발보다 사용자에게 제공하는 가치를 극대화하면서 지속적인 성장세를 이어갔다. 이러한 기업의 노력과 함께 국가의 지원도 중요한 역할을 했다. 애플이 탄생시킨 혁신적인 제품들의 주요 핵심 기능은 과거 미연방정부에서 선제적으로 개발한 기술을 바탕으로 한다.[76]

사용자의 요구를 정확하게 파악한 애플은 연방정부가 지원한 R&D의 성과를 활용해서 시장의 패러다임을 바꾸고, 선점하게 되었다.

불확실한 시대에 성장 엔진을 디자인에서 찾기 위해 기업의 노력이 우선되어야 하지만 우리 정부도 미래 소비자들의 요구를 불확실한 환경 속에서 분석하고 제품의 변화를 예측하여 혁신이 예상되는 분야의 R&D에 적극적으로 투자하고, 초기 시장을 형성할 수 있도록 지원해야 한다. 이를 위해서는 미래 환경과 시장 예측 관련 정보를 상시적으로 수집하는 체계는 물론, 새로운 제품이 시장에 성공적으로 안착할 수 있도록 포착된 변화를 빠른 속도로 제품화하고, 마케팅 활동을 전략적으로 지원하는 것이 필요하다. 기업 차원에서 부담되는 선행 디자인 개발을 독자적으로 할 수 있도록 인적·물적 지원을 적극적으로 제공하여 장기적인 혁신 역량을 축적하도록 도모하는 것 또한 시급하다. 기업이 현 위치에서 할 수는 있으나 재정적으로 힘들어 미진한 영역, 기업이 열망하나 능력이 부족한 측면, 기업이 하고 싶으나 여건 마련이 어려워 준비하지 못하는 장기 전략을 구축할 수 있도록 앞에서, 옆에서, 뒤에서 지원해주는 정부의 역할을 기대하는 바이다.

2017—2019

2017	문재인 정부 출범
2017	생산가능인구 감소 시작
2018	1인당 국민총소득(GNI) 3만불 돌파
2019	판문점에서 남북미 세 정상 첫 만남

2017 사이즈코리아센터 개소
2018 한~베 디자인센터 개소(베트남 하노이)
2019 DK웍스(Design Korea Works) 디자인주도제조혁신센터 개소식(가산)
2019 DK웍스 디자인주도제조혁신센터 CMF 쇼룸
2019 DK웍스 스타일테크 개소식(강남)
2019 DK웍스 스타일테크 데모데이

2019 IIDC 국제융합디자인캠프 개최

2019 디자인산업 대가기준 공청회

2019 디자인코리아페스티벌 중 국민디자인토론회

2019 디자인코리아페스티벌 중 포용적디지털전환디자인 한-스웨덴디자인포럼

2019 디자인코리아페스티벌 중 글로벌기업 한인디자이너 초빙 해외취창업세미나

2019 '모두를 위한 디자인' 한-스웨덴 수교60주년기념 최초 공동디자인어워드 (국빈방문 김정숙 여사 참석)

2019 우수디자인상품선정 대통령상 LG전자 올레드TV (김선규, 신철웅, 차현병, 이민재, 김영경)

2019 한국디자인순더비즈센터 개소(중국 포산시 순더)

2019 한국디자인순더비즈센터 개소식(중국 포산시 순더)

2020 코리아디자인센터내 DK뮤지엄 개관

2020 한국디자인진흥원 창립50년_코리아디자인센터 전경

48

4차 산업혁명 시대의 디자인 일거리: 일자리 창출

2017

디자인진흥원사
- 사이즈코리아센터 개소
- 『디자인트렌드 2018』 발간
- 디자인이노베이션랩 (유통지원사업) 실시

한국 디자인사
- KT 인공지능 TV 기가지니 (GiGA Genie) 출시
- 삼성 QLED TV 발표
- <W쇼-그래픽 디자이너 리스트> 전시회

한국 사회사
- 박근혜 대통령 탄핵 결정
- 롯데월드타워 개장
- 문재인 정부 출범
- 생산 가능 인구 감소 시작

고용과 일자리 창출 문제가 사회적 이슈로 떠오르기 전에도 KIDP는 다양한 인력 양성 및 창업 지원을 통해 디자이너들의 취업 및 창업 기회를 확대하는 사업을 펼쳐 왔다. 예를 들어 YTN, 문화일보와 공동으로 2002년부터 2007년까지 진행한 벤처디자인상도 역시 국내 벤처기업 및 창업 기업을 대상으로 홍보와 마케팅 지원을 함으로써 기업의 경쟁력을 끌어올리고 창업을 장려, 지원하기 위해 도모한 사업의 일환으로 볼 수 있다. 그러나 한국 경제가 본격적인 저성장 시기로 접어든 2010년대 중후반에는 민간 기업은 물론 공기관에서도 보다 강력한 일자리 창출 및 창업과 관련한 다양한 사업을 추진할 필요성이 대두되었다.

이에 따라 KIDP는 2017년부터 세대융합창업캠퍼스, 디자인이노베이션랩, 초기창업패키지사업, 예비창업패키지 지원사업, 창업보육센터운영사업 등 디자인을 통한 일자리 창출을 위한 사업들을 본격적으로 추진했다.

세대융합창업캠퍼스 사업은 기술과 경력을 갖춘 우수 퇴직 인력과 청년 창업자를 연결하여 창업팀을 만들고 팀당 최대 1억 원 규모로 지원하는 사업이다. 시행 초기 매칭된 21개 창업팀은 약 7개월간 일자리 창출 40명, 매출 8억 2200만 원, 추가 민간 투자 6억 8200만 원을 달성하였다. 그중 하나인 ㈜리틀캣의

트레드밀은 고양이의 행동습성을 학습하는 딥러닝(Deep-learning)으로 고양이 운동 패턴 데이터베이스를 구축하고 운동을 유도하는 IoT(사물인터넷) 제품으로 CES 2019에서 큰 주목을 받았다. 해외 주요 언론 보도는 물론 200여 건의 상담과 400만 달러 규모의 계약체결에 성공하였다.

디자인이노베이션랩은 기업이 시장에 진출할 때 겪게 될 시행착오와 리스크를 최소화하기 위해 롯데홈쇼핑 등의 민간 기업과 협력하여 스타트업 가능성 있는 아이디어나 비즈니스 모델의 상품화와 유통 지원을 돕는다. 시장 검증과 사업화 계획 등 상품 기획은 KIDP가, 자금과 유통 지원, 생산은 민간 기업이 전담하는 구조다. 이 사업에 참여한 스타트업 대디포베베는 아기를 눕히지 않고 세운 채로 교체하는 홀딩 밴드형 기저귀 '로맘스'로 18억 투자 유치에 성공하여 국내 판매가 활발히 이루어 지고 있다. 또한 해외 특허 출원을 마치고 2020년부터는 해외 진출을 노리고 있다. 이와 함께 3년 미만 창업팀을 대상으로 창업 사업화 자금부터 초기 창업 전 단계를 집중 지원하는 초기창업패키지사업이 있다. 창업 아이템 개발부터 기술정보 활동, 마케팅까지 창업팀이 희망하는 맞춤형 교육과 전문가 멘토링을 지원하고, 사무실·회의실·휴게실 등 공간 지원, 국내외 전시회 참가, 네트워킹 프로그램, 투자 유치, 소비자 반응 조사 등 성장 프로그램 선별 지원을 비롯한 디자이너·기술자 매칭도 지원한다.

또한 초기 사업화 자금을 최대 1억 원까지 바우처 형태로 지급하는 예비 창업 패키지 지원 사업을 비롯해, 시설 및 장소를 제공하고, 기술 공동연구·개발·지도·자문, 자금 지원, 경영·회계·세무 및 법률에 관한 상담 등 창업에 필요한 모든 것을 지원하는 창업보육센터운영사업 등이 있다. 특히 2019년 처음 추진한 스타일테크는 4차 산업혁명을 맞이한 시대의 흐름과 보조를 맞춰 패션, 뷰티, 라이프스타일 디자인에 첨단 기술을 접목하여 새로운 서비스와 부가가치를 창출하는 사업이다. 이 사업은 대기업과 스타트업의 동반 성장과 청년 일자리 창출에 기여할 수 있는 유망 신산업으로 평가받으며, 2019년부터 디자인이 한 영역으로 자리잡게 된 국가도시재생사업과 함께 디자인의 영역을 확장시켜 나가고 있다.

49

2018

디자인진흥원사

- 제16대 윤주현 원장 취임
- 세대융합창업캠퍼스 개소
- 디자인통합민원센터 개소
- 한베디자인센터 개소
- '디자인 유레카 스튜디오'
  중기상품 판매 라이브방송 시작

한국 디자인사

- 융복합 가전 브랜드 LG오브제 출시
- 경기도 국내 첫 자율주행버스 시범 운행
- 플러스엑스(신명섭)
  '백만 불 수출의 탑' 수상

한국 사회사

- 평창동계올림픽 개최
- 남북 정상 회담 11년 만에
  판문점에서 개최
- 유튜브 국내 사용자 3천만 명 돌파
- 국내 총생산(GDP) 3만 달러 돌파
- 방탄소년단 빌보드차트 1위
- 미투 운동 확산

4차 산업혁명은 증기기관으로 대표되는 '1차 산업혁명', 전기와 석유를 이용한 대량생산 시대인 '2차 산업혁명', 인터넷이 이끈 '3차 산업혁명'을 넘어 21세기, 특정 국가가 아닌 전 세계가 동시에 맞이한 커다란 물결이다.

2016년 세계경제포럼(World Economic Forum, WEF)은 저성장, 변동성 확대, 저유가, 글로벌 생산성 저하, 산업 경쟁 구도 심화 등에 대한 대안으로 '4차 산업혁명'을 의제로 설정한 바 있다. '4차 산업혁명'이 전례 없는 기술 진보 속도와 파급력으로 지속적인 소득 증가와 삶의 질 향상이라는 두 가지 측면에서 긍정적 효과를 불러일으킬 것이라는 전망과, 반대로 사회적 불평등, 빈부 격차 심화, 노동 시장 붕괴 같은 부정적 영향으로 인해 양극화 현상이 심화될 수 있다는 지적이 함께 제기되었다. 여기에 대해 디자인을 통해 부정적 요소를 해결해야 한다는 제언에 힘이 실렸다. IT 기술의 태동과 함께 시작된 3차 산업혁명을 거치면서 디자인은 산업 생태계에서 경쟁 우위를 확보할 수 있는 승부처로서 가치를 인정받았기 때문이다. 즉, 4차 산업혁명 시대에서 디자인만이 유무형의 가치를 창출해 낼 수 있는 해답이라는 것이다.

디자인은 단순히 '직업' 개념이 아니라 하나의

자원, 하나의 역량, 하나의 혁신으로서 작용하며 기술과 전통을 이어주는 역할을 담당한다. 이에 4차 산업혁명 시대에서 디자인의 가장 중요한 과제로 디지털 전환(digital transformation)이 떠올랐다. 4차 산업혁명과 디지털 전환은 분리될 수 없는 밀접한 관계로, AI, 빅데이터 등 정보 기술이 기존 산업에 융합되거나 특정 기술들과 결합하기 위해 디지털 전환이 반드시 필요하기 때문이다. 디지털과 첨단 기술이 사회 전 분야에 융합되면서 모든 네트워크는 확장되고, 사물들은 지능화되었다. 그리고 이러한 과정에서 전통적인 사회 구조를 혁신시키는 개념이 바로 디지털 전환이다.

KIDP가 발간한 『디자인트렌드 2017: '4차 산업혁명'의 스타트라인』(2016), 『디자인트렌드 2018: 밀레니얼 세대의 노마드 마켓』(2017)은 이러한 변화에 주목한 결과다. 분야별 '산업 트렌드 키워드' 전망부터 전 세계 180여 개 '혁신적 디자인 솔루션' 분석까지 4차 산업혁명을 주도하는 디자인과 기술의 진화와 융합을 다뤘다. 더불어 지난 50년 간 국내외 디자인 트렌드를 수집하고 분석해 온 자료를 토대로 4차 산업혁명 시대를 이끌어갈 산업 및 디자인 트렌드를 제시했다.

2019년 디자인코리아 페스티벌에서는 '디지털 대전환'을 주제로 정하여 디자인 분야에서 디지털 전환의 중요성을 환기시켰다. 모든 산업 분야에서 새로운 가치를 만들어 내고 표현하기 힘든 무형의 가치를 모두가 공감할 수 있도록 형상화하기 위함이다.

디자인산업 진흥 50년을 맞이하는 2020년, KIDP는 향후 디자인정책과 디자인 산업 생태계가 지향해야 할 방향성을 모색하는 디자인 2050 비전을 선포한다.

50

디자인과 4차 산업혁명 기술이 융합하는 혁신공간: DK웍스

2019

디자인진흥원사

- 스타일테크 사업 추진
- 대한민국 디자인공공기관협의회 발대식
- 디자인혁신국민단 공식 출범
- 디자인권리보호 웹드라마 제작
- 한국디자인순더비즈센터 개소
- DK웍스 개소(가산)
- IIDC 국제융합디자인캠프 개최
- 한-스웨덴 디자인포럼 《포용적디지털전환디자인》 개최
- 한-스웨덴 수교60주년 기념 최초 공동 디자인어워드 <모두를 위한 디자인> 개최
- 산업디자인 개발의 대가 기준 제정·고시(산업통상자원부 12. 20)
- 산업디자인 표준 품셈 제정(2020. 3)

한국 디자인사

- 바이러스디자인(박관우) '삼백만 불 수출의 탑' 수상

한국 사회사

- 「미세먼지 저감 및 관리에 관한 특별법」 공포
- 강원도 인제, 강릉 산불
- 헌법재판소, 낙태죄 헌법불합치 판결
- 판문점서 남북미 세 정상 첫 만남
- 아프리카돼지열병 발생
- 일본 상품 불매운동

한국디자인진흥원은 경제개발 중심에서 디자인 강국이 되기까지 국가 주도의 유일한 디자인산업 진흥기관으로서 책임을 다해왔다. 그리고 이제 2020년 창립 50주년을 맞아 한국디자인진흥원 사업임을 나타낼 수 있는 브랜드 구축에 나섰다. 디자인이 이끄는 산업 발전에 이바지하고, 향후에도 운영될 사업을 기능에 따라 포괄하여 사업 브랜드 성격이 명확하게 드러나는 새로운 이미지를 확립하기 위해서다. 이에 디자인 주도로 산업을 발전시키기 위해 DK웍스(Design Korea Works)를 구축하여 산업과 기업을 육성하는 지원 사업을 펼쳐나가고 있다.

DK웍스는 현재 수요 기반의 제품 개발을 지원하는 DK웍스 디자인주도 제조혁신센터(G밸리) 4차 산업혁명 기술을 스타일 분야에 접목시켜 새로운 가치를 창출하는 '스타일테크(StyleTech) DK웍스'로 운영된다. 먼저 G밸리에 의한 DK웍스 디자인주도 제조혁신센터는 디자인부터 제조, 홍보까지 기업 맞춤형으로 지원하는 사업이다. 중소기업의 신상품 개발에 대한 위험부담을 감소시키고, 산업단지 내 제조기업의 자체 상품 개발 역량을 강화시키며, 디자인 혁신 대표 기업을 육성하고자 만들어졌다. 현재 CMF 쇼룸과 스마트 스튜디오를 통해 기업을 지원하고 있다.

제품 개발시 필요한 컬러, 소재, 마감을 뜻하는

CMF(Color, Material, Finishing) 쇼룸으로 디자인 주도의 제품개발 협업 공간을 지원하며, 소재-디자인-제조를 연결하는 네트워크 구축, 다양하고 전문적인 기업 지원 프로그램 진행, 디지털 디자인을 활용한 상품 개발을 지원하고 있다. CMF가 제품개발을 위한 중요한 디자인 요소인 만큼 관련 콘텐츠를 다루는 전문 공간으로 다양한 정보를 제공하기 위해서이다. 또한 CMF 관련 컨설팅, 트렌드 세미나 등을 통해 소재에 대한 이해력을 높이고 있다. 스마트 스튜디오는 소비자들에게 제품에 대한 흥미를 효과적으로 불러일으키기 위한 영상 및 사진 홍보물을 제작할 수 있는 디지털 복합 스튜디오로, 제품 촬영에 특화된 기업형 원스탑 홍보 서비스 공간이다. 스튜디오에서는 첨단 장비를 이용할 수 있을 뿐만 아니라 제품 촬영에 익숙하지 않은 기업을 위해 전문가가 상주해 도움을 주고 있어 품질이 우수한 제품 촬영 결과물을 얻을 수 있다. 2020년엔 반월-시화산업단지와 창원 스마트산단에 DK웍스 디자인주도 제조혁신센터를 추가로 개소하여 디자인 데이터, 제품 및 서비스, 유통과정 등 제품제조 전반에 필요한 정보를 제공할 예정이다.

스타일테크는 뷰티, 패션 등 기존에 존재하던 스타일 산업 분야에 AI, 빅데이터와 같은 4차 산업혁명 기술을 결합해 새로운 가치를 창출하기 위해 시도한 신규사업이며, 이를 육성하기 위한 지원사업이다. 예를 들어 고객이 기본 정보를 입력하면 AI를 이용해 의상 담당자가 가장 잘 어울리는 옷과 장신구를 추천, 배송하여 매출을 높이고 있는 미국의 스티치픽스(Stitch Fix, 인공지능 기반 패션아이템 큐레이션 서비스 기업)처럼 국내에도 관련 산업을 육성하여 스타일테크 유니콘 기업을 배출하고자 한다. 스타일테크 DK웍스 공유 오피스를 통해 업무 공간, 회의실, 스튜디오, 자료실, 폰부스 등을 갖춘 스타일테크 랩, 체험형 전시공간, 프로젝트룸, 세미나 공간 등을 지원받을 수 있다.

또한 첨단 기술을 이용하여 새로운 고객 수요를 만족시키고자 하는 기업을 대상으로 스타일테크 랩 액셀러레이팅 프로그램-오피스아워(PR, 투자, 재무, 노무), 세미나(산업별, 직무별 전문가 초청), 네트워킹(산업 섹터별 네트워킹 등) 등을 진행하고 있다.

미래사회를 위한 국가 디자인
정책의 방향

이순종 · 서울대학교 명예교수, (사)한국미래디자인연구원 대표

미래디자인 환경

미래디자인의 비전 필요

일찍이 20세기 디자인 거장 레이먼드 로위는 제품에 '스트림라인(Stream-line)'이라는 새로운 조형을 제안해 1920년대 미국 경제불황을 탈피할 전기를 마련했다. 이탈리아는 1, 2차 세계대전 패망 후, 국가 경제의 부흥정책으로 패션과 가구에 그들의 찬란했던 문화를 기반으로 한 디자인을 접목함으로써, 단기간 내에 경제를 회복시키고 오늘날의 디자인 강국이 되었다. 이렇듯 디자인 역사를 돌아보면, 급변하는 시대마다 그 맥락과 사회적 요구를 통찰하고 자성적 디자인 의식과 실험을 행하며 이를 사회와 연결시킨 디자인 선진국들은 풍요로운 경제와 사회 발전을 거듭했다. 우리나라 또한 짧은 디자인의 역사에도 불구하고 디자인 교육, 산업, 관련 기관의 부단한 노력으로 세계가 주목하는 디자인 강국으로 발전하고 있다. 20세기 초부터 산업사회와 함께 본격적으로 성장해온 디자인 분야는 정보사회를 지나 지식 창의사회로 변화하는 과정 속에 있다. 급변하는 사회 속에서 디자인 분야가 성장하고 국가 발전에 이바지하기 위해서는 시대 맥락에 부응할 수 있는 디자인의 역할과 국가의 디자인 정책에 대한 새로운 비전이 필요하다.

미래는 개념 창조, 디자인 시대

미래학자 다니엘 핑크가 지적하였듯, 이미 사회는 산업사회와 정보화사회를 지나 창의사회로 변화하고 있다.[77] 산업사회가 석유 등의 에너지와 하드한 물질이 주요 자원이었다면, 정보사회에서는 컴퓨터나 네트워크를 통한 정보와 통신이 자원이 되고, 창의사회는 신개념과 지식의 창조를 자원으로 하며 이를 유통하는 사회이다. 특히 창의사회는 단순히 정보를 소유하는 것을 넘어 정보와 지식을 전과 다른 새로운 것으로 재조합, 재창조하는 예술가, 디자이너 등 우뇌형 사고가 지배하는 사회이다. 미래학자 롤프 옌센(Ralf Jensen)도 "미래 창의사회는 상상과 이미지, 예술과 디자인이 중시되는 드림 소사이어티(Dream Society)"[78] 라고 하였다. 창의사회에 들어 이미 예술과 디자인이 경제와 사회적 가치 창조의 중심이 되어가는 현상은 여러 곳에서 나타나고 있다. 일례로, 혁신과 창조의 아이콘인 애플사는 디자인 혁신을 통하여 1997년 665달러에 불과했던 주가를 2018년 시가 총액 1조 달러로 올려 미국 기업사상 최고의 성장 신화를 기록했다. 애플사는 R&D 투자 규모가 미국 내에서도 낮은 수준이었지만, 이를 신기술 개발보다는 디자인에 집중적으로 투자함으로써 인간 필요 기반의 시장 주도형 혁신을 이루었고 세계 최고의 혁신기업이 되었다. 이처럼 디자인은 신개념과 가치 창조의 중심이다.

미래의 디자인 환경: 전일적, 비물질적, 융합화, 조화의 세계관

미래학자들은 표준화와 물질적 가치가 중시되던 산업사회와는 달리, 지적 가치와 창의성이 중시되는 미래사회에서는 1) 물질과의 균형적 사고에 의한 '정신성', 2) 지역의 고유한 문화에 바탕을 둔 '가치관의 다양성', 3) 이 가치들을 컴퓨터와 통신 네트워크로 연결시키는 '유기적 융합화', 4) 시스템과 환경의 서로 다른 구성요소들을 거시적 관점에서 동일하게 생각하는 '전일적, 전체적 사고'가 보다 중시될 것으로 본다. 특히 사회는 기술의 발달로 빠르게 유기체적 융합화와 종합적이며 전일적인 세계관으로 전환되고 있다. 또한 인간의 생활관은 산업사회의 성숙기를 맞아 경제적 충족 같은 물질주의적 생활관에서 점차 지적 관심이나 문화, 창작 등의 취미 활동, 자연보호나 지역사회 봉사 등 다양한 의미 추구와 가치 충족을 위한 '탈물질주의적 생활관'으로 옮겨가고 있다. 그리고 대량 생산과 유통, 소비패턴에서 유발된 에너지와 자원의 고갈, 환경오염의 전 지구적 심각성에서 비롯된 사회의 이념과 인간의 생활방식은 '절약적 발전'과 '자연과의 조화'로 그 방향이 전환되고 있다. 이와 같은 '전일-전체', '융합-통합', '비물질-정신', '균형-조화'는 미래사회의 핵심가치로서, 미래디자인 가치의 새로운 방향이 될 것이다.

미래사회의 새로운 디자인 관점들

디자인 가치와 내용: 통합과 비물질

무엇보다도 지난 산업사회의 디자인의 가치가 물질, 기능, 보편, 혁신에 바탕을 둔 부분과 분리적 개념의 가치창조였다면, 이제 지식·창의사회의 '디자인의 가치'는 전체적 전일적 관점에서 물질과 비물질-정신, 기능과 의미, 보편과 다양, 변화와 지속을 공존시키는 '통합'의 가치가 중시될 것이다. 특히 20세기까지 문명의 중심은 물리적 실체가 있는 사물이었으나, 미래 지식·창의사회는 비물질적, 비가시적 가치 자본이 중요하게 되어, '디자인의 내용' 또한 과거의 하드웨어와 물질 중심에서 '소프트한 비물질적 비가시적 요소', 즉 창의성, 감성, 개인 경험, 지혜, 문화, 전통의 해석 등 인간 내면의 가치와 보이지 않는 정신, 의미와 스토리, 서비스와 지속 가능한 가치가 더욱 중요해질 것이다. 그리하여 디자인 분야는 과거의 가시적 물질과 산업 분야를 넘어, 비가시적 콘텐츠와 사회 도시 분야 등 디자인의 통합적 역할과 개념의 확대로 과거보다 디자인의 기회가 더욱 증대될 것이다.

디자인 영역, 방법, 목표: 확산, 융합, 균형과 조화

미래의 '디자인 방법'은 제4차 산업혁명이 몰고 오는 인공지능, 빅데이터, 사물인터넷, 로봇 등 신기술의 가속화로 인간과 로봇, 이동수단과 주택, 정보기술과 도시의 결합 등 새로운 인간의 삶과 첨단기술을 엮는 '융합 디자인'이 더욱 활발하게 펼쳐질 것이다. 그리하여 다양한 전문성이 연결되는 '오픈네트워크의 창조 방법'이 확산될 것이다. '디자인의 영역' 또한 산업사회의 제품 개발과 경제 성장을 위한 단편적 산업 경제 영역을 넘어 지역사회, 도시, 국가와 환경 등 인간 삶과 사회 환경 시스템의 전 영역으로 더욱 확대될 것이다. 실제로 디자인 활동은 지금까지의 '기술 기업 경제' 중시에서 장애, 빈곤, 지역 재생, 환경문제 등 '인간·사회·환경'의 영역으로 빠르게 확대되고 있어, 사회 참여와 공공의 발전,

디자인	과거	미래
가치	분리	통합
내용	물질	물질과 비물질
영역	산업 경제	사회 환경 시스템
방법	개인, 닫힌	융합, 오픈네트워크
목표	혁신과 차별	개선과 조화
역할	조형전문가	목표와 전략 수립, 코디네이터

디자인 기능의 변화

환경과의 공존을 위한 디자인의 역할이 더욱 중요해지고 있다. 이와 같이 미래에는 지역사회, 공공, 서비스, 나눔, 지속 가능성 등 모두를 위한 디자인, 사회 정의와 균형적 발전을 위한 공익적 디자인 활동의 비중이 커질 것이다. '디자인의 목표'는 인간 사회 환경이 함께 공생하는 균형과 조화의 디자인을 구현하기 위한 노력으로 더욱 나아갈 것이다.

디자이너 역할: 목표 설정과 코디네이터

창의사회의 도래와 함께 미래사회는 빅데이터, 정보통신 네트워크, 3D 프린터 등 디자인 창조를 돕는 기술의 발달로 일반인들이 창조적인 활동에 쉽게 참여할 수 있어 일반인과 전문디자이너의 경계가 모호해지는 '모두가 디자이너'가 되는 환경으로 진화될 것이다. 따라서 미래에 전문 디자이너의 역할은 과거의 조형가와 같은 전문성에서 벗어나 미래의 인간 생활과 그 환경 시스템의 비전과 가치를 제시하고 창조의 바람직한 길을 안내하는 '코디네이터와 조력자'로서의 역할이 요구될 것이다. 이에 따라 '디자이너의 임무'에서는 창조의 목표 설정과 전략적 역할이 더욱 중요해질 것이다. 지금까지의 디자이너가 핸드폰의 형태와 인터페이스를 디자인하고 게임의 흥미로운 이미지와 스토리를 만들어냈다면, 앞으로는 어린이나 인간에게 해악이 없는 올바른 삶을 안내하는 핸드폰과 게임을 위해 '제품 목표와 핵심 가치'를 디자인하는 것으로 변환될 것이다.

살펴본 것을 다시 정리하자면, 디자인이 중시되는 창의사회에 접어들면서 디자인의 관점이 급격하게 전환되고 있다. 디자인 영역은 도시와 사회시스템으로 확장되고, 디자인 내용은 물질과 비물질이 통합된 가치를 추구하면서 비물질적 가치가 더욱 중요해지고 있다. 디자이너의 역할은 코디네이터와 목표 그리고 전략 수립 역할이 강조되고, 디자인 창조의 방법은 더욱더 초학제적 융합이 중시되고, 디자인 가치나 목표는 조화와 지속 가능한 가치창조를 지향해가고 있다.

이러한 맥락 속에서 우리나라의 디자인 분야가 미래산업과 사회 혁신의 가치 창조를 선도하는 중차대한 임무를 수행하기 위해서는, 위와 같이 변화하는 디자인의 제 가치들을 인식하여야 한다. 그리고 디자인 분야와 국가는 발전의 핵심을 이루는 미래의 디자인 교육, 연구, 산업, 사회를 위한 총체적인 디자인 정책을 마련해야 한다.

국가 디자인 정책의 미래 방향

디자인교육: 창조적 리더십 함양과 초학제 특성화 교육

미래 인재를 양성하는 대학의 교육은 인류의 행복한 삶을 위한 신문명 가치 창조의 중심이어야 한다. 따라서, 디자이너가 21세기 창의사회에서 인류의 삶과 사회 가치를 디자인하기 위해서는 고등 '디자인 교육의 목표'가 창조적 리더십과 특성화된 디자인 인재를 육성하는 방향으로 나아가야 한다. 이를 위해서 '디자인 대학 교육'에서 초학제 융합 교육(다양한 학문을 통합 융합한 문제 해결), 특성화(대학과 지역사회의 요구에 기반), 기업가정신(신 비즈니스와 사회혁신을 위한 실제적 교육), 그리고 국제화(국제사회에 공헌과 협력)이 강조되어야 한다. 특히 창조적 리더십을 위한 대학 교육은, 연구, 산업, 사회 간의 벽을 제거하고, 미래 인간 삶을 위한 연구 개발, 신비즈니스, 사회 혁신의 베이스로서 실질적인 문제해결과 전체 프로세스를 체험하는 역할을 더욱 강조하여야 한다. '디자인 교육의 프로그램'은 지금까지의 자동차, 제품, 그래픽, 공예 등 도구와 영역 중심에서 벗어나, 미래 인간, 산업, 사회에서 중시될 커뮤니케이션 미디어, 정보 서비스, AI, 콘텐츠, 오락, 놀이, 건강, 노인, 교육, 사회, 공공, 생태 분야 등 다양한 주제를 중심으로 한 초학제적 팀 맞춤식 프로그램으로 강화되어야 하고, 각 디자인 대학은 이러한 주제 중심의 특성화 교육으로 전환되어야 할 것이다. 또한 3D 프린터, 빅데이터, 통신 네트워크 등 모든 사람이 디자이너가 될 수 있는 환경이 도래함에 따라 일반인의 창조성과 문제 해결 능력을 함양시키기 위한 디자인 교육이 중요한 과제가 될 것이다. 영국, 덴마크 같은 디자인 선진국들에서는 이미 비디자이너를 교육하는 다양한 프로그램이 활성화되고 있다.

디자인 연구: 인간과 디자인 중심 연구 개발과 스타트업 프로그램 강화

애플의 연구개발비 총액은 경쟁사 대비 1/2에 그쳤지만, 대부분을 디자인과 마케팅에 투자하여 21세기의 세계적인 혁신기업이 되었다. 반면 통계에 의하면 한국을 비롯한 아시아의 디자인 연구개발비 비율은 미국과 유럽에 비해 1/10에 불과하다. 이제 지식 창의 시대를 맞아 AI, IoT, 로봇 등 4차 산업혁명의 신기술을 인간 중심의 신시장 기회로 만들기 위해, 정부는 신기술을 인간의 미래 생활 가치와 융합시키는 연구 등 '디자인 중심의 연구 개발'에 투자해야 한다. 디지털 기술 기반의 미래 주거, 교육, 작업, 휴식, 이동 등 미래 라이프스타일 시나리오 연구는 신비즈니스와 산업을 개척하는 원동력이 될 수 있다. 나아가 미래사회에 더욱 부각될 노인, 건강, 안전, 에너지, 그린 등은 신기술과 융합하여 초학제적으로 연구해야 할 사회적 혁신의 중요한 주제가 될 것이다. 또한 물질문화에서 정신문화 사회로의 전환에 따른 '인간과 디자인 중심 신산업 창출을 위한 스타트업 연구' 프로그램이 필요하다. 이미 에어비앤비, 유튜브, 핀터레스트, 위워크 등 많은 성공적인 실리콘밸리의 스타트업 사업은 물론 국내의 우아한형제들, 렌딧, 미미박스 등 디자인 주도형 스타트업들은 21세기 인간 중심의 뉴비지니스의 중요성을 잘 제시하고 있다. 통계에 의하면 디자인 연구 개발 투자비는 기술 투자비의 1/20이지만 시장화의 성공 확률은 4배가 높은 것으로 나타난다.

디자인산업: 디자인산업의 시야 확대, 전략적 통합적 활동 조직 전환

이제 디자인은 AI와 디지털 가상공간 등 신기술로 인한 역할 증대뿐만 아니라, 그 역할이 산업에서 지역사회와 도시재생 등 사회 혁신의 방향으로 확산되고 있다. 확대되는 디자인의 사회 기술적 요구를 디자인산업의 발전으로 연결하기 위해서는 '디자인산업의 시야 확대'가 필요하다. 즉 디자인산업을 기존의 제품과 인터랙션, 홍보와 서비스 등의 단편적인 영역에서 도시, 농업, 해양, 관광, 교육 등 지역사회와 국가적 차원으로 더욱 확산하고, 영역과 주제에 따라 전문화시켜야 한다. 한편 '산업에서의 디자인 기능'은 과거의 형태 위주의 작업을 넘어, 문제와 관련된 신비지니스 개념과 전략 개발 등 지적 활동이 강조되고, '디자인의 범주' 또한 신비지니스 개념 제안에서 제품개발, 홍보, 서비스에 이르는 전체 비즈니스의 창조 과정을 통합하는 역할로 확장되고 있다. 따라서 미래 디자인산업의 통합적 활동을 이끌기 위해 '디자인 조직'에는 비즈니스 창조의 전 과정을 총체적으로 관리할 수 있는 초학제적 조직과 협업 네트워크가 요구될 것이다. 또한 컴퓨터, 통신 네트워크, 생산 기술 등의 발달로 제품 생산, 유통, 서비스가 용이해지면서 고부가의 디자인 스타트업 비즈니스의 기회가 증대될 것이다. 이미 거론하였듯 디자인스타트업은 투자 대비 성공 효율이 높은 지식 문화 산업의 중심으로, 이 분야의 투자 확산을 통해 디자인 분야와 국가의 발전을 도모할 수 있다. 한편, 제한된 우리나라의 산업과 경제 규모를 고려할 때 디자인산업의 해외 진출은 필연적이어서 디자인산업의 해외 진출을 위한 체계적인 방안이 요구된다.

디자인과 사회, 국가: 국가디자인위원회, 아시아 디자인 허브

디자인 분야는 산업 경제, 사회 환경, 문화와 국가 이미지의 창조와 밀접하게 관계해 국가 발전의 정책적 차원에서 다루어져야 한다. 그리하여 디자인 선진국들은 일찍이 지식, 문화, 디자인 시대를 준비하기 위해 국가적인 차원에서 다각적인 노력을 기울이고 있다. 특히 "디자인이 아니면 사표를 쓰라(Design or Resign)"라는 일화로 유명한 마거릿 대처 총리의 국가 정책 '디자인을 통한 경제 재생(Revival, 1980)' 이후, 영국은 2018년 5-16세 공교육 커리큘럼에 '디자인과 기술, 예술과 디자인 교육', '미래 엔지니어, 과학자, 디지털 선구자 디자인 교육', '전공을 넘는 통합 디자이너 교육' 등 디자인 교육 정책을 강화하고, 영국 통합 디자인 정책(A UK Design Action Plan) 등 디자인 대국을 위한 토대를 구축하였다. 덴마크 또한 '2020 덴마크 디자인 비전 위원회(2020 Denmark Design Vision Committee)'를 통해 산업 및 사회 혁신 동력으로서의 디자인을 강조하고, 디자인을 초등학교에서 고등학교까지 필수 교과로 지정하거나 공학과 경영

대학에 디자인을 필수적으로 가르치고, 덴마크 디자인을 국제적인 브랜드로 진흥하기 위한 국가 브랜드 전략을 수립하는 등 다양한 국가 디자인 전략을 펼치고 있다. 싱가포르 또한 '2015년 디자인마스터플랜 위원회(Design Masterplan Committee 2015)'를 설치하여 '어린이 대상 디자인 역량 강화 교육', '지역 및 공공 부문 서비스디자인 강화', '디자인을 국가기술표준으로 편입', '싱가포르 디자인 브랜드 진흥' 등을 진행하고 있다. 일본의 경제 산업성은 2017년 디자인, 패션, 관광, 전시 등을 아우르는 산업군 관련 쿨 재팬 정책과(Cool Japan Department)'를 신설하여 통합적인 디자인 정책을 계획하고 있다. 이와 같이 선진국들은 공통으로 국가 디자인 위원회를 설치하며 '디자인 교육 강화', '제품 및 사회 혁신을 위한 디자인 역할 확대', '국가 브랜드 이미지 증진' 등 국가 차원에서 디자인 역할을 확대하기 위한 정책들을 하나둘 펼치고 있다.

우리나라 또한 1966년에 발족된 한국수출디자인센터를 기반으로 1970년에 국가기관이 통합된 KIDP가 출범했다. 이곳은 정부적 차원의 디자인 진흥을 본격적으로 실행해 왔고, 현재는 산업통상자원부 이외에도 문화부와 국토부 등 여러 정부 부처에서 디자인 관련 업무를 집행하고 있다. 그러나 국가 차원의 디자인에 대한 관심 부족과 국가 전체를 위한 디자인 정책과 각 부처 간의 디자인 정책 조정 역할의 부재로 창의·디자인 시대에 중차대한 디자인의 역할이 산업은 물론 사회와 국가 전반에 파급되지 못하고 있다. 따라서 각 부처 간에 산재해 있는 디자인과 관련된 기능들을 통합해 장단기적인 국가의 디자인 정책을 기획하고 효율적으로 관리하기 위한 범정부적 차원의 '국가디자인위원회' 설립이 무엇보다 시급하다. 또한 우리나라 디자인이 세계를 선도하고 '아시아 디자인의 허브'가 되기 위해서는 신기술과 미래 삶의 상상이 융합되고, 디자인 교육, 연구, 개발, 유통 기능이 집결되고, 아시아디자인박물관 등 미래디자인을 통찰할 수 있는 '디자인 특화 도시'의 설립이 필요하다. 이미 2010년에 계획한 헬싱키 아라비아 지구(Arabia District)의 신도시계획은 UIAH(현 알토 대학교)와 지역사회 기능을 중심으로 한 '예술, 미디어, 디자인 도시 창조 종합계획안'으로서, 분야 간 장벽을 허물고 교육과 산업, 사회를 디자인 특화 도시에 융합시킨 좋은 예다.

정책 구분	정책 내용
교육	창조적 리더쉽, 초학제적 특성화 교육
연구	인간 디자인 중심 연구 개발, 스타트업 프로그램
사회, 국가	국가디자인위원회, 아시아디자인허브, 디자인 특화 도시

미래디자인 정책 방향

미래사회는 4차 산업혁명의 신기술 등 급변하는 사회 환경 속에서 인간의 새로운 삶의 비전을 제시해야 하는 창의·디자인시대이다. 이미 반세기가 넘은 1967년에 박정희 대통령은 한국수출디자인센터를 방문하여 '미술 수출'이라는 휘호를 남기며 국가적인 차원에서 디자인의 중요성을 역설한 바 있다. 다시금, 창의시대에 융합과 창조의 핵심인 디자인을 통한 산업과 사회 국가혁신을 위하여 범국가적인 차원의 디자인 정책이 절실한 때이다.

한국 디자인 진흥 50년 연표

1970 | 1971 | 1972

1970
- 한국디자인포장센터 설립
  (초대 이사장 이낙선)
- **디자이너 등록요령 고시**
  (상공부 고시 제5403호)
  1차 디자이너 등록 233명
- 부산지사 개소
- 《스위스 포스터전》 개최
- 『디자인·포장』 창간

1971
- **《KOREA PACK》 개최**
- 제6회 《대한민국상공
  미술전람회》 개최
- 세계공예협회(WCC) 가맹
- **디자인 자료실 개관**
- **전국 디자이너 대회 개최**
  (168명 참가)
- **《한국포장대전》 개최**

1972
- 제2대 조태호 이사장 취임
- **디자이너 등록제 실시**
  (상공부 고시 제8287호)
- 세계그래픽디자인단체협의회
  (ICOGRADA) 가맹
- 중국 섬유시찰단 내방
- 일본 의장상품조사단 내방

1970
- 《한국현대디자인실험작가
  협회전》 개최
- 계간 『디자인』 폐간
  (한국공예디자인연구소, 총권 4호)
- 통상진흥국 디자인·포장과 설치
- 트랜지스터식 흑백 TV 생산
- 한샘 설립

1971
- 한국광고연구협의회(KARA) 창립
- 삼성전자, 영업부 소속 디자인 조직 신설
- 삼성전자 첫 TV 수출(파나마)
- 홍익대학교 공예학부에
  응용미술과, 공업도안과 개설
- 태평양화학 국내 최초
  메이크업 캠페인 '오 마이 러브' 실시

1972
- 서울대학교 응용미술과
  상업미술전공, 공업미술전공,
  공예미술전공으로 개편
- 한국인더스트리얼디자이너협회
  (KSID) 창립
- 한국디자이너협의회(KDC) 창립
- 한국그래픽디자인협회(KSGD) 창립

© 삼성전자

1970
- 와우아파트 붕괴
- 새마을운동 시작
- 서울 인구 500만 돌파
- 경부고속도로 완공
- 남산1호터널 개통
- 전태일 분신자살 사건

1971
- 제3차 경제개발5개년계획 발표
- 국토종합개발 10개년 계획 확정 공고
- 영동고속도로(신갈~새말 구간) 개통
- 대연각호텔 화재사고
- 국가비상사태 선포

1972
- 구미전자공업단지 제1단지
  조성 완료
- 7·4남북공동성명
- 10월유신(유신독재) 시작

1973 · 1974 · 1975

1973	1974	1975
• 제3대 장성환 이사장 취임 • 세계산업디자인단체협의회 (ICSID) 정회원 가입 • 공작실 설치(연구 시제품 제작) • 수출의 날 한국디자인포장센터 대통령 표창 수상 • 대한상공미술전람회 규정 제정 (대통령령 6486호)	• 《해외포장자료전》 개최 • 아시아포장연맹(APF) 이사회 참가 • 세계그래픽디자인단체협의회 (ICOGRADA) 총회 참가 • **디자인포장기사 제도 시행** (국가기술자격법) • 《완구제품 굿디자인 전시회》 개최 • 《넥타이 굿디자인 전시회》 개최	• 제1차 유엔개발계획(UNDP) 수원사업 개시 • 국내우수포장 상설전(124일간) • 유엔산업개발기구(UNIDO) 국제포장세미나 개최 • 《JAPAN-PACK》 참관단 파견

© 현대자동차

1973	1974	1975
• 제일기획 설립 • 디자인·포장과 중소기업국으로 이관 • 한국공예가회(KCC) 창설 • 성신여자사범대학교, 공예교육과 신설 • 수도여자사범대학교, 응용미술과 신설 • 이가솜씨 설립	• 기아자동차 브리사 출시 • 현대자동차 포니 토리노 국제자동차박람회 참가 • 동양맥주 CI 개발 • CDR의 전신 조영제디자인연구소 설립 • 빙그레 바나나맛우유 패키지 생산 • 국내 최초 컬러 TV 생산 (아남 CT-201)	• 서울시 자동차용 도로표지판 정비 • 금성 공업의장실, 디자인연구실로 개칭 • 광복 30주년 《한국현대공예대전》 개최 • 현대자동차 포니 생산 시작 • 조영제, 제일제당, 신세계백화점, 제일모직 CI 개발

© 빙그레

1973	1974	1975
• 미니스커트와 장발 단속 법제화 (경범죄 처벌법) • 어린이대공원 개원 • 1만 원권 발행 시작 • 포항제철 준공 및 통조림용 강관 국산화 • 제1차 석유 파동 • 국립극장 준공	• 대통령 긴급조치 선포 • 민청학련 사건 • 지하철 1호선 개통	• 국립민속박물관 개관 • 남산타워 완공 • 새마을사업 종합계획 확정

1976 · 1977 · 1978

	1976	1977	1978

한국디자인진흥원사

1976
- 제4대 김희덕 이사장 취임
- 《대한민국상공미술전람회》에서
  《**대한민국산업디자인전람회**》로 개칭
  (대통령령 제8249호)
- **포장시험실** 설치(공작실 명칭 변경)

1977
- 중동 지역 수출품 포장실태조사
- 《이태리 산업디자인전》 개최
- **『디자인포장진흥법』 공포**
  (법률 제3070호)
- 본사 건물 증축 완공(국내 최대 상설
  디자인전시관 및 자료실 오픈)

1978
- 「디자인포장진흥법」 시행령 공포
- 미국 시라큐스대 유학생 파견
  (석사 과정)
- 해외 각국 포장시찰단 내방
  (대만, 싱가폴, 일본, 중국, 홍콩 등)
- 100억 달러 수출의 날 기념
  대통령 표창 수상

© 뿌리깊은나무

한국디자인사

1976
- 『뿌리깊은 나무』 창간
- 「로버트태권 V」 개봉
- 월간 『디자인』 창간
- 김교만 첫 개인전
  《김교만 작품전》 개최
- 대우 기업PR 광고 시작

1977
- 『꾸밈』 창간
- 미진사 『디자인 용어 사전』 발간
  (박대순)

1978
- 《동아미술제》 개최
- 서울패키지디자인협회(SPDA) 창립
- 한국디자인학회 창립
- 제1회 한국공업디자인상 공모전
  (KSID 주최)
- 한글 모아쓰기 가능한
  CRT 단말기 개발
- 권명광, 쌍용, 대웅제약 CI 개발

© 위키

한국사

1976
- 3·1 민주구국선언
- 판문점 도끼 살인 사건

1977
- 수출 100억 달러 돌파
- 주택청약제도 실시
- 한국과학원 국내 첫 팩시밀리 개발 성공
- 한국토지개발공사 설립

1978
- 세종문화회관 개관
- 고리원자력발전소 상업운전 시작
- 자연보호헌장 선포
- 제2차 오일쇼크
- 과천신도시계획 결정 고시

1979 | 1980 | 1981

- 센터 심볼마크 및 사색(社色) 제정
- 농산물 포장 규격 제정(포장시험실)
- 군수품 포장 규격 국산화 연구 (포장시험실)

- 창립 10주년기념산업디자인세미나개최
- 『디자인·포장』 50호 발간
- 김희덕 이사징 아시아포장연맹 제8대 회장 선출
- 전두환 대통령 '포장기술향상' 지시

- 국비 유학생, 디자인 분야 신설
- 스웨덴 유리포장전문가 초청 세미나 개최

- 『월간 디자인』 제1회 《BIM트리엔날레》 개최
- 한국인테리어디자이너협회 (KOSID) 창립
- 오리콤 설립

- 브르노 국제그래픽디자인 비엔날레 초청작가 지명(김교만, 김현)
- 『포름』 창간
- 삼성전자 CIP 도입

- 《한국의 미 포스터전》 개최
- 월간 『광고정보』 창간
- 삼성 마이마이 출시
- 기아자동차 봉고 생산

- 문예진흥원 미술회관 개관
- 한국종합전시장(코엑스) 개장
- 국내 첫 패스트푸드 프랜차이즈 개장(롯데리아)
- 박정희 대통령 시해 사건
- 수출 150억 달러 돌파

- 5·18 광주민주화운동
- 파리조약 가입
- 언론기관 통폐합
- 국내 컬러TV 방영 시작

- 제5공화국 출범
- 한국방송광고공사 창립
- 《국풍 81》 개최
- 제84차 IOC총회, 1988년 서울 올림픽 개최 결정
- 삼보 개인용 컴퓨터 출시

	1982	1983	1984
한국디자인진흥원사	• 올림픽 상품디자인 개발위원회 설치 • 《세계 올림픽 상품 종합전》 개최 • **제품디자인 분야 디자인 　전문교육 시작** • **제1기 산업디자인 교육 실시** • 《해외 우수 문구류전》 개최 • 《우수디자인 상품전》 개최	• 전두환 대통령 '디자인산업 육성' 지시 • 『디자인·포장』지를 『산업디자인』과 　『포장기술』로 분리 발간 • 《대한민국산업디자인전람회》 　'공업디자인' 부문을 '제품 및 　환경디자인'으로 변경	• 제5대 이광노 이사장 겸 원장 취임 • 말레이시아 연수생 교육 　(한·말 기술협력사업) • 서울올림픽 조직위 주관 해외 　기념품 조사단 참가 • **중소기업 디자인·포장 상담실 　설치 운영** • **디자이너 등록제 정비, 재실시**
한국디자인사	• 현대자동차 포니2 생산 • 서울올림픽대회조직위원회 　디자인전문위원회 설치 　(위원장 조영제) • 한미수교 100주년 심벌마크 발표 • 민철홍산업디자인연구소, 　서울 지하철 3, 4호선 전동차 　전면 디자인	• KBS 1TV '세계는 디자인 혁명시대' 방영 • 금성사 디자인종합연구소 설치 • 서울올림픽 엠블럼, 마스코트 발표 • 금성 제1회 《산업디자인 공모전》 개최 • 삼성 제1회 《굿디자인전》 개최 • 새한자동차 대우자동차로 개칭 • 금강기획 설립 • 민산업디자인연구소(MIDA) 창립 • 서울그래픽센터 창립	• 체신부, 정부기관 최초 CI 도입 • LG 애드 설립 • 디자인파크 설립 • 정병규 출판디자인 설립 • 한국여류시각디자이너협회 창립 • 『샘이 깊은 물』 창간 • 조영제, 88서울올림픽 포스터 제작 • 김현, 86서울아시안게임 　엠블럼 디자인 • 대한항공 CI 도입 • 디자인포커스 창립
한국사	• 야간통행금지제도 폐지 • 중·고교생 두발 자유화 • KOO 프로야구 출범 • 한강종합개발사업 착공	• 이웅평 귀순 • 이산가족찾기 TV생방송(남한, 　해외 대상 총 453시간 45분 단일주제 　연속 생방송 세계기록) • 삼성전자 세계 세 번째로 64K D램 개발 • 삼성전자 퍼스털컴퓨터 SPC-1000 출시 • 버마 아웅산묘소 폭발 사건 • 현대중공업 조선산업 세계 1위 달성	• 서울올림픽 주경기장 개장 • 교황 요한 바오로2세 한국 방문 • 과천 서울대공원 개원 • 서울지하철 2호선 전구간 개통

1985

- 유망중소기업 지원기관 지정(상공부)
- 우수디자인상품(GD) 선정제 도입
- **제1기 시각디자인교육 실시**
- 제1회 한·일 디자인 세미나 개최

- 현대자동차 쏘나타 출시
- 86아시안게임 공식포스터
  5종 제작
- 안상수체 완성
- 안그라픽스 설립
- 김형윤 편집회사 설립
- 한국전기통신공사, 한국투자금융,
  조흥은행, 동서식품 CI 도입

- 63빌딩 완공
- 자동차 등록대수 100만 대 돌파
- 분단 이후 최초로 남북이산가족
  상봉 개최

1986

- GD마크 등록(특허청, 업무포장등록
  제26호)
- GD상품 전시장 개관
- 전두환 대통령 내방(산업디자인전)
- 중소기업진흥공단과
  업무협조약정 체결
- 해외 산업디자인 조사단 파견
  (대만, 일본, 홍콩)

- 기아 베스타 시판
- 대우 르망 시판
- 『월간 디자인』 100호 발간
- 제1회 《대한민국공예대전》 개최
- 한국과학기술대학 산업디자인학부 개설
- 핵사컴 설립

- 화성연쇄살인사건
- 86아시안게임 개최
- 최초 무역수지 흑자 기록

1987

- 제1회 《한국우수포장대전》
  (1971년 시작된 《한국포장대전》
  개칭) 개최
- **정보자료부 신설(전산실 준공)**
- 컴퓨터 응용디자인 교육 실시

- 금성사 디자인연구소 김철호 소장 취임
- **『시각디자인』 창간**
- 서울올림픽 문화포스터 발표
- 국내 최초 애플 전용 게임
  <신검의 전설> 발표
- 한국프라즘, 탠덤디자인 설립

- 서울대생 박종철 고문치사 사건
- 6월 민주항쟁
- 6·29선언
- 저작권법 개정
- 대한항공 858편 폭파 사건
- 대통령 직선제 개헌안 통과

1988　　　1989　　　1990

한국디자인진흥원사

1988
- 제6·7대 조진희 이사장 겸 원장 취임
- 《프랑스 산업디자인전》 및 한불디자인 심포지엄
- 제1회 《한글 티셔츠 대학생 디자인 공모전》
- **국제산업디자인대회**
- **『산업디자인』지 100호 발간**
- 해외 농산물 유통 및 포장 세미나 개최

1989
- 영상자료실 개관
- 중고교 미술교사 디자인 교육 실시
- 《세계 일류화 상품 디자인 비교 전시회》 개최

1990
- 국내 CAD 실태 보고서 발간
- 창립 20주년 기념
- **국제디자인대회 개최**
- **한국산업디자인대회 개최**
- 《해외 우수디자인 상품전》 개최

한국디자인사

1988
- 『한겨레』 창간, 가로쓰기 채택
- 『월간 공예』 창간
- 월간 『디자인 저널』 창간
- 『보고서/보고서』 발간
- 월간 『디자인』 제1회 디자인/ 공예평론 및 논문상 시상
- 한국출판미술가협회 창립

1989
- 롯데월드 캐릭터 표절 시비
- 『디자인비즈니스』 창간
- 《독일 바우하우스전》 개최
- 한국대학생디자인협회 창립
- 『코스마』 창간
- 윤디자인연구소 설립
- 212디자인 설립
- 공한체 발표
- 프론트디자인 설립

ⓒ김중업

1990
- 「의장법」 개정
- 《아름다운 한글 글자체 600년전》 개최
- 공산품 품질 평가 항목에 디자인 포함
- 이노디자인 골프백, 비즈니스위크 최우수제품 선정

한국사

1988
- 예술의전당 1차 개관
- 제6공화국 출범
- 올림픽공원 평화의 문 준공
- 88서울올림픽 개최
- 주택 200만호 건설 돌입

1989
- 국외여행 전면 자유화
- 문익환 목사 방북
- 아시아나항공 첫 취항
- 24시간 편의점 개장(세븐일레븐)
- 롯데월드 어드벤처 개장

1990
- 문화부 신설(초대장관 이어령)
- 삼당 합당
- 한강 대홍수
- 한글과컴퓨터 설립
- 데이콤 피사-서브 상용화

1991

- 「디자인·포장진흥법」
  「산업디자인·포장진흥법」으로 개정
  (공업기반기술개발사업비로
  디자인 지원 가능해짐)
- 한국디자인포장센터,
  한국산업디자인포장개발원
  (KIDP)으로 개칭
- 한·일 산업디자인 공동연구
  1차년도 협약체결

1992

- **공인산업디자인전문회사**
  등록제도 실시
  1호 등록 212디자인(은병수)
  (디자인계 의견을 반영
  1999년 신고제로 변경)
- **제1차 산업디자인발전5개년**
  계획 발표(1993-1997)

1993

- 제8대 유호민 원장 취임
- **산업디자인 원년 및**
  산업디자인주간 선포
- 제30회 무역의 날, 수출유공기관
  대통령 표창 수상
- 중소기업포장개발 종합상담실 설치

212
COMPANY, INC.
© designdb

- 대전세계박람회 마스코트 꿈돌이,
  엠블럼 제정
- 부천시 CIP 도입
- KBS, 『한국표준색표집』 발행
- 『디자인 신문』 창간
- 제1회 LG전자 국제디자인공모전
- 한국산업디자인전문회사협회
  (KIDCA) 창립

- 기아자동차 첫 고유 모델,
  세피아 출시
- 산업디자인 포장진흥 민간협의회 발족
- 212디자인 디자인 수출(모토로라사)

- 한국산업디자이너협회(KAID) 창립
- 디자인 관련 단체 5개
  사단법인으로 통합
- 삼성 신경영 선언 및 CI 변경
- 기아자동차 스포티지 출시
- 위니아 김치냉장고 딤채 출시

- 남북한 UN 동시 가입
- 마광수, 『즐거운 사라』 출간
- 개구리소년 실종사건
- SBS 개국
- 낙동강 페놀 오염 사건

- 삼성전자 64M D램 세계 최초 개발
- 대한민국 최초 인공위성
  우리별 1호 발사
- 제2이동통신사업자 선정(선경)
- 하이텔, 천리안 서비스 게시
- 오토캐드 프로그램 보급

- 문민정부(김영삼 대통령) 출범
- 「서편제」 개봉
- 대전세계박람회 개최
- 우루과이라운드 협상 타결

1994	1995	1996

한국디자인진흥원사

1994
- **디자이너의 날 선포**(5월 2일)
- 제1회 《**전국중고생 산업디자인 공모전**》 개최
- 서울 국제산업디자인박람회 개최
- 세계 산업디자인 심포지엄 개최
- 《서울 국제산업디자인교류전》 개최
- 《중소기업지도상품전》 개최

1995
- 공인산업디자인 전문회사 50개 등록
- 《산업디자인 성공사례 (석세스디자인, SD)전》 개최
- 산업디자인 보호제도 연구위원회 구성
- 포장시험실 개소

1996
- 산업디자인연수원 초대 유호민 학장 취임
- **KIDP 부설 국제산업디자인대학원 (IDAS) 개교**
- 《안토니오 가우디 건축디자인전》 개최
- 「산업디자인진흥법」 개정(법률 제5214호)
- 한국의 산업디자이너 100인 선정

한국디자인사

1994
- 삼성전자 디자인연구소 설립
- 한국디자인학회 재발족
- 한국시각정보디자인협회 (VIDAK) 창설
- 광복50주년 기념휘장 제정
- 삼성 애니콜 브랜드 사용 시작
- KBS, MBC 디자인 특집 프로그램 방영
- 안그라픽스 『디자인사전』 발간
- 『인서울매거진』 창간

1995
- 현대자동차 디자인실, 디자인연구소로 확대
- 정경원 교수, ICSID 이사 피선
- 만도기계 딤채 출시
- 삼성디자인교육원(SADI) 개원
- LG CI 변경
- 한국디자인단체총연합회 창립 (초대회장 조영제)
- 이미지드롬 창립

1996
- 통상산업부 산업디자인과 신설
- 초중고 교과서에 산업디자인 내용 수록
- 타이포그래피 전문잡지 『정글』 창간
- 세계화추진위원회 '디자인산업 세계화 방안' 마련
- 서울시 휘장 시민 공모
- 현대차 스포츠카 티뷰론 출시

한국사

1994
- 김일성 사망
- 지존파 사건
- 성수대교 붕괴 사고
- 서울1000년 타임캡슐 매설
- 1인당 국내총생산(GDP) 1만 달러 달성
- 다음커뮤니케이션 설립
- 안철수연구소 설립
- 케이블 TV 본방송 개시

1995
- 지방자치제 전면 실시
- 삼풍백화점 붕괴
- 제1회 광주비엔날레 개최
- 수출액 1천억 달러 돌파
- 국립중앙박물관 철거

1996
- 영화 사전검열 위헌 결정
- 무궁화 2호 위성 발사
- 2002년 월드컵 한일 공동개최 결정
- OECD 가입

1997

- 제9대 노장우 원장 취임
- 「산업디자인·포장진흥법」
  「산업디자인진흥법」으로 제명 개정
- 한국산업디자인포장개발원에서
  한국산업디자인진흥원으로 명칭 변경
- **산업디자인정보화프로젝트(MIDAS)**
  5개년 계획 착수
- 1차 산업디자인 기반기술 개발
  지원사업(1차년도 15개 프로젝트)
- **공인디자인전문회사 100개 돌파**
- KIDP 홈페이지 오픈
- 코리아디자인센터 설계 당선작 발표
- 국제산업디자인대학원 1회 졸업생 배출
- 디자인경영 상담실 개설

1998

- 영남지역분원 개원
- **한국디자이너대회 '어울림' 개최**
- 《어울림 한국 현대포스터 대전》 개최
- 창업디자인 박람회 개최
- KIDP 법제팀 신설
- 코리아디자인센터 기공식
- **제2차 진흥종합계획 수립**
  (1998-2002)

1999

- 산업디자인진흥법 개정
  (법률 제5773호)
- 국제산업디자인대학원 뉴밀레니엄
  (최고경영자) 과정 신설
- 제1차 디자인경영포럼 개최
- KIDP 이순인 본부장 ICSID 부회장 피선
- **대한민국디자인대상 도입**
- **제1회 산업디자인진흥대회 개최**
  (최초 대통령 주재 진흥대회,
  청와대 영빈관)
- 한국 밀레니엄상품(KMP) 선정
- TOP 디자인전문회사 선정

- 통상산업부, 산업디자인 병역혜택 추진
- **세계디자인총회(ICSID) 서울 유치 확정**
- **2000년 ICOGRADA 총회**
  한국 유치 확정
- 제1회 한국산업디자인상 제정
  (한국산업디자이너협회)
- 『디자인네트』 창간
- 이미지드롬의 nixandstorm
  월간디자인 선정 디자인대상
  멀티미디어 부문 수상

- 디지털캐스트 세계 최초 상용
  MP3 플레이어 개발
- 대우자동차 마티즈 출시
- 제1회 《한국 캐릭터디자인 공모전》
- 진로 참이슬 브랜드 디자인
- 웹디자인 에이전시 FID 설립

- 《어울림 한민족포스터대전》 개최
- 어울림 국제디자인포럼 개최
- **예술의전당 한가람**
  디자인미술관 개관
- 『디자인 문화비평』 『디자인텍스트』 창간
- 『TTL』 창간
- 『조선일보』 가로쓰기 채택
- 제1회 대한민국 컴퓨터그래픽스대전

NAVER 네이버®

- 대한항공 801편 괌추락사고
- 외환위기 IMF 구제금융 요청
- 네이버 서비스 시작
- 한보그룹 부도사태
- 야후 서비스 개시
- 사이버 가수 아담 탄생

- 금 모으기 운동
- 김대중 정부 출범
- 리니지 서비스 시작
- 일본 대중문화 개방
- 금강산 관광 시작
- 인터넷서점 YES24 개점

- 대한항공 전 기종 기내 금연 실시
- 하나로통신, 초고속인터넷(ADSL)
  서비스 개시
- 스타벅스 국내 진출
- 대우그룹 부도

2000

2001

2002

한국디자인진흥사

2000

- 제10대 정경원 원장 취임
- **디자인디비닷컴 (designdb.com) 오픈**
- 중국 베이징 산업디자인진흥원
  (BIDPO), 이탈리아 디자인협회,
  프랑스산업 디자인진흥청과
  업무협정 체결
- **디자인혁신센터(DIC) 설립**
  (부산, 경기, 광주, 대전)
- 2001 대한민국디자인대상 시상식 개최
- **2000 세계그래픽디자인대회 개최**
- **ASEMⅢ 개최기념 특별전시회**
  (세계 청소년 디자인대전 Designit,
  Digital Korea 등) 개최
- 밀레니엄디자인어워드 2000 개최

2001

- **디자인의 해 선포**
- 2000년 베스트 10 디자인 상품 선정
- 「산업디자인진흥법」 개정
  (법률 제6415조)
- **대전 디자인혁신센터 개소**
- 한국디자인진흥원 출범
- 한국디자인진흥원 호남지원 개소
- 『산업디자인』지, 『designdb』로 제호 변경
- **코리아디자인센터 완공**
- 2001 세계산업디자인대회
  (ICSID) 개최
- 국가이미지 혁신사업

2002

- **디자인대학박람회 개최**
- **성남국제디자인포럼**
- 제1회《국제포스터비엔날레》개최
- 디자인도서관 개관
- 국제디자인트렌드센터(IDTC) 개소

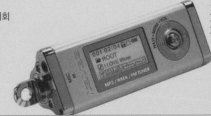

© 아이리버

한국디자인사

2000

- 디자인전문인력 병역 특례 허용
- 산업자원부 디자인브랜드과 신설
- SBS 디자인 특집 방영
- 신문박물관 개관
- LG전자 디자이너 출신 부사장
  선임(김철호)
- 삼성물산 래미안 브랜드 론칭
- 뉴틸리티 창립

2001

- MBC 디자인 특집 방영
- 2001 서울 산업디자이너 선언문 발표
- 성남시 디자인 도시 선포
- 제1회 타이포잔치 개최
- 디자인의 공공성에 대한 상상전 개최
- 디자인교육 2001 전 개최
- 디자인문화상품 비움(VIUM) 발표
- 사단법인 한국디자인총연합회 법인설립

2002

- 아이리버 MP3플레이어
  IFP-100 출시
- 《서울디자인페스티벌 2002》개최
- 삼성 SGH-T100 출시
  (일명 이건희폰)
- 선유도공원 준공

© pxhere.com

한국사

2000

- 분단 이후 첫 남북정상회담 개최
- 서해대교 개통
- 김대중대통령 노벨평화상 수상
- 디시인사이드 개시
- 미디어시티 서울 개최

2001

- 서울월드컵 경기장 개장
- 인천국제공항 개항
- 여성부 출범

2002

- WTO가입
- 국내 첫 디지털위성방송
  스카이라이프 개국
- 2002 한일월드컵 개최,
  대한민국 4강 진출
- 주한미군 장갑차 여중생 사망 사건
- 블로그 서비스 개시

2003　　2004　　2005

- 제11대 김철호 원장 취임
- **글로벌디자이너 육성 프로그램 실시**
- 한국전통이미지DB 웹사이트 오픈
- 제1회 《국가상징디자인 공모전》 개최
- **제1회 디자인코리아 개최**
- 산자부 일류상품디자인 지원단 출범
- 제3차 산업디자인진흥종합계획 (2003~2007) 수립
- 참여정부 디자인산업 발전 전략 발표

- GD 선정제 연2회 확대시행
- 『Designdb』 폐간
- **차세대디자인리더 선정사업 시행**
- 중소기업디자인컨설팅 지원 실시(디자인홈닥터 운영)
- **디자인체험관(DEX) 개관**
- 《디자인코리아》 베이징 개최
- 재학생현장실습 학점인정제 시범 실시

- 디자인기술 로드맵 개발
- **광주디자인센터 설립**
- 제1회 《국회 공공디자인전시회》 및 세미나 개최

- 현대카드 M 출시
- 「뽀롱뽀롱 뽀로로」 방영 시작

- 현대카드 전용 글꼴 발표
- 리움미술관 개관
- 쌈지길 완공
- 홍익대학교 디지털미디어 디자인학과 신설
- 삼성, 미국 IDEA상 최다수상 기업 선정
- 어도비 인디자인 한글판 발표
- 디스트릭트 창립
- 디자인여성학회 창립

- 「디자인보호법」 시행(의장법을 디자인보호법으로 개정, 글자체 디자인보호법 보호 대상 포함)
- **제1회 광주디자인비엔날레 개최**
- LG 초콜릿폰 출시
- 삼성 이건희 회장 밀라노선언
- 아모레퍼시픽 '아리따 돋움' 개발
- 4대궁 안내판 디자인 개선사업 시작
- 국회공공디자인문화포럼 창립
- 한국여성디자이너협회 창립

© 위키피디아

- 대구 지하철 화재 참사
- 참여정부(노무현 대통령) 출범
- 태풍 매미 한국 강타
- 드라마 「대장금」 방영
- 「실미도」 개봉(국내 최초 천만 관객)
- 한해 반도체 수출 200억 달러 돌파
- 청계천 복원 논란

- KTX 영업운행 개시
- 서울광장 개장
- 서울시, 중앙버스전용차선제 본격 도입
- 카트라이더 베타서비스

- 청계천 복원 사업 완료
- 국립중앙박물관 용산 개관
- APEC 정상회담, 부산 개최
- 황우석 줄기세포 논문 조작 사건
- HD TV 송출 개시
- 문화부 공간문화과 신설

2006

2007

2008

- 제12대 이일규 원장 취임
- 공공디자인개선사업 확대
- GD, 호주 굿디자인(AIDA)와 상호인증
- **《디자인코리아》 상하이 개최**
- **지자체 디자인행정 매뉴얼 개발**
- 디자인 정책 연구파트 신설

- **디자인나눔(사회공헌활동) 시작**
  (아름다운재단, 희망제작소와 공동 진행)
- 《중국 선전 문화산업페어》 및
  《닝보 산업디자인전》 참가
- 디자인전문회사 중국시장개척단 파견
- **디자인대토론회 개최**
- 디자인 주제 드라마 제작 지원,
  SBS 주말드라마 <푸른 물고기> 방영
- **부산디자인센터 개원**
- MBN <대한민국을 바꾸는
  공공디자인> 제작 방영
- 스텐퍼드-KIDP 최고경영자 과정 개설

- 한국디자인진흥원 비전 선포
- 『designdb+』 발간
- 《이탈리아 지니어스 나우전》 개최
- **디자인학과 계약 운영제 및
  캡스톤 디자인 사업 실시**
- 코리아 디자인 포럼 2008 개최
- **대구경북디자인센터 개원**
- 《디자인코리아》 광저우 개최
- 해외 한인디자이너 네크워크
  온라인카페 개설
- 제4차 산업디자인 진흥종합계획
  (2008~2012) 공고
- 디자인트렌드 컨텐츠개발사업 실시

- 산자부, 미래생활산업본부
  디자인브랜드팀 조직 개편
- 한샘 키친바흐 론칭
- 한국공공디자인학회 설립
- LG전자 꽃무늬 아트디오스 출시
- 삼성전자 보르도 TV 출시
- 이상봉, 한글 패션쇼(프랑스 파리)

- LG 프라다폰 출시
- 제1회 대한민국공공디자인
  엑스포 개최
- **서울시 디자인서울 총괄 본부 설치**
- 『GRAPHIC』 창간
- 디자인단체총연합회 21세기 대한민국
  디자인 선언 선포식(12. 26)

- 근현대디자인박물관 개관
- 디자인 서울 가이드라인 발표
- 한국디자인문화재단 설립
- 한국타이포그라피학회 창립
- 제1회 서울디자인올림픽 개최
- 서울시 가로판 매대 표준디자인 개발

© 삼성전자

© LG전자

- 백남준 사망
- 화성연쇄살인사건 공소시효 만료
- 반기문, UN사무총장 선출
- 경부선 서울부산 전구간 전철화
  완전 개통

- 박태환 세계수영선수권대회 자유형
  400미터 금메달
- 한·미 자유무역협정(FTA) 타결
- 태안원유유출사고 발생
- 1인당 국내총생산 2만 달러 달성

- 국보 1호 숭례문 화재로 소실
- 이명박 정부 출범
- 4대강 사업 시작
- 조선산업 세계 시장 점유 50% 초과
- 한국 최초 우주비행사 이소연,
  우주 비행
- 세계 금융 위기

2009

- 제13대 김현태 원장 취임
- **디자인 R&D 평가관리 기능
  한국산업기술평가관리원 이관**
- 융합형 디자인대학 육성사업 시작
- 《한국일류상품전》 GD홍보관 운영
  (폴란드 바르샤바)
- 《코리아디지털디자인 국제공모전》 개최
- IT기반 디지털디자인 지식인프라
  구축사업 실시

2010

- **한국 디자인 DNA 발굴·정립사업 시행**
- **해외디자인나눔사업 시행**
  (베트남, 말레이시아)
- GD 선정회수 연1회로 축소
- 5대 디자인트렌드 발표
- **대전충청지역 KDM(코리아디자인
  멤버십) 사업 추진**
- 디자인 권리보호를 위한 디자이너 교육
- 디자인 보호 육성을 위한 정책 토론회

2011

- 한국 디자인 DNA 세미나 개최
- 디자인산업 육성 종합계획 발표
  (지식경제부)
- 융합디자인 컨퍼런스 개최
- 필리핀 디자인나눔 세미나 개최
- 국제서비스디자인 세미나 개최

- **서울디자인재단 출범**
- 코리아 디자인 위크 개최
- 삼성 첫 갤럭시 시리즈 출시
- 『디플러스』 창간
- 디자인 직류제 시행
- 제1회 언리미티드 에디션 개최

- 조관현, 천지인 자판 특허권 기부
- **서울시, 세계디자인수도로 선정**
- 디자인모올(조영길) '백만 불 수출의
  탑' 수상
- 『글짜씨』 창간
- 디자로그 사물놀이 4D 공연
  <죽은나무에 꽃피우다> 초연

- 삼성-애플 디자인특허 소송
- LG 트롬스타일러 출시
- 우아한 형제들 설립
- 제2회 《타이포잔치》 개최

© 옴

© 카카오톡

- 5만 원권 지폐 발행
- 노무현 전 대통령 서거
- 광화문광장 일반 공개
- 아이폰 국내 출시
- 신종플루 유행, 국가 전염병
  재난 단계 심각

- 아동 성범죄자 신상정보
  인터넷 공개
- 카카오톡 출시
- 천안함 침몰
- 북한 연평도 포격 사건

- 폭우로 인한 우면산 산사태
- 무역수지 1조 달러 돌파
- 김정일 사망
- 트위터 한국어 서비스 시작

2012   # 2013   # 2014

한국디자인진흥원사

2012
- 제14대 이태용 원장 취임
- 디자인분쟁조정위원회 출범
- K-DESIGN 비전 선포식
- 디자이너 명예의 전당 1대(3명)
- 사회공헌위원회 발족

2013
- 『K-DESIGN』 발간
- KIDP 중국사무소(KIDP China) 개소
- 서비스디자인 전담조직 개설 (서비스디자인융합팀)
- 디자인표준계약서 개발 및 디자인공지 증명제도 운영
- 디자인서바이벌 <K디자인> 제작 발표회(MBC드라마넷)
- 디자인 영재 아카데미 개원
- 한·중 디자인 포럼 개최

2014
- 「산업디자인진흥법」 개정 (서비스디자인 포함)
- **국민디자인단 출범**
- ISC(디자인문화콘텐츠 산업 인적자원개발위원회) 사업 시작
- 중기 디자인인력지원사업 발대식
- 한국디자인상품, 미국·독일 팝업스토어 지원

한국디자인사

2012
- 『타이포그래피 사전』 발간 (한국타이포그래피학회)
- 산돌고딕네오 아이폰 운영체제 기본 글꼴 채택
- 카카오 프렌즈 발표
- 디스트릭트, 세계최초 디지털 테마파크 LIVE PARK 런칭

2013
- 홍익대학교 실기고사 폐지
- 현대카드, 디자인 라이브러리 개관
- 국가디자인정책포럼, 세계디자인정책포럼 개최 (한국디자인단체총연합회)

2014
- 환경부, 도시 내 생태휴식공간 '자연마당' 조성 확대 발표
- **동대문디자인플라자(DDP) 개관**

© DDP홈페이지

한국사

2012
- 한미자유무역협정(FTA) 발효
- 총 인구 5천만 명 돌파
- 20K-50M 클럽 가입 (GDP 2만 달러 이상, 인구 5천만 이상)
- 싸이 「강남스타일」 발매
- 서울시청사 완공
- 제주도 다음사옥 완공

2013
- 나로호 3차 발사 성공
- 박근혜 정부 출범
- 이석기 의원 구속
- 성년 기준 연령, 만 20세에서 만 19세로 하향 조정
- 삼성전자 한국 최초 분기 이익 10조원 돌파

2014
- 도로명주소 법적 전면 사용
- 세월호 참사
- 인천아시안게임 개최
- 대한항공 086편 회항, 일명 '땅콩 회항' 사건

2015

- 제15대 정용빈 원장 취임
- **미래디자인융합센터 개관**
- **중부창업보육센터 개소**
- 디자인융합전문대학원 사업 시작
- K디자인숍 오픈(유통지원사업)
- **중국 이우 한국생활디자인센터 개소**
- 글로벌생활명품관 개관
- 디자인영재아카데미 STEAM 체험관 개관

2016

- 디자인혁신전략 발표 (산업통상자원부)
- 『d.issue』 발간 (디자인이슈리포트, 웹진)
- 『디자인 트렌드 2017』 발간

2017

- **사이즈코리아센터 개소**
- 『디자인트렌드 2018』 발간
- **디자인이노베이션랩 (유통지원사업) 실시**

대한민국정부

© 문화체육관광부

- 한일 국교 정상화 50주년 기념전 《교, 향》 개최
- 디자인넥스트(박철웅), 우퍼디자인(한경하) '백만 불 수출의 탑' 수상

- LG전자 가전 통합 브랜드 'LG 시그니처' 공개
- 정부 상징체계 통합
- SK텔레콤 인공지능 스피커 누구 (NUGU) 출시
- 애플 워치 국내 출시
- <그래픽 디자인, 2005~2015> 전시회
- 여성 디자이너 정책 연구 모임 Woo 발기
- 「공공디자인의 진흥에 관한 법률」 제정 및 시행(법률 제13956호)

- KT 인공지능 TV 기가지니 (GiGA Genie) 출시
- 삼성 QLED TV 발표
- <W쇼-그래픽 디자이너 리스트> 전시회

- 호남고속철도 개통
- 중동호흡기증후군(MERS) 사태 발생
- 우편번호 6자리에서 5자리로 변경

- AI 알파고와 이세돌 바둑 대결
- 김영란법 시행
- 경주 부근 규모 5.8 지진 발생
- 촛불집회(박근혜 대통령 퇴진운동)
- 문화계 성폭력 폭로 사태

- 박근혜 대통령 탄핵 결정
- 롯데월드타워 개장
- 문재인 정부 출범
- 생산 가능 인구 감소 시작

2018

2019

2020

한국디자인진흥원사

- 제16대 윤주현 원장 취임
- **세대융합창업캠퍼스 개소**
- 디자인통합민원센터 개소
- **한베디자인센터 개소**
- '디자인 유레카 스튜디오' 중기상품 판매 라이브방송 시작

- 스타일테크 사업 추진
- 대한민국 디자인공공기관 협의회 발대식
- 디자인혁신국민단 공식 출범
- 디자인권리보호 웹드라마 제작
- 한국디자인순더비즈센터 개소
- DK웍스 개소(가산)
- IIDC 국제융합디자인캠프 개최
- 한-스웨덴 디자인포럼 《포용적디지털전환디자인》 개최
- 한-스웨덴 수교60주년 기념 최초 공동 디자인어워드 <모두를 위한 디자인> 개최
- 산업디자인 개발의 대가 기준 제정·고시(산업통상자원부 12. 20)

- 디자인코리아뮤지엄 개관 (코리아디자인센터)
- 산업디자인 표준 품셈 제정
- 디자인DB(designdb.com) 개편
- 디자인진흥50년 기념전시 '디자인코리아 아카이브전'

© 삼성전자

© 한국디자인진흥원

한국디자인사

- 융복합 가전 브랜드 LG오브제 출시
- 경기도 국내 첫 자율주행 버스 시범 운행
- 플러스엑스(신명섭) '백만 불 수출의 탑' 수상

- 삼성전자, 갤럭시 폴드 공개
- 5G 이동통신, 세계 최초 상용화
- 산돌 정체 발표
- 바우하우스 100주년 기념 <바우하우스> 앤솔로지 출간
- 국립현대미술관 개관 50주년 기념전 <광장: 미술과 사회 1900-2019>
- 배달의 민족, 딜리버리히어로(독일)에 매각(약 4조7천억 원)
- 바이러스디자인(박관우) '삼백만 불 수출의 탑' 수상

- 강원디자인진흥원 개원(원장 최인숙)
- 대전디자인진흥원 개원(원장 윤병문)

© 청와대

한국사

- 평창동계올림픽 개최
- 남북 정상 회담 11년 만에 판문점에서 개최
- 유튜브 국내 사용자 3천만 명 돌파
- 국내 총생산(GDP) 3만 달러 돌파
- 방탄소년단 빌보드차트 1위
- 미투 운동 확산

- 「미세먼지 저감 및 관리에 관한 특별법」 공포
- 강원도 인제, 강릉 산불
- 헌법재판소, 낙태죄 헌법불합치 판결
- 판문점에서 남북미 세 정상 첫 만남
- 아프리카돼지열병 발생
- 일본 상품 불매운동

- 영화 '기생충'(감독 봉준호)이 제92회 아카데미 시상식에서 작품상, 감독상, 각본상, 국제영화상 4관왕 달성(한국 영화 최초)
- 근로시간 주 52시간 단축 시행
- 코로나바이러스감염증19(COVID-19) 확산으로 세계적 위기 속 한국이 모범 대응국으로 부상
- 전국 학교 온라인 개학

1. 이 기관은 2001년 「산업디자인진흥법」의 개정으로 한국디자인진흥원으로 개칭, 오늘에 이르고 있다. 이하 디자인포장센터.

2. 오진석, 「제1부, 일제하 백화점업계의 동향과 관계인들의 생활양식」, 『일제의 식민지배와 일상생활』, 연세대학교 국학연구원 편, 연세국학총서 36호(서울: 혜안, 2004), 127-128.

3. 앞의 책, 134.

4. 유시민, 『나의 한국현대사(1959-2014, 55년의 기록)』(서울: 돌베개, 2016 초판 28쇄), 72-73.

5. 앞의 책, 92.

6. 「1억불 돌파」, 『동아일보』, 1964년 12월 1일 자, 3면.

7. 손해용, 『다시 쓰는 경제교과서』(서울: 중앙북스, 2011), 49.

8. 이학원, 『한국의 경제개발·국토개발·공업개발정책과 국토공간구조의 변화』(강원대학교 출판부, 2002), 118.

9. 당시의 참여 기관에 대해서는 두 가지 참고자료를 참고하였다. 그러나 두 참고자료가 몇 기관에 대해서는 상이한 진술을 하고 있다. 아래는 그 내용을 적은 것이다. 나중에 더욱 정확한 내용을 확인할 수 있기를 바란다. (1) 김영호, 『한국포장역사 50년』(도서출판 (사)한국포장협회, 2013), 100 및 저자 직접 증언. 대한통운주식회사, 농어촌개발공사, 대한

무역진흥공사, 대원제지주식회사, 동신화학공업주식회사, 금풍실업(주), 대한펄프공업(주), 삼화제관주식회사, 락희화학공업주식회사, 신흥제지공업주식회사, 태평방직주식회사, 인화실업주식회사, 대한통운포장주식회사, 한국수출포장공업, 제일모직, 한국유리 등 총 16개 기관 참여. 이 책을 쓴 김호영은 당시 한국포장기술협회 기술과장, 한국수출품포장센터 기술발전과장을 거쳐 한국디자인포장센터 포장개발부장 등을 역임했고, 현재는 한국포장기술연구소 소장으로 일하고 있다. (2) 박삼규, 「한국디자인포장센터에 관한 연구」(석사 논문, 서울대학교 행정대학원, 1970), 대한통운주식회사, 대한무역진흥공사, 대원제지주식회사, 동신화학공업주식회사, 동양제지공업(주), 동양제관주식회사, 락희화학공업주식회사, 신흥제지공업주식회사, 태평방직주식회사, 인화실업주식회사, 대한통운포장주식회사 등 총 11개 기관 참여. 이 논문을 작성한 박삼규는 당시 상공부 디자인포장과의 사무관으로 근무하고 있었다. 그는 나중에 공업진흥청장, 중소기업진흥공단 이사장 등을 역임했다.

10. 박삼규, 위의 책, 29.

11. 이순석, 「노교수와 캠퍼스와 학생」, 『경향신문』, 1974년 3월 20일 자.

12. 서울시 종로구 연건동 128(현재 홍익대학교 동숭동 캠퍼스),

1965년 당시는 서울대학교 의과대학 간호대학 기숙사가 있었던 자리다. 이 건물은 1970년에 디자인 관련 3개 기관이 통폐합되어 한국디자인포장센터가 되었을 때 이 통합기관의 건물로 이양되었다. 「햇살받는 공예디자인」, 『경향신문』, 1966년 8월 1일 자.

13. 제1회 상업미술 부문 심사위원: 이순석(심사위원장), 한홍택(부위원장), 민철홍(부위원장), 김교만, 염인택(디자인센터 진흥부장), 조영제, 조병덕(각 부문별 심사위원 외에 산업계 심사위원은 13명이 위촉되었으나, 이들은 각 부문으로 편입되지 않고 전체에 관여하는 심사위원이었다. 제1회 《상공미전》 도록 참조.

14. 김영호, 위의 책, 120-144.

15. 한국디자인포장센터 20년사 편집위원, 『한국디자인포장센터 20년사』(한국디자인포장센터, 1990), 92. 우리나라 포장기술사 제1호인 김영호가 쓴 『한국포장 역사 50년』이라는 책 135쪽에는 이 기관의 태동에 관련된 박정희대통령에 대한 에피소드가 실려 있다. 박정희대통령이 공식적으로 호주를 방문했을 때(1968년 9월로 추정), 호주 현지에서 주식회사 '서통'에서 50센트에 제작 수출 중이었던 인조눈썹 한 세트가 호주달러로 50달러로 판매되고 있음을 알게 되었다. 그는 제품의 포장과 디자인이 우수하다면 상품에따라 거의 100배의 부가가치를 창출할 수 있다는 사실을 깨닫게 되었다. 그래서 서둘러 수출포장에 관련된 3기관을 통합하여 시너지효과를 노리고자 했다.

16. 일본에서 1959년에 '수출품 디자인법(輸出品 デザイン法)'을 법률 106호로 제정했다가 1997년 폐지한 바 있다.

17. 참고문헌 박암종, 『한국디자인 진흥 30년사』(한국디자인진흥원, 2002) 김종균, 『한국의 디자인』 (안그라픽스, 2013) 김종균, 「한국디자인진흥체제 발전방향 모색」(박사 논문, 서울대학교 대학원, 2008)

18. 김종균, 『한국디자인사』(서울: 미진사, 2008), 83에서 재인용

19. 산업자원부, 『산업디자인 기술기반 개발산업 최종보고서: 한국디자인 사료의 DB화에 관한 연구-1880~1980년대를 중심으로』(디자인하우스, 1999), 650.

20. 같은 책, 586-590.

21. 좌담, 「이태리 산업디자인전과 한국의 산업디자인에 대해서」, 『꾸밈』 4호(1977년 7월).

22. 지식경제부 신산업정책관실, 「디자인 산업융합 전략 ('13~'17)」(지식경제부, 2012), 9.

23. 행정안전부 보도자료, 「무역의 날 맞아 수출진흥 기록물 공개」, 2015년 12월 3일.

24. 「우수디자인상품 선정제/ GD마크제」, 『산업디자인』 80호 중.

25. 정시화, 「월간 디자인 20년을 통해 본 한국디자인 1976~1995」, 월간 『디자인』 1996년 10월호 중.

26. 특집 「금성사 산업디자인 공모전」,

월간 『디자인』 1983년 12월호 중.

27. 「디자이너등록제도의 의의와 운영 방향」, 『산업디자인』 78호 중.

28. KAID 홈페이지의 '한국산업디자인상 개최 개요' 중.

29. 『서울경제신문』 1997년 5월 28일 자 중.

30. 정준모, 「우리에게 '문화정책'이 있긴 했던 걸까?」 『경향 아티클』 17호(2012): 105.

31. 대통령비서실, 「98 한국디자이너대회 연설 - 1998. 4. 21 디자인 산업은 굴뚝없는 공장」, 『김대중대통령연설문집 제1권』

32. 송현주, 「브랜드 리포트-정부의 디자인·브랜드 정책」, 『브랜드 저널』 4월호(2006)

33. 이명박, 「문화비전 2008-2012 : 문화국가 100년을 내다보는 정책을 펴겠습니다」(2008).

34. 권영국 기자, 문화인 카르테 「산업미술가」, 『신아일보』, 1972년 7월.

35. 디자인산업 기반조성제도 연구, 『디자이너 경력관리 가이드라인』(2017).

36. 강현주, 「그래픽디자인 스튜디오들의 분투: 88서울올림픽부터 IMF까지의 CI디자인」, 『중산층 시대의 디자인 문화:1989~1997』(서울: 한국공예·디자인문화진흥원, 2015), 62~63.

37. 100호 특집 좌담. 앞의 말은

이성만, 뒤의 말은 문선규. 「디자인 시대의 전문 디자인지의 역할과 사명」, 《산업디자인》 100호(1988), 13.

38. 《국제포장기자재전》 홈페이지 ww.koreapack.org 참조.

39. 단, 종합디자인 신고의 경우는 직전 사업년도 매출액 2억 원 이상 또는 3개 연도 평균 매출액 2억 원 이상이어야 하며 전문인력은 3인 이상이어야 한다.

40. 1967년 한국공예디자인연구소를 방문한 박정희 대통령은 디자인에 대한 관심을 표현하며 '미술 수출'이라는 휘호를 남겼다. 수출 증대를 위해 제품 및 수출품 포장지의 질적 개선이 필요하다는 점을 인식한 정부는 제1차 경제개발 5개년계획(1962-1966)이 시행 중이던 1965년 9월 13일에 청와대에서 열린 수출진흥확대회의에서 한국공예기술연구소를 서울대학교 부설 연구기구로 만들고 디자인전람회를 개최할 것을 의결했다. 그 결과 이듬해인 1966년에 한국공예디자인연구소가 설립되고 제1회 《대한민국상공미술전람회》(현 대한민국디자인전람회)가 열리게 되었다. 한국공예디자인연구소는 한국디자인센터, 한국수출디자인센터 등으로 개칭되다 1970년에 한국포장기술협회 및 한국수출품포장센터와 통폐합되어 현재의 KIDP가 되었다.

41. KIDP에서는 1992년 공인산업디자인전문회사 등록제도 시행에 앞서 KIDP

설립 직후인 1970년 7월에 제1차 디자이너등록제를 실시하였고 그해 233명, 그다음 해인 1972년에 407명이 등록하였다.

42. 「212디자인 대표 은병수」 월간 『디자인』, 1994년 4월호.

43. 1964년에 서울도안전문연구소로 개칭.

44. 미국의 원조로 1957년부터 1960년까지 운영된 한국 최초의 디자인 진흥 기구로 서구의 산업 디자인 개념과 시스템이 한국에 도입되는 데 큰 영향을 미쳤고 민철홍, 권순형 등 초기 디자이너들에게 미국 연수 기회도 제공하였다.

45. 서울대학교 미술대학 부설 조형연구소 편, 『디자인의 새로운 지평 : 민철홍과 한국 산업디자인 40년』(미진사, 1994).

46. 설립 당시 KYS-DESIGN이던 회사명을 1990년에 탠덤디자인 어소시에이트로 변경함.

47. 「212코리아」 월간 『디자인』 1990년 5월호. 「212디자인 대표 은병수」 월간 『디자인』 1994년 4월호. 「김선경 & 김진화」 월간 『디자인』 2011년 3월호. 참조.

48. 「한국산업디자인전문회사협회 창립」 월간 『디자인+공예』 1991년 7월호.

49. 한국은 1995년 1월 1일 WTO 출범과 함께 회원국으로 가입하였다.

50. 윤종연, 「212 디자인 은병수 '산업디자인 왕국' 개척 나의 몫」

매일경제, 1996년 7월 12일 자.

51. 「디자인 컨설팅으로 백만 불 수출의 탑 수상한 디자인모올」 월간 『디자인』 2012년 2월호.

52. 「산업디자인 유공자 47명 훈·포장」 『경향신문』 1993년, 9월 3일 자.

53. 한국산업디자이너협의회, 한국패키지디자인협회(KPDA), 한국텍스타일디자인 협회(KTDA), 한국공인산업디자인전문회사협회(KADFA), 한국시각 정보디자인협회가 여기에 속했다.

54. 김문기, 「브랜딩」 『디자인 기획과 전략』(서울: 커뮤니케이션북스, 2014), '네이버 지식백과'에서 재인용.

55. 강현주, 「디자이너 열전」(한국디자인진흥원 디자인DB.com).

56. 강현주, 「그래픽디자인 스튜디오들의 분투: 88서울올림픽부터 IMF까지의 CI디자인」 『중산층 시대의 디자인 문화:1989~1997』(서울: 한국공예·디자인문화진흥원, 2015), 63.

57. 김종균, 『한국의 디자인』(서울: 안그라픽스, 2013), 362-369. 강현주, 「그래픽디자인 스튜디오들의 분투: 88서울올림픽부터 IMF까지의 CI디자인」 『중산층 시대의 디자인 문화:1989~1997』(서울: 한국공예·디자인문화진흥원, 2015), 63.

58. '대한민국디자인 및 브랜드대상'은 2005년부터 브랜드 경영 부문을

KIDP에서 산업정책연구원으로 이전하였고, 현재 KIDP는 '대한민국디자인대상'을 운영하고 있다.

59. 김병희, 「디자인 경영」 『스마트 시대의 광고 문화』(서울: 커뮤니케이션북스, 2015), '네이버 지식백과'에서 재인용.

60. 위의 책, 재인용.

61. 이한나, 「K디자인 세계 곳곳에 뿌리내려요」 『매일경제』 2018년 11월 3일 자.

62. 「디자인권」 『한국민족문화대백과』(한국학중앙연구원), '네이버 지식백과'에서 재인용.

63. 위의 글.

64. 'iF 디자인 어워드 홈페이지 참조, https://ifworlddesignguide.com/search?time_min=2014&time_max=2017&search=korea#/pages/page/entry/180925-gov-30-design-group.

65. 한국디자인진흥원, 『국민디자인단 최종보고서』(한국디자인진흥원, 2016).

66. 김찬중, 「FUTURE DESIGN LAB」 『건축문화』 2013년 2월호.

67. 「잡스도 비틀스도…놀라운 혁신은 '창고'가 낳았죠」 『매일경제』 2015년 7월 24일 자.

68. https://coronaboard.kr 2020년 5월 기준

69. 세계증시 시총 52일 만에 1경9천조 증발, 연합뉴스, 2020.3.15. 신유리

기자

70. 코로나 이후…개인 삶, 기업 경영,
    정부 역할 다 바뀐다, 한국경제,
    2020.4.5. 박준동 경제부장/
    노경목 기자

71. 도시경제신문 http://
    www.citydaily.kr

72. 「2030 FUTURE VISION
    CODE 4.0_미래 디자인 가치
    읽기」한국디자인진흥원, 2019,
    47페이지

73. www.scoop.it

74. 「美 부상하는 거대 소비집단
    'Generation Z'」 Kotra
    해외시장뉴스, 2015.10.8.
    내용은 다음 링크 참조.
    http://news.kotra.or.kr/user/
    globalBbs/kotranews/3/globalB
    bsDataView.do?setIdx=242&da
    taIdx=145580

75. www.visioncritical.com

76. 「혁신성장과 미래트렌드 2018」,
    2018, 한국과학기술기획평가원,
    146-147p)

77 . 다니엘 핑크, 『새로운 미래가 온다』
    김명철 옮김(한국경제신문사,
    2012).

78. 롤프 옌센, 『드림 소사이어티』
    서정환 옮김(서울: 리드리드출판,
    2005),

디자인 코리아
50가지 키워드로 본 한국 디자인 진흥 50년

발행일	2020년 6월 19일
발행인	윤주현
발행처	한국디자인진흥원
	경기도 성남시 분당구 양현로 322(야탑동 344-1)
	TEL 031-780-2114

기획편집	워크룸(박활성), 류동현, 서정임,
	한국디자인진흥원 디자인혁신실(윤성원, 이주아, 임은지)
원고기고 및 자문	오근재, 김종균, 김상규, 강현주, 김신, 최민영, 손정민, 이순종

디자인	스튜디오 레시오
인쇄	가나씨앤피

ISBN 979-11-90340-30-4